本書爲國家社會科學基金重點項目（18AZJ003）結項成果

佛門典要

集沙門不應拜俗等事校注

[唐] 釋彦悰　纂録
劉林魁　校注

上海古籍出版社

本書獲寶鷄文理學院重點學科建設專項經費資助

「佛門典要」出版緣起

法有興衰，道有隆替，中國傳統文化剥極而復之際，作爲傳統文化之内核的儒釋道三教，其意義和價值被重估，乃至重新回歸人們的日常生活，爲題中應有之義。而提供適合現代人閱讀的經典文本，是迫切的事。

在此我們選取佛教的基本典籍，中印兼收，不拘宗派，旨在擇其精要，合乎統貫，以求内契佛理，外應時機，故側重各家諸宗之大典及指示門徑之關要。或約請專家重新整理，或訪求成稿加以統合，無論世間聲名大小，但求有敬重之心、屬謹嚴之作。予以標點、校勘、注釋，形式并不拘泥，惟願合乎需要，順應因緣。

爲編輯之方便，按體裁大致歸爲經、律、論、史、集幾大類，但每册并不標出門類名稱，僅在裝幀上有所區别。至於各書價值、選取理由、學習方法等則見諸各書前言。每年出版若干種，聚沙成塔，俾成系列，因名之爲「佛門典要」云。

前言

一、作者與成書

沙門是否敬拜君親，是佛教中國化過程中必須面對、亟需解決的重要問題。圍繞此一問題的辯論，從佛教入華之初一直持續到唐五代。唐高宗朝僧人纂録的集沙門不應拜俗等事，彙總了圍繞此議題論辯的基本文獻，有着較爲重要的學術價值，值得我們關注。

集沙門不應拜俗等事的作者，有彦悰和彦琮兩種説法。持彦琮説者，最早見於道宣大唐内典録。其中云：「沙門釋彦琮。二部十六卷。寺録、不拜俗集。」〔一〕不拜俗集即集沙門不應拜俗等事一書的簡稱。稍後，道世法苑珠林也説：「西京寺記二十卷。沙門法琳别傳三卷。沙

〔一〕道宣大唐内典録卷五，大正藏第五五册，新文豐出版公司一九八三年，第二八一頁上。

門不敬録六卷。右三部二十九卷，皇朝西京弘福寺沙門釋彦琮撰。」〔一〕其中，沙門不敬録即不拜俗集、沙門不應拜俗等事。此外，圓照貞元新定釋教目録卷一二、新唐書藝文志、通志藝文略、大藏聖教法寶標目卷九等均作彦琮。持彦悰説者，最早見於智昇開元釋教録。智昇云：「集沙門不拜俗議六卷。見内典録。右一部，六卷，其本見在。沙門釋彦悰，識量聰敏……悰恐後代無聞，故纂斯事并前代故事及先賢答對，名爲集沙門不拜俗議，傳之後代，永作楷模。」〔二〕此後，東域傳燈目録、閱藏知津總目卷四四、大藏經綱目指要録卷八等均作彦悰。今存大藏經本集沙門不應拜俗等事，均署名爲「弘福寺沙門釋彦悰纂録」。弘福寺彦悰曾以「心宗慕於玉宗」表達〔三〕自己對隋代日嚴寺彦琮的仰慕，然集沙門不應拜俗等事卻早在其生活的年代就出現了彦悰、彦琮的混淆，其中緣由不得而知。本書按照藏經本署名，一般情況均作「彦悰」。

集沙門不應拜俗等事的成書時間，文獻闕載。然參照相關記述，其成書的時間範圍大致可以推

〔一〕釋道世著，周叔迦、蘇晉仁校注法苑珠林校注卷一〇〇傳記篇，中華書局二〇〇三年，第二八八五頁。

〔二〕智昇開元釋教録卷八，大正藏第五五册，第五六二頁上。然而，智昇的記述似乎并不統一。開元釋教録中，集沙門不應拜俗等事的作者均爲「彦悰」。但在開元釋教録略出卷四中，此書的作者又爲「彦琮」（大正藏第五五册，第七四六頁上）。

〔三〕贊寧撰，范祥雍點校宋高僧傳卷四唐京兆大慈恩寺彦悰傳，中華書局一九八七年，第七四頁。

定。此書最早爲大唐内典録著録。大唐内典録於麟德元年（六六四）成書〔一〕。又，集沙門不應拜俗等事卷三至卷六輯録龍朔二年（六六二）四月至十月論辯文獻，其中有五處提及龍朔二年這一時間。故而，集沙門不應拜俗等事的成書時間在龍朔二年至麟德元年之間，即龍朔三年（六六三）前後。

集沙門不應拜俗等事是龍朔二年沙門致拜君親論辯的成果。此年四月十五日，唐高宗頒布制沙門等致拜君親敕，「欲令道士、女官、僧尼，於君、皇后及皇太子、其父母所致拜，或恐爽其恒情，宜付有司，詳議奏聞」〔二〕。四月二十一日，大莊嚴寺僧威秀等上沙門不合拜俗表，表達佛教界反對沙門拜俗的態度。四月二十五日、二十七日，西明寺僧道宣等人先後上雍州牧沛王賢、武后之母榮國夫人楊氏等論沙門不合拜俗啓，希望藉助他們影響高宗的宗教政策。至五月十五日，朝廷大集文武官僚九品以上及州縣官共千餘人，於尚書省論辯沙門拜俗事。同日，道宣、威秀、靈會、會隱等三百餘名僧人，上書朝宰，叙述佛教隆替事狀以及不拜俗的佛經依據。六月五日，隴西王博乂等人將論辯結果彙總〔三〕，上報高宗。其中，議請不拜者五百三十九人，議請拜者三百五十四人。六月八日，高宗頒布停沙門拜

〔一〕道宣大唐内典録卷一，大正藏第五五册，第二一九頁下。

〔二〕彦悰集沙門不應拜俗等事卷三，大正藏第五二册，第四五五頁中。

〔三〕博乂，集沙門不應拜俗等事多作「博叉」，舊唐書作「博乂」，新唐書作「博义」，爲高祖兄李湛第二子。乂，才德出衆。今據舊唐書以改。下同，不贅。

君詔，要求僧尼、道士女冠「於君處勿須致拜，其父母之所慈育彌深，祇伏斯曠，更將安設？自今已後，即宜跪拜」〔二〕。此後，直至十月二十五日，僧人、佛徒以及支持佛教的官員圍繞沙門拜親展開抗爭。在這場持續了半年多的辯論中，雙方都藉助了唐前佛教與政權相互平衡的既定慣例。高宗制沙門等致拜君親敕中就説「不行跪拜之禮，因循自久，迄乎茲辰。宋朝暫革此風，少選還遵舊貫」〔三〕。彦悰「恐後代無聞，故纂斯事并前代故事及先賢答對，名爲集沙門不拜俗議，傳之後代，永作楷模」。由此而言，集沙門不應拜俗等事的編纂目的，是爲後代沙門敬拜君親提供資鑒。

集沙門不應拜俗等事按照這一意圖分類編排文獻。王隱客在序文中説：「粤自晉氏，迄于聖代，凡其議拜事，并集而録之，總合三篇，分成六卷。」〔三〕三篇即故事篇、聖朝議不拜篇、聖朝議拜篇，篇内分上、下卷。故事篇兩卷録文三十三首，文獻來自弘明集、高僧傳、續高僧傳以及隋日嚴寺彦琮福田論〔四〕。聖朝議不拜篇、聖朝議拜篇共四卷，是龍朔二年「聖朝」關於沙門是否敬

〔二〕彦悰集沙門不應拜俗等事卷六，大正藏第五二册，第四七二頁下。

〔三〕彦悰集沙門不應拜俗等事卷三，大正藏第五二册，第四五五頁上。

〔三〕王隱客集沙門不應拜俗等事序，彦悰集沙門不應拜俗等事卷一，大正藏第五二册，第四四三頁中。

〔四〕有關東晉庾冰、桓玄主導的兩次沙門敬王的辯論，弘明集卷五、卷一二有録。弘明集輯録之文獻又來自南朝宋陸澄法論。然隋書經籍志未著録法論，大唐内典録中又將陸澄此作署名爲「續法論」，大唐内典録之後大藏經目録不再著録此作。故而，目前尚無確鑿證據證明彦悰編纂此書的文獻來自陸澄法論。

王辯論的文獻彙編，共録文七十七篇。這些文獻是對尚書省論辯文本的選録，可能來自大内檔案。除了以上對相關文獻分類編録之外，集沙門不應拜俗等事還有一些彦悰本人撰寫的文章，包括：（一）故事篇、聖朝議不拜篇、聖朝議拜篇等三篇篇首的序言，（二）以上三篇篇末的評論與讚文，（三）卷二宋孝武抑沙門致拜事一首文後的評論、卷六末尾的沙門不應拜俗總論。以上共計十一首。這樣，彦悰將一百一十首文章統括在了自己的十一首文字中。集沙門不應拜俗等事不僅僅是在彙編東晉至唐高宗朝有關沙門拜俗的論辯文獻，更是以彙編的方式體現彦悰以及佛教界在此一問題上的態度和選擇。

二、學術價值

集沙門不應拜俗等事爲東晉至唐高宗朝有關沙門敬拜君親論辯的文獻彙編。沙門是否拜俗曾是中國佛教史上一個長期論辯的議題。此書最大的學術價值在於完整保存了中土帝王、士大夫有關此一問題認識的發展過程。

沙門拜俗的争議，與佛教在中土的發展歷程密切相關。牟子理惑論記載了當時人對佛教不合儒家孝親觀念的質疑。然其時佛教尚未盛行，出家僧尼人數不多，尚未引起王權的警惕，這些質疑中没有明確涉及沙門不敬拜君親的議題。隨着寺院與信衆數量的增加，有關沙門是否應該拜俗的争論在東晉後期終於公開了。咸康六年（三四〇）尚書令庾冰參輔朝政，代成帝頒詔，令沙門全部敬禮王者。元興年間（四〇二—四〇三）太尉桓玄與八座書，令討論沙門致敬王者事。這兩場争論，都衹針對沙門拜王，并未涉及是否敬拜父母。當時的論辯，支持沙門敬王者强調禮制的嚴肅、合法性，「因父子之敬，建君臣之序，制法度，崇禮秩，豈徒然哉，良有以矣」〔二〕，僧人遵從禮制的必然性，「沙門之所以生生資存，亦日用於理命，豈有受其德而遺其禮，沾其惠而廢其敬哉」〔三〕。反對沙門致敬王者認爲僧人出家有益教化，「獨絶之化有日用於陶漸，清約之風無害於隆平」，「王者拱己不悢悢於缺户，沙門保真不自疑於誕世」〔三〕，認爲致敬則敗壞佛法，「今一令其拜，遂壞其法，令修善之俗廢於聖世，習實生常，必致愁懼」〔四〕。受東晉玄談的影響，此一時期的沙門敬王之争論，也有一些時代性的特點。其中有對沙門敬王的理論依據的

〔二〕庾冰重諷旨謂應盡敬爲晉成帝作詔，南朝梁僧祐撰，李小榮校箋弘明集校箋卷一二，上海古籍出版社二〇一三年，第六六六頁。

〔三〕桓玄與八座書論道人敬事，弘明集校箋卷一二，第六七一頁。

〔三〕王令答桓書，弘明集校箋卷一二，第六七五頁。

〔四〕尚書令何充及褚翜諸葛恢馮懷謝廣等重表，弘明集校箋卷一二，第六六七頁。

討論。如敬拜之事當「以道在則貴，不以人爲輕重」〔二〕，「師之爲理，以資悟爲德。君道通生，則理宜在本」〔三〕。雖然關於王者接受沙門敬拜的合理性討論尚不深入，但以上觀點以及相關分析正説明玄風對此一問題的浸染。此一時期的辯論，主要發生在文士之間，其論辯依據多爲世俗之理。王謐爲此曾提出，「今論佛理，故當依其宗而立言也。然後通塞之塗，可得而詳矣」〔三〕。東晉後期沙門敬王的結束，恰恰是從王謐提出的此一思路實現的。桓玄將八座書及相關辯論文章送給慧遠，慧遠作沙門不敬王者論，提出佛教徒有「處俗弘教」和「出家修道」兩類：「處俗則奉上之禮、尊親之敬、忠孝之義表於經文」，「出家則是方外之賓」，「不得與世典同禮」〔四〕，并以佛教形盡神不滅理論來深化以上觀點。慧遠將佛教勢力一分爲二，「處俗弘教」的居士必須得致敬王者。此舉在一定程度上緩解了王權對佛教的擔心和顧慮，也爲僧人不敬拜王者提供了理論依據。在此後相當長的時期内，此一説法成爲沙門拜俗争論中常見的理論依據。唐高宗朝的沙門敬拜君親辯論，延續東晉論辯的成果。反對敬拜君親者以大司成令狐德棻爲代表，

〔二〕王令答桓書，弘明集校箋卷一二，第六七五頁。
〔三〕桓難，弘明集校箋卷一二，第六七六頁。
〔三〕公重答，弘明集校箋卷一二，第六八四頁。
〔四〕遠法師答，弘明集校箋卷一二，第六九二頁。

其依據有兩點：佛教徒置身於世俗生活之外，「出家非色養之境，離塵豈榮名之地」；僧人道士不敬拜君親，「相沿自久」。讚同敬拜君親者以司平太常伯閻立本爲代表，其依據也有兩點：「太陽垂曜在天，標無二之明」；大帝稱尊御宇，極通三之貴」，王者接受臣民敬拜理自天然；僧人「事上出家，未能逃國」〔二〕，本屬王者治理境内。高宗朝的這場争論，嚴格來説，祇是政治表態，并非學術論辯。因此，這場辯論表現出兩個鮮明的特點。一則，更多體現了對東晉兩場論辯的成果繼承，缺少新的思想進展。二則，與唐初的社會、政治相結合，表現出了一些新的時代特徵。如：不再用夷夏之辨來文化定性，而是置於宗教政策設計之下，各自尋找儒家、道教、佛教的經典依據，説明社會各界對此一問題宗教屬性的基本認同；高宗先敕令沙門道士敬拜君親，在一個多月的僵持之後，改爲不拜君王祇拜父母，體現出王權漸次推進宗教界向世俗社會倫理道德靠攏的政治意圖；辯論過程中，對李唐皇室宗系老子的借重，對太宗朝道先佛後政策的重新解讀，體現了僧人道士敬拜君親的辯論已經和唐初諸多宗教政策糾纏到了一起。

除了佛教史、思想史的價值，集沙門不應拜俗等事還有極高的文獻價值。集沙門不應拜俗等事彙編之文獻，卷一、卷二除福田論外出自弘明集、高僧傳、續高僧傳。卷三至卷六等四卷的

〔二〕中臺司禮太常伯隴西王博乂等執議奏狀一首，彦悰集沙門不應拜俗等事卷六，大正藏第五二册，第四七二頁上—中。

文獻，大部分不見於他書收録。廣弘明集曾經選録部分集沙門不應拜俗等事。具體而言，集沙門不應拜俗等事第三卷共十二首，廣弘明集選録了九首；第四卷二十三首，廣弘明集均未選録；第五卷三十二首中廣弘明集選録了三首；第六卷十首中廣弘明集選録了九首。從文章數量來看，廣弘明集選録者不到原書的三分之一。此外，彦悰自己撰寫的十一首文章，廣弘明集只選録了沙門不應拜俗總論一首。由此來看，存世的高宗朝沙門敬拜君親的論辯文獻，大部分僅存於集沙門不應拜俗等事中。這場辯論，兩唐書、唐會要等唐代重要的史學著作并没有著録。彦悰的文獻彙編卻對其整個過程有完整、清晰的記載。首先，是朝廷與彦悰僧團的不同活動。四月十五日制沙門等致拜君親敕中高宗明令「有司」「詳議奏聞」，但「有司」進行「詳議」卻是在整整一月之後。這期間是彦悰僧團的反對活動。僧人没有直接上書高宗或以死相諫，而是通過與高宗關係密切且同情佛教或者有佛教信仰的上層社會人士來勸諫。五月十五日，尚書省詳議，先按照隴西王博乂提出的「先建議，同者署名，不同則止」的方式進行表態，後又按照左肅機崔餘慶的建議「請散，可各隨別狀送臺」〔二〕執行。隴西王博乂將辯論結果統計上報高宗，又是在二十天之後的六月五日。十六天之後的六月二十一日，高宗頒布停沙門拜君詔，令僧道

〔二〕彦悰集沙門不應拜俗等事卷三，大正藏第五二册，第四五七頁下。

致拜父母。此後佛教又圍繞新詔令展開抗議。這場辯論中，佛教界的抗議和朝廷的決策糾纏在一起，高宗準備藉助朝臣群議來統一認識，强力推行沙門拜俗，佛教界通過同情佛教之人士影響了朝臣群議的結果，高宗調整方案令沙門衹拜父母不拜皇帝。其次，是朝臣論議的複雜性。集沙門不應拜俗等事不僅僅收録了朝臣中反對沙門不拜君親的意見，還收録了讚成者的意見。在讚同沙門敬拜君親者之間，又列出兩類：議兼拜者、議令拜者。議兼拜者的策略或者按照年歲來區分，「宿德耄齒，戒律無虧，栖林遯谷，高尚其事」者不拜，「弱齓蒙求，熏修靡譽，背真混俗，心行多違」[一]者令拜；或者按照宗教活動場所來區分，「道爲時須，事因法會者」不拜，「捨此以往，并請令拜」[二]。「議令拜」一類共收録二十九篇文獻，雖然數量少於「議不拜」者，但作爲僧人的彦悰能注意到這批文獻并收録到佛教弘法著作中，實屬不易。前此的弘明集，後此的廣弘明集，基本没有完整收録排斥佛教的文獻。即使有所涉及，也是作爲佛教徒反駁的靶子選擇引用一些語句，其中不乏斷章取義者。再次，這場論辯文獻保存了唐高宗朝諸多歷史文化信息。龍朔二年高宗改京中諸司及百官名。同年沙門不拜俗論辯中諸多機構、職官的名稱，與文獻記載

[一] 右清道衛長史李洽等議狀一首，彦悰集沙門不應拜俗等事卷五，大正藏第五二册，第四六五頁下。
[二] 長安縣令張松壽議狀一首，彦悰集沙門不應拜俗等事卷五，大正藏第五二册，第四六六頁上。

這次改百官名完全一致。普光寺沙門玄範，宋高僧傳未著録，但集沙門不應拜俗等事卻記載了他的活動。牽涉到一些重要歷史事件但文獻記載模糊的人物，藉此得以發揮。如，貞觀二十一年（六四七），西域使李義表上奏太宗，言東天竺童子王欲求取老子一書，太宗遂敕令玄奘法師與諸道士一起譯老子爲梵文，梵譯老子過程中，玄奘與諸多道士發生了論辯。作爲李義表副使的王玄策，其生平事迹模糊，但左驍衛長史王玄策騎曹蕭灌等議狀一首中，王玄策卻講述了自己在天竺與佛教相關的三次遭遇。此有助於擴展王玄策及其中天竺行記的研究。永徽六年（六五五），儒士呂才就因明論與玄奘發生論辯，太史令李淳風也捲入其中。呂才、李淳風對待佛教的態度没有明確的文獻記述，但太常寺博士呂才等議狀一首、蘭臺秘閣局郎中李淳風等議狀一首卻彌補了這些不足。最後，此書有助於了解彦悰的更多情況。如前所考，彦悰的生平事迹因文獻缺失，相當模糊，然集沙門不應拜俗等事卻有他的諸多信息。唐代佛教經録記載此書作者「彦琮」還是「彦悰」的差異，或借此書可明了。諸種大藏經本中，此書作者爲「弘福寺沙門釋彦悰」。慧琳一切經音義注釋了集沙門不應拜俗等事序中的「悰上人」一詞，可洪新集藏經音義隨函録注釋了本書第一卷中的「彦悰」一詞。由此可見，唐五代時期此書的作者署名就是「彦悰」。集沙門不應拜俗等事三篇的篇末有彦悰自己的評議和讚語；所有文章分類的第一標準是文體，甚至爲了遵從文體打亂了文章的先後順序：這些符合開元釋教録記述彦悰「識量總敏，博曉群經，善屬文華，尤工著述」〔二〕的個性。集沙門不應拜俗等事有彦悰五十八條反駁意見，均以「彈曰」開頭，其中可見彦悰對沙門敬拜君親的宗教思考。諸如此類，均可以作爲彦悰生平、思想的研究資料。

三、版本

集沙門不應拜俗等事一書，宋代以後的諸種大藏經均有收録。唐代的版本情況，廣弘明集卷二五僧行篇、釋氏六帖卷八僧尼不拜部透露了一些信息。然這兩部著作都是選録，只具有文字參校的價值，不具備版本價值。可喜的是，慧琳一切經音義、可洪新集藏經音義隨函録對此作語詞的音注，在一定程度上，可以部分恢復唐代的寫本情況。

（一）慧琳本

慧琳一切經音義（簡稱慧琳音義）撰於元和（八〇六—八二〇）年間。其中有集沙門不應拜俗等事的音義注釋。慧琳音義據以音注集沙門不應拜俗等事的版本，本文稱之爲慧琳本。

〔二〕智昇開元釋教録卷八，大正藏第五五册，第五六三頁上。

以慧琳音義的語詞爲核心，對照高麗藏本對應的語句，可以發現慧琳本的一些特點。

表一　慧琳本與高麗藏本集沙門不應拜俗等事對照表〔二〕

慧琳本		高麗藏本			備注
卷次	語詞	語句	篇名	卷次	
集沙門不拜俗議序（十六）	端宸、肅宸、斑屣、之儁、弛紐、星潯、褫照、罽賓、同嬉、曖而、茵藹、悰上人、聳珍、姱節、秋蟒、春蛙	（略）	集沙門不應拜俗等事序		同
卷一（十四組）	臣翜	散騎常侍左僕射長平伯臣翜。	晉尚書令何充等執沙門不應敬王者奏三首并序	卷一	同
	髡削	彼髡削不疑。	八座等答桓玄明道人不應致敬事書一首		

〔二〕異體字、俗體字、訛字、通假字、避諱字，「備注」一欄不標記。表二與此相同，不贅。

續表

慧琳本			高麗藏本		備注
卷次	語詞	語句	篇名	卷次	
卷一（十四組）	王謐	桓玄與中書令王謐論沙門應致敬事書一首。	桓玄與中書令王謐論沙門應致敬事書一首	卷一	同
	眷眄	公眷眄未遺。	王謐答桓玄明沙門不應致敬事書一首		
	慉然	非慉然所據也。	王謐答桓玄應致敬難三首		
	彌濃	將無彌濃其助哉。	桓玄難王謐不應致敬事三首		此條當在「慉然」條前。
	鍪其、緬至、筌蹄、宗轍、敬戢、濠上	（略）	王謐答桓玄應致敬難三首		同

續表

慧琳本		高麗藏本			備注
卷次	語詞	語句	篇名	卷次	
卷一（十四組）	餼羊、剔髮	（略）	桓玄與廬山法師慧遠使述沙門不敬王者意書一首并遠答往反二首	卷一	同
	遯世、關鍵、羇死、瞽瞍、餱粮、鸖蚊	（略）	晉廬山遠公沙門不敬王者論一首并序		「瞽瞍」、「鸖蚊」，高麗藏本作「瞽叟」、「鴅蚊」。
卷二（十四組）	駑鈍	非臣駑鈍所能擊讚。	侍中卞嗣之等執沙門應敬奏四首并桓楚答三首	卷二	同
	逷自、龍旦、賷寶、盱階	（略）	宋孝武帝抑沙門致拜事一首		「逷自」，高麗藏本作「遏自」。

續表

慧琳本		高麗藏本			備注
卷次	語詞	語句	篇名	卷次	
卷二（十四組）	更號、讜言、猗歟	（略）	洛濱翻經館沙門釋彦琮福田論一首并序	卷二	同
卷三（三十二組）	謇諤	致有謇諤之士，人百獻籌。	聖朝議不拜篇	卷三	同
	之躅、瀨鄉	（略）	今上制沙門等致拜君親敕一首		同
	輶軒、寮寀	（略）	大莊嚴寺僧威秀等上沙門不合拜俗表一首		同
	亟涉、窊隆、九垓、慙愓	（略）	西明寺僧道宣等上雍州牧沛王賢論沙門不應拜俗事啓一首		同

續表

慧琳本		高麗藏本			備注
卷次	語詞	語句	篇名	卷次	
卷三（三十二組）	稊稗、凋訛、竊服、天睠	（略）	西明寺僧道宣等上榮國夫人楊氏請論沙門不合拜俗事啓一首	卷三	同
	刳斮、弗靡、駁雜	（略）	西明寺僧道宣等序佛教隆替事簡諸宰輔等狀一首		「弗靡」，高麗藏本作「弗縻」。
	簪紱、研覈	擁錫異乎簪紱。	中臺司禮太常伯隴西郡王博乂大夫孔志約等議狀一首		同
	義藉	義藉尊嚴，式符高尚。	中臺司禮太常伯隴西王博乂等議奏狀一首		此條，高麗藏本在卷六。

續表

慧琳本		高麗藏本			備注
卷次	語詞	語句	篇名	卷次	
卷三（三十二組）	彝章〔一〕	人以束帶爲彝章。	司戎少常伯護軍鄭欽泰員外郎秦懷恪等議狀一首	卷三	同
	叀道	雖君親崇敬，用軫宸叀，道法難虧。	中臺司禮太常伯隴西郡王博乂大夫孔志約等議狀一首		此條，與高麗藏本文章排序有異。
	復軔、翾鵬、逸鶡、芟薙、蔕芬、搔首、捫心、瘝肝、叡想、懷鉛、萬藾	（略）	司戎少常伯護軍鄭欽泰員外郎秦懷恪等議狀一首		「萬藾」，高麗藏本作「萬籟」。

〔一〕「彝章」出自司戎少常伯護軍鄭欽泰員外郎秦懷恪等議狀一首。後隔「叀道」有十一個語詞出自同一篇文章。故而，慧琳音義音注語詞可能次序混亂。對照高麗藏本，「彝章」應在「逸鶡」之下。

續表

慧琳本		高麗藏本			備注
卷次	語詞	語句	篇名	卷次	
卷四（三十一組）	沛王府	沛王府長史皇甫公義文學陳至德等議狀一首。	本卷目録	卷四	同
	沖寂、紉緇、稽顙	（略）	中御府少監護軍高藥尚等議狀一首		「紉緇」，高麗藏本作「纽緇」。
	鼓檝、舟航、探賾、宕	（略）	内侍監給事王泉博士胡玄亮等議狀一首		同
	窈冥	窅冥難測。	奉常寺承劉慶道主簿郝處傑等議狀一首		同
	嶷爾、圓湛、忸金、蒭蕘	（略）	詳刑寺承王千石司直張道遜等議狀一首		「蒭蕘」，高麗藏本作「芻蕘」。

續表

慧琳本		高麗藏本			備注
卷次	語詞	語句	篇名	卷次	
卷四（三十一組）	樽俎	持鉢豈俎豆之禮。	司成館大司成令狐德棻等議狀一首	卷四	同
	諛聞	敢罄諛聞。	司成守宣業范義頵等議狀一首		同
	浹減、彩絢	（略）	左衛大將軍張延師等議狀一首		同
	迦膩色迦	昔迦膩色迦王受佛五戒。	右驍衛長史王玄策騎曹蕭灌等議狀一首		同
	親紆、之蹕	（略）	右武衛長史孝昌縣公徐慶等議狀一首		同

續表

慧琳本		高麗藏本			備注
卷次	語詞	語句	篇名	卷次	
卷四（三十一組）	凝夐、希絺、理懵	（略）	右威衛將軍李晦等議狀一首	四	同
	釁伐	無假無託釁伐誰代。	右春坊主事謝壽等議狀一首		同
	聽矚	恐乖聽矚。	馭僕寺大夫王思泰丞牛玄璋等議狀一首		同
	寰中	所行化不出寰中。	萬年縣令源誠心等議狀一首		同
	弛法、紊典、而汩	（略）	長安縣丞王方則崔道默等議狀一首		同

續表

慧琳本		高麗藏本			備注
卷次	語詞	語句	篇名	卷次	
卷四（三十一組）	馴巨、不揣	馴巨象之東歸。	周王府長史源直心參軍元思敬等議狀一首	卷四	同
	較而	較而言之。	聖朝議拜篇		同
	豆盧暕	司宰寺丞豆盧暕等議狀一首。	本卷目録		同
卷五（十九組）	白虹、禆教、纔高、膜拜、覲天、黼縠、鷩弁	（略）	左威衛長史崔安都録事沈玄明等議狀一首	卷五	同
	弱齓	其有弱齓蒙求。	右清道衛長史李洽等議狀一首		同

續表

慧琳本		高麗藏本			備注
卷次	語詞	語句	篇名	卷次	
卷五（十九組）	黔首	黔首恒驚。	内府監丞柳元貞等議狀一首	卷五	同
	澮泊	澮泊凝真。	左春坊中護賀蘭敏之贊善楊令節等議狀一首		同
	莘莘	仙侶莘莘。	右春坊中護郝處俊贊善楊思正等議狀一首		同
	長揎	豈可長揎於顧復之親。	司更寺丞張約等議狀一首		同
	璽誥	式遵璽誥。	右司禦衛長史崔崇業等議狀一首		同

續表

慧琳本		高麗藏本			備注
卷次	語詞	語句	篇名	卷次	
卷五（十九組）	且歎	且歎彝章。	右崇掖衛長史李行敏等議狀一首	卷五	同
	愧怍、猊國、葱山	（略）	雍州司功劉仁叡等議狀一首		同
卷六（三十三組）	程士顒	京邑老人程士顒等上請出家子女不拜親表一首。	本卷目録	六	同
	詇邪、貿衆、媲偶、函杖、絀以、淪湑、忍鎧、慣甲、慴魔、㪷藪、襵衣、孜孜、瘺傴、齒齵、郯子、恂恂、蠱爻、談誚、蠹害、螟螣、八紘、盤蔚、自縻	（略）	普光寺沙門玄範質議拜狀一首		「詇邪」、「褶衣」，高麗藏本作「諭邪」、「攝衣」。

續表

慧琳本		高麗藏本			備注
卷次	語詞	語句	篇名	卷次	
卷六（三十三組）	埏形、塵黷、扆旒	（略）	大莊嚴寺僧威秀等上請依內教不拜父母表一首	卷六	同
	膚腠、耆耋、式抃	（略）	彥悰論贊		同
	楚筆、罄爓、淵壑	（略）	沙門不應拜俗揔論		「楚筆」，高麗藏本作「捶楚」。

從表一來看，慧琳本與高麗藏本卷次分割完全一致。慧琳音義注解的語詞有部分可能位置錯亂，但均未超出高麗藏本，這也説明兩種版本所收録文章可能基本吻合。從慧琳音義來看，慧琳本與高麗藏本僅有十一組語詞有異文。

(二) 可洪本

釋可洪新集藏經音義隨函録(此下簡稱可洪音義)撰於後唐、後晉時期。其中音注集沙門不應拜俗等事所據版本可稱之爲可洪本。將可洪音義音注語詞與高麗藏本對應,可以勾勒可洪本的大致面貌。

表二　可洪本與高麗藏本集沙門不應拜俗等事對照表

可洪音義		高麗藏本			備注
卷次	語詞	語句	篇名	卷次	
序(五十四組)	瑞宸、肅宸、班屣、彯裾、璿逵、之俊、乘黿、控鯉、窒慾、蟺姿、丹茵、徒侈、俶寶、至賾、法鋒、繁罝、弛細、堙洪、軼四、洎乎、星潯、褫照、東徙、休屠、響係、同嬉、緗輿、景曖、復涣、日棄、撲燎、葳蕤、神畿、必俟、辞通、宸襟、遒通、閑綽、姱莭、侔聲、者矣、鳳闈、叩鑾、粤自、迄于、激昂、刷盪、葉篆、秋蟒、奔羲、春蛙、寧裨、摛藻、誚焉	(略)	集沙門不應拜俗等事序	序	「瑞宸」、「彯裾」、「弛細」,高麗藏本作「端宸」、「漂裾」、「弛紐」。

續表

可洪音義		高麗藏本			備注
卷次	語詞	語句	篇名	卷次	
卷一（五十四組）	彥悰	（略）	（作者署名）	卷一	同
	褒挫、湮殘、蠹道	（略）	故事篇序		同
	臣翜、臣恢	（略）	晉尚書令何充等執沙門不應敬王者奏三首并序		同
	丕顯、依俙、憲度、軌罳、屏營、夫詛、上裨、屢以	（略）	車騎將軍庾冰爲成帝出令沙門致敬詔二首		「軌罳」，高麗藏本作「軌憲」。
	髡削、彌歷、絶敞	（略）	八座等答桓玄明道人不應致敬事書一首		「絶敞」，高麗藏本作「張敞」。

續表

可洪音義		高麗藏本			備注
卷次	語詞	語句	篇名	卷次	
卷一（五十四組）	懕心、悢悢、眷盻、猥見	（略）	王謐答桓玄明沙門不應致敬事書一首	卷一	同
	爰曁、箷其	（略）	桓玄難王謐不應致敬事三首		同
	懎然、不諲、開揵、有係、發鋈、督以、開揵、達者、茫惑、筌諦、無勬、宗蹦、敬戢、捐拜、斐然、愈抙、之轡、瑑磨、發朦、濛上	（略）	王謐答桓玄應致敬難三首		「瑑磨」、「發朦」，高麗藏本作「琢磨」、「發曚」。
	落轡、恊契、大庇、挹其、漱流、相旨、鰄羊、鉢盂、剔鬓、挺於、泜滅	（略）	桓玄與廬山法師慧遠使述沙門不敬王者意書一首并遠答往反二首		「相旨」，高麗藏本作「相冒」。

可洪音義 卷次	可洪音義 語詞	高麗藏本 語句	高麗藏本 篇名	高麗藏本 卷次	備注
卷二一（五十四組）	赫連勃勃、彦琮	（略）	（本卷目録）	卷二	同
	淵鑿、苑囿、沉湎、遯世、在宥、桎梏、介然、靈嚮、關鍵、援引、爲誣、人鞒、謦宎、糇粮、挹其	（略）	晉廬山遠公沙門不敬王者論一首并序		同
	袁恪、各殉、緬邈、悠邈、駑鈍	（略）	侍中卞嗣之等執沙門應敬奏四首并桓楚答三首		同
	締制、八寓、厥繇、遏自、龍埠、桒門、偃倨、稽顙、賷寶、畿輦、之町	（略）	宋孝武帝抑沙門致拜事一首		「稽顙」，高麗藏本作「稽首」。
	冗禮	（略）	齊武帝論沙門抗禮事一首		同

續表

可洪音義		高麗藏本			備注
卷次	語詞	語句	篇名	卷次	
卷二（五十四組）	杳深、更號、舟航、刊正、幸殊、遥慴、遠驢、緇服、雷霆、銓其、悖理、商紂、讜言、竟令、宕博、猗歟、拔萃、礭乎、不緇、擅美	（略）	洛濱翻經館沙門釋彦琮福田論一首并序	卷二	「竟令」、「宕博」，高麗藏本作「竟全」、「宏博」。
	謇諤、社稷	（略）	聖朝議不拜篇序		同
卷三（七十一組）	沛王	（略）	（本卷目録）	卷三	同
	瀨鄉	瀨鄉之基克成。	今上制沙門等致拜君親敕一首		同
	蒻蕘、隄封、輶軒、接軫、夏勃、魏燾、塵黷	（略）	大莊嚴寺僧威秀等上沙門不合拜俗表一首		同

續表

可洪音義		高麗藏本			備注
卷次	語詞	語句	篇名	卷次	
卷三（七十一組）	徒轍、肴塵、感悼、亟涉、窊隆、攸静	（略）	西明寺僧道宣等上雍州牧沛王賢論沙門不應拜俗事啓一首	卷三	「肴塵」，高麗藏本作「冐塵」。
	稊稗、天睠、之軾	（略）	西明寺僧道宣等上榮國夫人楊氏請論沙門不合拜俗啓一首		同
	感癘、赫連、刳斮、交貿、蠱殳、昊天、祭饗、雜沓、弗麋、訴諸、駁雜	（略）	西明寺僧道宣等序佛教隆替事簡諸宰輔等狀一首		同
	攙錫、簪紱、研覈、一揆、彝章、睿想、不愜	（略）	中臺司禮太常伯隴西郡王博乂大夫孔志約等議狀一首		同

續表

可洪音義		高麗藏本			備注
卷次	語詞	語句	篇名	卷次	
卷三（七十一組）	三號	慟結三號。	司元太常伯竇德玄少常伯張仙壽等議狀一首	卷三	同
	復軔、殊軫、之稟、翾鵬、逸鶡、促椿、遼菌、綸璽、誅寘、趨拜、兼舛、身寵、銷瘦、更貶、緇衣、搜蔄、欺詭、芰薙、盤辟、薅芬、毫氂、搔首、捫心、叡想、厭心、蛙焉、庶幾、竽中、萬籟、凸景、而靦、兢惕	（略）	司戎少常伯護軍鄭欽泰員外郎秦懷恪等議狀一首		同
卷四（五十六組）	郝處傑、詳刑、突厥、成館、德棻、義頵、馭僕	（略）	（本卷目録）	卷四	同
	恍兮、紉繙	（略）	中御府少監護軍高藥尚等議狀一首		「紉繙」，高麗藏本作「紐緇」。

續表

可洪音義		高麗藏本			備注
卷次	語詞	語句	篇名	卷次	
卷四（五十六組）	鼓檝、流宕	（略）	内侍監給事王泉博士胡玄亮等議狀一首	卷四	同
	窅寘、搢紳、笄総、勛華	（略）	奉常寺承劉慶道主簿郝處傑等議狀一首		同
	殞其、嶷尒、簪笏、忸金	（略）	詳刑寺承王千石司直張道遜等議狀一首		同
	撙俎	持鉢豈俎豆之禮。	司成館大司成令狐德棻等議狀一首		「撙俎」，高麗藏本作「豈俎」。
	抯尸、嫡胤、諛聞	（略）	司成守宣業范義頵等議狀一首		「抯尸」，高麗藏本作「組尸」。

續表

可洪音義		高麗藏本			備注
卷次	語詞	語句	篇名	卷次	
卷四（五十六組）	浹域、彩絢	（略）	左衛大將軍張延師等議狀一首	卷四	同
	老叟	河上老叟。	右衛長史崔修業等議狀一首		同
	頗紊、佇青、之躧	（略）	右武衛長史孝昌縣公徐慶等議狀一首		同
	青曦、凝夐、纓冕、俾夫、燭燎、塵霏、理懵	（略）	右威衛將軍李晦等議狀一首		「纓冕」，高麗藏本作「纓冠」。
	號爲	號爲福田。	右春坊主事謝壽等議狀一首		同

續表

可洪音義		高麗藏本			備注
卷次	語詞	語句	篇名	卷次	
卷四（五十六組）	玄兔、而汨	（略）	長安縣丞王方則崔道默等議狀一首	卷四	同
	寘之	方可寘之刑禮。	沛王府長史皇甫公義文學陳至德等議狀一首		「寘之」，高麗藏本作「寘之」。
	義軼、馴巨、懿範、不揣	（略）	周王府長史源直心參軍元思敬等議狀一首		同
	有否焉、股肱、樞紉、膏腴、麗藻	（略）	聖朝議不拜篇後論		同
	明喆、隤經、圮運、宕謨、絲桐、齊懿、不臧	（略）	聖朝議不拜篇贊		「圮運」，高麗藏本作「承運」。

續表

可洪音義			高麗藏本		備注
卷次	語詞	語句	篇名	卷次	
卷五（七十四組）	較而	從人較而言之。	聖朝議拜篇序	卷五	同
	守柮、淳風、盧暕、斛斯、司禦	（略）	（本卷目録）		同
	玄牝、驤霞、膜拜、龍黼、鶩弁、貞遯、肸響、藻掞、挏鸞、錦旌、寂寥、矛楯	（略）	左威衛長史崔安都録事沈玄明等議狀一首		同
	科蔄、懲彼	（略）	安長縣令張松壽議狀一首		同
	終寘	終叶虔恭之禮。	司平太常伯閻立本等議狀一首		「終寘」，高麗藏本作「終叶」。

續表

可洪音義		高麗藏本			備注
卷次	語詞	語句	篇名	卷次	
卷五（七十四組）	悖德、矜夸	（略）	蘭臺秘閣局郎中李淳風等議狀一首	卷五	同
	慕驥	慕驥之乘亦驥之類。	太常寺博士吕才等議狀一首		同
	自捩、矧茲	（略）	司宰寺丞豆盧暕等議狀一首		「自捩」，高麗藏本作「自拔」。
	屏除、迂誕、頹涘、聘之、姒鏡	（略）	司衛寺卿楊思儉等議狀一首		同
	苟殉、豈侚、毀呰	（略）	司馭寺丞韓處玄等議狀一首		同

續表

可洪音義		高麗藏本			備注
卷次	語詞	語句	篇名	卷次	
卷五（七十四組）	黔首	黔首恒驚。	内府監丞柳元貞等議狀一首	卷五	同
	品彙	何以津梁品彙。	司津監李仁方等議狀一首		同
	裔孫	李老裔孫。	右戎衛長史李義範等議狀一首		同
	驕倨、便躋	（略）	右金吾衛將軍薛孤吴仁長史劉文琮等議狀一首		同
	犧皇、韞匵、澹泊、氣淑	（略）	左春坊中護賀蘭敏之贊善楊令節等議狀一首		同

續表

可洪音義			高麗藏本		備注
卷次	語詞	語句	篇名	卷次	
卷五（七十四組）	莘莘、允愜	（略）	右春坊中護郝處俊贊善楊思正等議狀一首	卷五	同
	長擅、宸扆	（略）	司更寺丞張約等議狀一首		同
	豈癈、訴苦	（略）	左司禦衛長史馬大師等議狀一首		同
	乘鳧、澄汰、亹誥	（略）	右司禦衛長史崔崇業等議狀一首		同
	興皁、且歟	（略）	右崇掖衛長史李行敏等議狀一首		同

續表

可洪音義			高麗藏本		
卷次	語詞	語句	篇名	卷次	備注
卷五（七十四組）	温清、寵懋、重纘、曼倩、玄琬、智凱、法埮	（略）	左奉裕衛長史丘神静等議狀一首	卷五	同
	之酋	遂使緇衣之酋。	右奉裕衛率韋懷敬等議狀一首		同
	愧怍、臨猊、贖僭、與聃、裴子、法担、以誣、法祖、徒聒、葸山、皇系、諲諷	（略）	雍州司功劉仁叡等議狀一首		同
卷六（七十二組）	蕃輔、弁舄、媲偶、菡丈、緇素、泜性、斯竝、悖君、戎蠻、絀以、淪涓、闕啓、矧乃、髡削、介曹、况衣、忍鎧、慣祖、斵藪、稽顙、其旅、懼虧、孜孜、恐焕、齒齲、虢叔、鄭子、釋奠、恂恂、蠱殳、談誚、蠹穴、螟螣、朝廷、迄于、市朝、銑削、謨簒、攘袂、八紘、花萼	（略）	普光寺沙門玄範質議拜狀一首	卷六	「菡丈」、「慣祖」、「斵藪」，高丽藏本作「函丈」、「擐組」、「抖擻」。

續表

可洪音義		高麗藏本			備注
卷次	語詞	語句	篇名	卷次	
卷六（七十二組）	司禋、簪蔽、其歸、隕照	（略）	中臺司禮太常伯隴西王博乂等議奏狀一首	卷六	同
	商礭、箕頴	（略）	今上停沙門拜君詔一首		同
	埏形、扆旒	（略）	大莊嚴寺僧威秀等上請依內教不拜父母表一首		同
	膚腠、膏肓、龜筮、耆耋、羝羊、遒華、璽誥、式抃、仰悕	（略）	襄州禪居寺僧崇拔上請僧尼父母同君上不受出家男女致拜表一首		同

續表

可洪音義		高麗藏本			備注
卷次	語詞	語句	篇名	卷次	
卷六（七十二組）	訓詁、郊祀、杞宋、戡剪、箸代、冠阼、祖丞、蟬蜕、嚚埃、箠楚、炎氛、幼躭、爝火、渕豁	（略）	沙門不應拜俗揔論	卷六	「箸代」、「祖丞」、「垂楚」、「炎氛」，高麗藏本作「著代」、「祖承」、「捶楚」、「災氛」。

從表二來看，可洪本在卷次分割、篇目收録及排序等方面，幾乎與高麗藏本完全一致。當然，從可洪音義收録集沙門不應拜俗等事語詞來看，可洪本與高麗藏本有二十七條異文。慧琳本、可洪本爲唐代寫本大藏經。這兩種版本已經完全佚失，其真實、完整面貌已經無法復原，但藉助慧琳音義、可洪音義可以發現，寫本大藏經版本與高麗藏代表的雕本大藏經版本非常相似。集沙門不應拜俗等事版本的穩定性，可能來自編者三篇六卷的規劃以及所録文

獻多爲唐代官方檔案。由此，集沙門不應拜俗等事的整理，主要依據存世的幾種大藏經版本，并據弘明集、廣弘明集、高僧傳、慧琳音義、可洪音義等平行文本參校即可。此外，需要特别説明的是，本次校對參考的日藏禪昌寺本，實爲高麗藏初刻本，收入高麗大藏經初刻本輯刊第七十一册（西南師範大學出版社、人民出版社二〇一二年）。禪昌寺本今存卷二、卷三、卷四、卷六共四卷，卷首均有藏書印兩行十六個字：「攝州兵庫下莊帝釋／神撫山禪昌寺常住」。千字文號爲「星右」，「右」字上有一條左上至右下的斜綫。禪昌寺本雖屬於高麗藏系統，但其雕刻時間較早，更接近已經佚失的開寶藏面貌，故以之參校。

凡例

一、此次整理，以二〇〇五年綫裝書局影印韓國海印寺高麗藏本爲底本，以資福藏、趙城金藏、磧砂藏、普寧藏、永樂南藏、徑山藏、清藏等藏經本爲校本，并參校以日藏禪昌寺本、弘明集、廣弘明集、高僧傳、慧琳音義、可洪音義及他書。

二、高麗藏本每卷末均有「乙巳歲高麗國大藏都監奉敕雕造」及書名、卷次、葉序，悉數删去。

三、凡缺筆、異體、俗體、訛字，儘量改作標準繁體字，間有例外。

四、凡底本誤或兩可者，均出校説明；兩可者，從底本；凡有助於行文，而不害文意者，酌情改從他本。同一文獻中出現相同校勘問題時，衹在第一次出現時出校，并在校勘記中標明「下同，不贅」字樣。如需辨析者，則衹在第一次出現處説明。

五、對於文中所記之名物、史實略做注釋。凡校、注同時者，先校后注。

六、爲避冗贅，校勘記中之大藏經本，均用簡稱，即高麗藏本簡稱「麗本」，資福藏本簡稱「資本」，趙城金藏本簡稱「金本」，磧砂藏本簡稱「磧本」，普寧藏本簡稱「普本」，永樂南藏本簡稱「南本」，徑山藏本簡稱「徑本」，清藏本簡稱「清本」、日藏禪昌寺本簡稱「禪本」。

目録

啓

狀

議不拜

議

集沙門不應拜俗等事卷第六

表

集沙門不應拜俗等事序

太原王隱客字少微撰〔一〕

若夫鶏渾起一〔二〕，龍聖開三〔三〕，飛羲畫而踰繩，泛軒文而越契。端宸肅扆〔四〕，題尊玉宇之中；斑屣漂裾〔五〕，光佐瓊達之右〔六〕。洪猷僅於禮樂，秀業止於仁義。亦有棲月籠霞之俊，乘黿控鯉之英〔七〕。窒慾蟺姿，茹丹菌於秘洞〔八〕；休糧蜕影，吸青露於神丘〔九〕。終驚迅節之期，徒侈浮歡之會。豈若能仁撫運〔一〇〕，梵典開宗，撰妙輪而曾擊，俶寶騎而高引。無生之生〔一一〕，究生生於至賾；不滅之滅〔一二〕，窮滅滅於幽源。大千通智炬之輝〔一三〕，盡億曳法蠡之響〔一四〕。繁罝弛紐〔一五〕，邁三呪於湯年〔一六〕；苦浪堙洪，軼四乘於夏序〔一七〕。浸群方而演澤，濟悠劫而凝動〔一八〕。襲其儀者，便屈紫皇之敬〔一九〕；入其道者，乃標黔首之尊〔二〇〕。爲愛習之良資，作塵勞之依止〔二一〕。洎乎星潯褅照〔二二〕，日夢飛光〔二三〕，東徙休屠之像〔二四〕，西漸罽賓之化〔二五〕。高人響係，敷妙説於銀函〔二六〕；茂德肩隨，暢真詞於貝牒〔二七〕。列辟以之崇奉，綿代以之欽尚。故符秦肅念，紆翠輦而同嬉〔二八〕；劉漢虔誠，下緗輿而致禮〔二九〕。唯有牛圖晚運〔三〇〕，慧景曖而還明；龍緒衰辰，德水凝而復涣〔三二〕。

【校注】

〔一〕「太原」上，徑本、清本有「唐」。王隱客，生平不詳。舊唐書卷一〇六王琚傳：「王琚，懷州河内人也。叔父隱客，則天朝爲鳳閣侍郎。」新唐書卷一二二魏元忠傳：「俄敕鳳閣舍人王隱客馳騎免死，傳聲及于市，諸囚歡叫，元忠獨堅坐，左右命起，元忠曰：『未知實否。』既而隱客至，宣詔已，乃徐謝，亦不改容。流費州。復爲中丞。」資治通鑑卷二〇四係此事於永昌元年（六八九）八月。懷州王琚之叔父王隱客與太原王隱客是否爲同一人，存疑。

〔二〕藝文類聚卷一引三五曆紀：「天地渾沌如鷄子，盤古生其中。萬八千歲，天地開闢，陽清爲天，陰濁爲地。盤古在其中，一日九變，神於天，聖於地。天日高一丈，地日厚一丈，盤古日長一丈。如此萬八千歲，天數極高，地數極深，盤古極長。後乃有三皇。數起於一，立於三，成於五，盛於七，處於九，故天去地九萬里。」

〔三〕七緯易乾元序制記：「瑞應之至，聖人殺龍，聖人興起，河圖出之者。」晉書卷一一天文志：「昌光，赤，如龍狀；聖人起，帝受終，則見。」張説郊廟歌辭享太廟樂章大成舞：「帝舞季歷，龍聖生昌。后歌有蟜，胎炎孕黄。天地合德，日月齊光。肅雍孝享，祚我萬方。」

〔四〕宸，北極星所居，即紫微垣。借指帝王之所居。南朝謝超宗休成樂：「回鑾轉翠，拂景翔宸。」扆，古代宫殿窗和門之間的地方。慧琳音義云：「衣豈反。爾雅：『户牖之間謂之扆。』郭璞曰：『窗東户西也。』説文從户衣聲。」此處借指君位。

〔五〕「漂」，資本、磧本、普本、南本、徑本、清本作「彯」。漂、彯意近，飄蕩也。

〔六〕「達」，資本、磧本、普本、南本、徑本、清本作「逵」。

〔七〕乘黿，竹書紀年云：「（周穆王）三十七年，征伐，大起九師，東至九江，架黿鼉以爲梁。」控鯉，典出劉向列仙傳琴高。戰國時趙人琴高，入涿水取龍子，與諸弟子相約，當於某日返。至期果乘赤鯉而出。後因以「控鯉」指得道成仙。江淹採菱詩云：「乘黿非逐俗，駕鯉乃懷仙。」

〔八〕「菌」，資本、磧本、南本、可洪音義作「茵」。茵，一種菌類植物，即木靈芝。爾雅釋草：「茵，芝。」郭璞注：「芝，一歲三華，瑞草。」可洪音義云：「似由反。川音作『菌』，非。」

〔九〕神丘，語出莊子應帝王：「鼷鼠深穴乎神丘之下，以避重鑿之患。」成玄英疏：「神丘，社壇。」後指靈異的山丘。應瑒靈河賦：「咨靈川之遐源兮，于崑崙之神丘。」

〔一〇〕能仁，釋加牟尼的意譯。修行本起經卷上曰：「釋迦文，漢言能仁。」

〔一一〕無生，即涅槃真理。圓覺經曰：「一切衆生於無生中，妄見生滅，是故説名輪轉生死。」金光明最勝王經卷一曰：「無生是實，生是虚妄。愚癡之人，漂溺生死。如來體實，無有虚妄，名爲涅槃。」

〔一二〕不滅，常住之異名。小乘獨就涅槃之理而觀不生不滅，大乘於有爲之事相上論不生不滅之義。維摩詰經卷二不二門品曰：「生滅爲二。法本不生，今則無滅，得此無生法忍，是爲入不二法門。」沙門湛然維摩經略疏曰：「涅言不生，槃言不滅，不生不滅名大涅槃。」

〔一三〕大千，即三千大千世界也。維摩詰經卷一佛國品曰：「三轉法輪於大千。」無量壽經卷上曰：「斯願若剋果，大千應感動。」

〔一四〕法蠡，即法螺也。蠡即螺。法螺，梵語商佉，譯曰珂貝。即螺貝也。螺貝之聲遠聞，以喻佛之説法廣被大衆。又螺聲勇猛，以表大法之雄猛。又吹螺而號令三軍，以譬説法降魔。法華經序品曰：「吹大法螺，擊大法鼓。」不退轉法輪經卷四安養國品：「聞是經者，命終皆得不墮惡道，降伏衆魔，建立法幢，常然法炬照諸幽冥，能吹法蠡到菩提樹，擊大法鼓開闡法門，雨大法雨。」

〔一五〕「紐」，資本、磧本、普本、南本、徑本、清本作「綱」。

〔一六〕此即網開三面，見史記卷三殷本紀。

〔一七〕四乘，即四載，指古代的四種交通工具。尚書益稷：「禹曰：洪水滔天，浩浩懷山襄陵，下民昏墊，予乘四載，隨山刊木。」孔傳：「所載者四，謂水乘舟，陸乘車，泥乘輴，山乘樏。」

〔一八〕群方，萬方。後漢書卷八三逸民傳序：「群方咸遂，志士懷仁。」劫，梵語劫簸之略，譯作分別時節，佛教表達長時段的一個詞語。智度論卷三八曰：「劫簸，秦言分別時節。」又曰：「時中最小者，六十念中之一念，大時名劫。」

〔一九〕紫皇，道教傳説中最高的神仙。太平御覽卷六五九引秘要經云：「太清九宫，皆有僚屬，其最高者，稱太皇、紫皇、玉皇。」

〔二〇〕黔首，平民、老百姓。禮記祭義：「明命鬼神，以爲黔首。」鄭玄注：「黔首，謂民也。」孔穎達疏：「黔首，謂萬民也。黔，謂黑也。凡人以黑巾覆頭，故謂之黔首。」

〔二一〕塵勞，煩惱之異名。貪嗔等之煩惱，坌穢真性，勞亂身心，謂爲塵勞。隋釋慧遠維摩義記曰：「煩惱坌污，名之爲塵。有能勞亂，説以爲勞。」此處當指塵世之事務勞累身心。

〔二二〕「禘」，資本、磧本、普本、南本、徑本、清本、慧琳音義、可洪音義作「褫」。禘，帝王、諸侯舉行各種大祭的總名。褫，毁壞、脱落。酈道元水經注清水：「清水又東逕故石梁下，梁跨水上，橋石崩褫，餘基尚存。」潯，邊際，極限。謝莊宋孝武宣貴妃誄：「銷神躬於壤末，散靈魄於天潯。」「星潯」句，或指周昭王時佛誕傳説。故，「褫」較妥當。

〔二三〕此即漢明帝感夢求法傳説。

〔二四〕休屠，即浮屠。漢書霍去病傳曰：「收休屠祭天金人。」如淳注曰：「祭天以金人爲主也。」張晏注曰：「佛徒祠金人也。」顔師古注曰：「今之佛像是也。」漢武故事曰：「昆邪王殺休屠王，以其衆來降，得其金人之神，置之甘泉宫。金人皆長丈餘，其祭不用牛羊，唯燒香禮拜。上使依其國俗祀之。」

〔二五〕罽賓，漢魏時西域國名，在北印度。大唐西域記作「迦濕彌羅」，即今之克什米爾。

〔二六〕銀函，封存道經或佛經的銀匣。孔稚珪玄館碑：「朋白兔而侶青鳥，啓銀函而講金字。」梁元帝玄覽賦：「紫臺石室之文，青首銀函之字。」

〔二七〕貝牒，貝多羅之牒册，言經典也。大周三藏聖教序曰：「窮貝牒之遺文。」貝多羅，簡稱貝多，古印度常用此樹葉寫經。段成式酉陽雜俎卷一八木篇：「貝多，出摩伽陁國，長六七丈，經冬不凋。此樹有三種：一者多羅娑力叉貝多；二者多梨婆力叉貝多；三者部婆力叉多羅多梨。并書其葉，部闍一色，取其皮書之。貝多是梵語，漢翻爲葉。貝多婆力叉者，漢言葉樹也。西域經書，用此三種皮葉，若能保護，亦得五六百年。」

〔二八〕高僧傳卷五釋道安傳云：「衆以安爲堅所信敬，乃共請曰：『主上將有事東南，公何不能爲蒼生致一言耶。』會堅出東苑，命安升輦同載，僕射權翼諫曰：『臣聞天子法駕，侍中陪乘，道安毁形，寧可參廁。』堅勃然作色曰：『安公道德可尊，朕以天下不易，輿輦之榮，未稱其德。』即敕僕射扶安登輦。」

〔二九〕緗輿，可洪音義云：「上息羊反，黄也。下音余，車也。」劉漢，匈奴後裔劉淵於元熙元年（三〇四）自稱漢王，永嘉二年（三〇八）正式稱帝。此事，或誤用佛圖澄之事。高僧傳卷九竺佛圖澄傳：「虎傾心事澄，有重於勒。下書曰：『和上國之大寶，榮爵不加，高禄不受，榮禄匪及，何以旌德？從此已往，宜衣以綾錦，乘以雕輦。朝會之日，和上昇殿，常侍以下，悉助舉輿。太子諸公，扶翼而上。主者唱大和上至，衆坐皆起，以彰其尊。』」

〔三〇〕牛圖，不明所指。佛教以牧牛譬喻修心之事，見雜阿含經卷四七。

〔三一〕德水，八功德水之簡稱，指具有八種好處的水。無量壽經卷上曰：「八功德水湛然盈滿，清净香潔，味如甘露。」稱讚净土佛攝受經曰：「何等名爲八功德水？一者澄净，二者清冷，三者甘美，四者輕軟，五者潤澤，六者安和，七者飲時除飢渴等無量過患，八者飲已定能長養諸根四大增益。」此據指佛法衰而復興。

我大唐澄飛日海，撲燎霞崑〔一〕，延喜流禎，昭華獻吉〔二〕。財成紫宙，葳蕤改粒之勳〔三〕；大庇蒼黎，茵藹遷裳之業〔四〕。皇帝乘雷震極，鑠電離宫，驅九駁以曾馳，駕八翼而横厲〔五〕。希風崛岫，啓鶴苑於神畿〔六〕；仰化連河，構蜂臺於勝壤〔七〕。敷攝誘之徽範，敦愛敬之洪謨。而以控國必俟於忠，裝家寔資於孝，爰命僧尼之輩，將申跪拜之儀。則裕凝懷，辞通規於會府〔八〕；因心在念，拾輿頌於英寮。雖囂議相攻，各言其志，而宸襟歷選，遂率於常，特懷顧復之恩，仍致昇堂之拜〔九〕。

【校注】

〔一〕尚書胤征：「火炎崑岡，玉石俱焚。天吏逸德，烈於猛火。」孔傳：「山脊曰岡。崑山出玉，言火逸而害玉。天王之吏爲過惡之德，其傷害天下甚於火之害玉。猛火烈矣，又烈於火。」陳書卷一高祖紀上：「撲燎火於崑岑。」

〔二〕延喜，亦作「延嬉」，玉圭名。尚書璿璣鈐：「禹開龍門，導積石，玄圭出，刻曰：『延喜玉，王受德，天賜佩。』」昭華，美玉名。尚書大傳卷一下：「堯致舜天下，贈以昭華之玉。」延喜、昭華，爲宣揚帝王瑞應的典故。文選王融三月三日曲水詩序：「昭華之珍既徙，延喜之玉攸歸。」張銑注：「舜時，西王母獻昭華玉；天錫禹玄珪，刻曰延喜之字。」

〔三〕財成，即裁成，謂裁度以成之。財，通「裁」。周易泰：「天地交，泰。后以財成天地之道。」陸德明釋文：「財，荀作裁。」孔穎達疏：「后，君也。於此之時，君當翦財成就天地之道。」改粒，即以穀物爲食。禮記王制：「北方曰狄，衣羽毛穴居，有不粒食者矣。」陳澔集説：「西北地寒，少五穀，故有不粒食者。」沈約均聖論：「嘉穀肇播，民用粒食。」

〔四〕茵蔼，與上文「葳蕤」義近。晉書卷八二徐廣傳：「若夫原始要終，紀情括性，其言微而顯，其義皎而明，然後可以茵蔼緹油，作程遐世者也。」遷裳，即垂裳而治。周易繫辭下：「黄帝、堯、舜垂衣裳而天下治，蓋取諸乾坤。」韓康伯注：「垂衣裳以辨貴賤，乾尊坤卑之義也。」禮記禮運：「昔者先王……未有火化，食草木之實，鳥獸之肉，飲其血，茹其毛。未有麻絲，衣其羽皮。後聖有作，然後脩火之利……治其麻絲以爲布帛，以養生送死，以事鬼神。」

〔五〕「翼」，資本、磧本、普本、南本、徑本、清本作「驥」。八翼，典出晉書卷六六陶侃傳：「（侃）又夢生八翼，飛而上天，見天門九重，已登其八，唯一門不得入。閽者以杖擊之，因墜地，折其左翼。及寤，左腋猶痛。」八驥，蓋天子出行儀仗。梁簡文帝蕭綱南郊頌：「天子御玉輅，動金根，八驥揚衡，雙龍翼蓋，雲罕徐迴，鳴鐃韻響。」「驥」較爲妥當。

〔六〕崛岫，即耆闍崛山，又譯曰鷲峰山，在古印度摩竭陀國王舍城之東北。山中多鷲，故名。或云山形像鷲頭而得名。如來曾在此講法華等經，爲佛教之聖地。見大唐西域記卷九。鶴苑，即鶴林、雙林，爲佛入滅之處。佛於娑羅雙樹間入滅時，林色變白，如白鶴之群棲，故稱。王融法門頌啓：「鹿苑金輪，弘汲引以濟俗；鶴林雙樹，顯究竟以開氓。」此用以指代佛寺。

〔七〕連河，即希連禪河，如來於此河畔菩提樹下成道。庾信陜州弘農郡五張寺經藏碑：「舍衛之國，祇洹之園。

三明極地，八會窮源。連河競説，勝辯争論。」蜂臺，指佛塔。佛塔自遠方觀之，狀如蜂巢，故名。大周新翻三藏聖教序曰：「窮貝牒之遺文，集蜂臺之秘藏。」

〔八〕則裕，見尚書商書仲虺之誥：「好問則裕，自用則小。」孔穎達正義：「問則有得所以足，不問專固所以小。」會府，尚書省之别稱。舊唐書卷一一代宗紀：「至于領録天下之綱，綜覈萬事之要，邦國善否，出納之由，莫不處正於會府也。」

〔九〕顧復，語出詩經小雅蓼莪：「父兮生我，母兮鞠我。拊我畜我，長我育我，顧我復我，出入腹我。」鄭玄箋：「顧，旋視；復，反覆也。」孔穎達疏：「覆育我，顧視我，反覆我，其出入門户之時常愛厚我，是生我劬勞也。」顧復，指父母之养育。

悰上人冲宇淹穆，秀器韶雅，迥韻遒通，峻調閑綽。身城浪謐，飛寶刃以衝天〔一〕；意樹紛披〔二〕，聳珍翘而拂漢。既洽九儒之要，還探二藏之微。緇徒擅其娉節〔三〕，素侶挹其徽望，固以偶迹乘杯，侔聲飛錫者矣〔四〕。將恐迷生曲學〔五〕，近識孤聞，以適俗之權爲會真之實，叫鳳闇而莫遂〔六〕，叩鸞掖而無從〔七〕，爰興護念之心，載啓發揮之作。粤自晉氏，迄于聖代，凡其議拜事，并集而録之，總合三篇，分成六卷，爲之賛論，格以通途。縟旨含鏘，雕文振綵，信所以激昂幽致，刷盪冥津者也。隱客業寡才疏，名蕪槩淺，坐煙郊而晦迹，泊風户以棲神。徒以早尚花編，深崇葉篆，欣茲盛事，綴而序之。秋蟒輕光〔八〕，匪助奔羲之曜；春蛙陋響，寧裨大樂之音。聊以宣情，詎云摛藻。與我同志，幸无誚焉。

【校注】

〔一〕「刃」，資本、磧本、普本、南本、徑本、清本作「仞」。身城，佛教譬喻。身爲心之城廓，故云身城。涅槃經卷一壽命品曰：「是身如城，血肉筋骨皮裹其上，手足以爲却敵樓櫓，目爲竅孔，頭爲殿堂，心王處中。如是身城，諸佛世尊之所棄捨，凡夫愚人常所味著，貪婬、瞋恚、愚癡、羅刹止住其中。」

〔二〕意樹，比喻人之意如樹，善果惡果皆依意而結，此處亦指身體。大唐西域求法高僧傳卷下：「創逢飢命棄身城，更爲求人崩意樹。」

〔三〕姱節，美好的節操。離騷：「汝何博謇而好修兮，紛獨有此姱節。」

〔四〕乘杯，高僧杯度之神通。高僧傳卷一〇杯度傳：「杯度者，不知姓名。常乘木杯度水，因而爲目。」飛錫，見文選孫綽游天台山賦：「王喬控鶴以冲天，應真飛錫以躡虛。」李周翰注：「應真，得真道之人，執錫杖而行於虛空，故云飛也。」應真，爲阿羅漢之意譯。

〔五〕迷生，迷惑於世俗生死之衆生。佛所行讚卷一生品：「迷生死曠野，莫知所歸趣。」曲學，學識淺陋的人。商君書更法：「窮巷多恡，曲學多辨。」

〔六〕「叫」，資本、磧本、普本、南本、徑本、清本作「叩」，兩可。

〔七〕「叩」，資本、磧本、普本、南本、徑本、清本作「叫」，亦可。

〔八〕蟒，螢類昆蟲。慧琳音義：「栗信反。考聲：『蟒，螢也。』毛詩傳：『熠燿也。』説文：『從生，粦聲，亦作粦，燐也。』」

集沙門不應拜俗等事卷第一

弘福寺沙門釋彦悰纂録〔一〕

故事篇第一上

故事者，明隋以上沙門致敬等事也。自大法東流，六百餘載，其中信毁交貿〔二〕，褒挫相傾，亟染湮殘，頻令拜伏。而事非經國，理越天常，用爲蠹道，俱沿舊貫焉。

奏

晉尚書令何充等執沙門不應敬王者奏三首并序

（一）初奏

詔

車騎將軍庾冰爲成帝出令沙門致敬詔二首

書

難

答

（三）桓玄重難王謐

（四）王謐重答桓玄

（五）桓玄三難王謐并序

（六）王謐三答桓玄

書

桓玄與廬山法師慧遠使述沙門不致敬王者意書一首并遠答往反二首

（一）遠法師答桓太尉

（二）桓太尉重答遠法師書〔三〕

【校注】

〔一〕「弘福寺」上，徑本、清本有「唐」。此下各卷均同，不贅。

〔二〕交貿，交錯、交加。續高僧傳卷四玄奘傳：「大業餘曆，兵饑交貿，法食兩緣，投庇無所。」

〔三〕本卷目按照文體分類編排，與正文不能完全對應。爲標明對應關係，特於卷目中增加圓括號并標注先後次序。圓括號後之題名，據正文以增補。正文題名前之圓括號、序號，爲遵從體例一致原則而增補。此下不贅。

晉尚書令何充等執沙門不應敬王者奏三首并序〔一〕

東晉咸康六年（三四〇），成帝幼冲，時太后臨朝制，司徒王導録尚書事與上舅中書令庾亮參輔朝政〔二〕。後導等薨〔三〕，庾冰輔政〔四〕，謂諸沙門應盡敬王者〔五〕。充等議不應敬〔六〕，下禮官詳議。博士等議與充同，門下承冰旨爲駁，充等因爲此奏焉〔七〕。

【校注】

〔一〕「尚書令」，原本無，據卷首目録以補。題名，弘明集卷一二作「尚書令何充奏沙門不應盡敬并詔五首」。

〔二〕成帝司馬衍，字世根，太寧三年（三二五）閏八月即位，時年五歲。同年秋九月癸卯，皇太后臨朝稱制，司徒王導録尚書事，與中書令庾亮參輔朝政。咸康八年（三四二），成帝駕崩，見晉書卷七、魏書卷九七。太后，即明帝司馬紹皇后庾文君，兄即庾亮。太后咸和三年（三二七）蘇峻叛亂時崩，謚號明穆皇后，見晉書卷七〇。

〔三〕「時太后臨朝制……後導等薨」，弘明集卷一二無。此或爲編者彦悰所增補。王導於咸康五年（三三九）、庾亮於咸康六年（三四〇）去世。

〔四〕庾冰，字季堅，潁川鄢陵人，庾亮之弟。平定蘇峻叛亂立功，爲會稽内史，王導病故後入朝任中書監、揚州刺史。成帝病危，與武陵王晞、會稽王昱、中書令何充、尚書令諸葛恢并受顧命。建元二年（三四四）病故，時年四十九，晉書卷七三有傳。庾冰本傳云：「是時王導新喪，人情恇然。冰兄亮既固辭不入，衆望歸冰。既當重任，經綸時務，不捨夙夜，賓禮朝賢，升擢後進，由是朝野注心，咸曰賢相。初，導輔政，每從寬惠，冰頗任威刑……隱實户口，料出無名萬餘人，以充軍實。」

〔五〕宋書卷九七夷蠻傳：「先是晉世庾冰始創議，欲使沙門敬王者。」

〔六〕何充，字次道，廬江灊縣人，王導妻之姊子，妻即明穆皇后之妹。蘇峻亂平，封都鄉侯，任東陽太守，後加吏部尚書，進號冠軍將軍。王導薨，轉護軍將軍，與中書監庾冰參録尚書事，尋遷尚書令，加左將軍。永和二年（三四六）卒，時年五十五。晉書卷七七有傳。何充本傳云：「性好釋典，崇修佛寺，供給沙門以百數，糜費巨億而不吝也。親友至於貧乏，無所施遺，以此獲譏於世。阮裕嘗戲之曰：『卿志大宇宙，勇邁終古。』充問其故。裕曰：『我圖數千户郡尚未能得，卿圖作佛，不亦大乎！』于時郗愔及弟曇奉天師道，而充與弟準崇信釋氏，謝萬譏之云：『二郗諂於道，二何佞於佛。』」

〔七〕「充等因爲此奏焉」，弘明集卷一二作「尚書令何充及僕射褚翜、諸葛恢，尚書憑懷、謝廣等奏，沙門不應盡敬」。

（一）初奏〔一〕

尚書令冠軍撫軍都鄉侯臣充、散騎常侍左僕射長平伯臣翜、散騎常侍右僕射建安伯臣恢、尚書關中侯臣懷、守尚書昌安子臣廣等言〔二〕：世祖武皇帝以盛明革命，肅祖明皇帝聰聖玄覽，豈于時沙門不易屈膝？顧以不變其修善之法，所以通天下之志也〔三〕。愚謂宜遵承先帝故事，於義爲長。

【校注】

〔一〕序號、題名，弘明集卷一二無。

〔二〕褚翜，字謀遠，河南陽翟人，太傅褚裒之從父兄。以平定蘇峻之亂有功，被封爲長平縣伯，升任丹楊尹，代庾亮任中護軍，後遷尚書右僕射，轉左僕射，加散騎常侍。咸康七年（三四一）卒，時年六十七。晉書卷七七有傳。諸葛恢，字道明，琅邪陽都人。討王含有功，進封建安伯。後累遷尚書右僕射，加散騎常侍。永和元年（三四五）五月卒，時年六十二。晉書卷七七有傳。馮懷，晉書無傳。據晉書，馮懷曾任太常、護軍將軍、侍中、黄門侍郎等職。世説新語文學劉孝標注引馮氏譜云：「馮懷字祖思，長樂人。歷太常、護軍將軍。」陶弘景真靈位業圖上第一第七左位：「司馬馮懷字相思，晉太常。」陶弘景真誥卷一六闡幽微第二：「近取馮懷爲司馬。侍帝晨，如今世侍中……馮懷，字祖思，長樂人，晉成帝時爲太常散騎常侍，卒追贈金紫光禄階也。」謝廣，生平不詳。據謝鯤墓誌可知，謝廣字幼臨，父謝衡。

〔三〕語出周易繫辭上：「夫易，聖人之所以極深而研幾也。唯深也，故能通天下之志。唯幾也，故能成天下之務。唯神也，故不疾而速，不行而至。」

車騎將軍庾冰爲成帝出令沙門致敬詔二首〔一〕

（一）初詔〔二〕

夫萬方殊俗，神道難辯〔三〕，有自來矣。達觀傍通，誠當無怪，況阿跪拜之禮〔四〕，何必尚然，當復原先王所以尚之之意。豈直好此屈折而坐遘槃辟哉〔五〕？固不然矣。因父子之敬，建君臣之序，制法度，崇禮秩，豈徒然哉？良有以矣。既其有以，將何以易之？然則名禮之設，其無情乎？且今果將有佛耶？將無佛耶？有佛耶，其道固弘；無佛耶，義將何取？繼其信然，將是方外之事。方外之事，豈方内所體〔六〕？而當矯形骸，違常務，易禮典，棄名教〔七〕？是吾所甚疑也。名教有由來，百代所不廢，昧旦丕顯〔八〕。後世猶殆，殆之爲弊，其故難尋。而今當遠慕茫昧依俙未分〔九〕，棄禮於一朝，廢教於當世，使夫凡流傲逸憲度？又是吾之所甚疑也。縱其信然，縱其有之，吾將通之於神明〔一〇〕，得之於胸懷耳。軌憲宏模，固不可廢之於正朝矣。凡此等類，皆晉民也，論其材智，又常人也。而當因所説之難辯，假服飾以凌度，抗殊俗之傲禮，直形骸於萬乘〔一一〕，又是吾所弗取也。諸君并國器也，悟言則當測幽微〔一二〕，論治則當重國典。苟其不然，吾將何述焉？

【校注】

〔一〕「車騎將軍」，原本無，據卷首目録以補。題名，弘明集卷一二作「庾冰重諷旨謂應盡敬爲晉武帝作詔」。

〔二〕序號、題名，弘明集卷一二無。

〔三〕「辯」，通「辨」，辨別、區分。周易繫辭上：「辯吉凶者存乎辭。」高亨注：「辯借爲辨，别也。」神道，神明之道，謂鬼神賜福降災神妙莫測之道。周易觀：「觀天之神道，而四時不忒，聖人以神道設教，而天下服矣。」孔穎達疏：「微妙無方，理不可知，目不可見，不知所以然而然，謂之神道。」

〔四〕阿，曲從、迎合。管子君臣下：「明君之道，能據法而不阿。」漢書卷三七季布傳：「諸將皆阿呂太后，以噲言爲然。」顔師古注：「阿，曲也，曲從其意。」

〔五〕槃辟，盤旋進退，古代行禮時的動作。漢書卷八六何武傳：「坐舉方正，所舉者召見，槃辟雅拜。」顔師古注：「槃辟，猶言槃旋也。」莊子田子方：「從容一若龍，一若虎。」郭象注：「槃辟其步，逶蛇其迹。」

〔六〕「所」，資本、磧本、普本、南本、徑本、清本作「所以」。方外、方内，語出莊子大宗師：「孔子曰：『彼遊方之外者也，而丘遊方之内者也。』」

〔七〕名教，正名定分爲主的儒家禮教。袁宏後漢紀卷二六獻帝紀：「夫君臣父子，名教之本也。」嵇康釋私論：「物情順通，故大道無違；越名任心，故是非無措也。是故言君子，則以無措爲主，以通物爲美。」

〔八〕丕顯，大顯。唐司空圖華帥許國公德政碑：「皇帝中興昌運，丕顯耿光。」

〔九〕「今」，資本、磧本、普本、南本、徑本、清本作「合」。

〔一〇〕神明，即神靈。周易繫辭下：「陰陽合德，而剛柔有體，以體天地之變，以通神明之德。」孔穎達疏：「萬物變化，或生或成，是神明之德。」

〔一一〕「骸」，資本、磧本、普本、南本、徑本、清本作「體」，亦可。

〔一二〕「悟」，清本作「語」。

（三）二奏〔一〕

尚書令冠軍撫軍都鄉侯臣充、散騎常侍左僕射長平伯臣翜、散騎常侍右僕射建安伯臣恢、尚書關中侯臣懷、守尚書昌安子臣廣等言：詔書如右，臣等暗短，不足以讚揚聖旨，宣暢大義。伏省明詔，震懼屏營〔二〕，輒共尋詳。有佛無佛，固非臣等所能定也。然尋其遺文，鑽其要旨，五戒之禁實助王化〔三〕，賤昭昭之名行，貴冥冥之潛操〔四〕，行德在於忘身，抱一心之清妙。且興自漢世，迄于今朝〔五〕，雖法有隆衰，而弊無妖妄。神道經久，未有其比也。夫詛有損也，祝必有益〔六〕。臣之愚誠，實願塵露之微增潤嵩岱，區區之祝上裨皇極〔七〕。今一令其拜，遂壞其法，令修善之俗廢於聖世，習實生常，必致愁懼。隱之臣心，竊所未安。臣雖蒙蔽，豈敢以偏見疑誤聖聽？直謂世經三代，人更明聖。今不爲之制，無虧王法，而幽冥之路可無擁滯〔八〕。是以復陳愚誠，乞垂省察。謹啓。

【校注】

〔一〕序號、題名，弘明集卷一二作「尚書令何充及褚翜諸葛恢馮懷謝廣等重表」。

〔二〕屏營，惶恐、彷徨。國語吳語：「王親獨行，屏營彷徨於山林之中。」

〔三〕五戒，佛教的五種制戒，即不殺生、不偷盜、不邪淫、不妄語、不飲酒。

〔四〕漢書卷九七上孝武李夫人傳：「去彼昭昭，就冥冥兮；既不新宮，不復故庭兮。」

〔五〕「朝」，資本、磧本、普本、南本、徑本、清本、弘明集卷一二作「日」，兩可。

〔六〕語出春秋左傳昭公二十年：「民人苦病，夫婦皆詛。祝有益也，詛亦有損。聊攝以東，姑尤以西。」

〔七〕皇極，此處指成帝。史記卷一一一衛將軍驃騎列傳司馬貞述贊：「姊配皇極，身尚平陽。」此爲章表常用語言。曹子建求自試表：「冀以塵露之微，補益山海；螢燭末光，增輝日月。」晉書卷六四瑯琊悼王煥傳録孫霄上疏云：「此芻蕘之言有補萬一，塵露之微有增山海。」

〔八〕擁滯，留滯、阻滯。宋書卷四二劉穆之傳：「穆之内總朝政，外供軍旅，決斷如流，事無擁滯。」周武帝滅佛，釋慧遠抗聲曰：「陛下今恃王力自在，破滅三寶，是邪見人。阿鼻地獄不簡貴賤，陛下何得不怖？」武帝勃然作色大怒，直視於遠曰：「但令百姓得樂，朕亦不辭地獄諸苦。」「幽冥之路」與「阿鼻地獄」可參讀。

（四）重詔〔一〕

省所陳具情旨。幽昧之事誠非寓言所盡〔二〕，然其較略乃大人神之常度〔三〕，粗復有分例耳。大都百王制法〔四〕，雖質文隨時，然未有以殊俗參治，恢誕雜化者也〔五〕。豈曩聖之不達，而末聖而宏通哉〔六〕？且五戒之小善〔七〕，粗擬似人倫，而更於世主，略其禮敬耶？禮重矣，敬大矣，爲治之綱盡於此矣。萬乘之君非好尊也，區域之人非好卑也，而卑尊不陳，王教則亂〔八〕。斯曩聖所以憲章，體國所宜不惑也。通才博採，往往備修之。修之身、修之家可矣〔九〕，修之國及朝則不可。斯豈不遠也？省所陳，果亦未能了有之與无矣。縱其了，猶謂不可以參治，而況都無，而當以南行耶〔一〇〕。

【校注】

〔一〕序號、題名，弘明集卷一二作「成帝重詔」。

〔二〕此句，是對上文「幽冥之路可無擁滯」的回復。

〔三〕「乃」，弘明集卷一二作「及」。

〔四〕大都，大概。王羲之十七帖：「吾服食久，猶爲劣劣，大都比之年時，爲復可耳。」

〔五〕「恢」，弘明集卷一二作「怪」。恢誕，浮誇怪誕。應劭風俗通義正失第二東方朔：「然朔所以名過其實，以其恢誕多端，不名一行。」怪誕，離奇荒誕。劉知幾史通卷一二古今正史：「發言則嗤鄙怪誕，叙事則參差倒錯。」恢誕、怪誕，義均可通。

〔六〕「未」，弘明集卷一二作「來」，可通。

〔七〕「小」，弘明集卷一二作「才」。

〔八〕「王教則亂」，弘明集卷一二作「王教不得不一，二之則亂」。

〔九〕「往往備修之，修之身、修之家可矣」，弘明集卷一二作「往往備其事，修之家可矣」。

〔一〇〕「南」，弘明集卷一二作「兩」。

（五）三奏〔一〕

臣充等言〔二〕：臣等誠雖暗蔽〔三〕，不通遠旨。至於乾乾夙夜〔四〕，思循王度〔五〕，寧苟執偏管而亂大倫耶？直以漢、魏逮晉不聞異議，尊卑憲章无或暫虧也。今沙門之慎戒專然，及爲其禮，一而已矣。至於守戒之篤者，亡身不吝，何敢以形骸而慢禮敬哉？每見燒香祝願，必先國家，欲福祐之隆。情無極已，奉上崇順，出於自然。禮儀之簡，蓋是專一守法。是以先聖御世，因而弗革也。天網恢恢，疏而不失〔六〕。臣等屢屢以爲，不令致拜於法无虧。因其所利而惠之，使賢愚莫敢不用情，則上有天覆地載之施〔七〕，下有守一修善之人。謹復陳其愚淺，願蒙省察。謹啓。

于時，庾冰議寢，竟不施敬。

【校注】

〔一〕序號、題名，弘明集卷一二作「尚書令何充僕射褚翜等三奏不應敬事」。

〔二〕「臣充等言」，弘明集卷一二無。

〔三〕「誠雖」，弘明集卷一二作「雖誠」，兩可。

〔四〕乾乾，自强不息貌。周易乾：「君子終日乾乾，夕惕若厲，无咎。」孔穎達疏：「言每恒終竟此日，健健自强，勉力不有止息。」此處指勤奮、敬慎。

〔五〕「循」，資本、磧本、普本、南本、徑本、清本作「修」，兩可。

〔六〕「天網恢恢，疏而不失」，見道德經第七三章。李小榮弘明集校箋卷一二以爲，此爲僧祐夾注。

〔七〕天覆地載，語出禮記中庸：「天之所覆，地之所載。」形容範圍至大至廣。董仲舒春秋繁露卷四王道：「故明王視於冥冥，聽於無聲，天覆地載，天下萬國莫敢不悉靖共職受命者，不示臣下以知之至也。」

太尉桓玄與八座桓謙等論道人應致敬事書一首并序〔一〕

晉元興（四〇二—四〇四）中，安帝蒙塵於外〔二〕。太尉桓玄以震主之威〔三〕，欲令道人設拜於己。因陳何、庾舊事，謂理未盡，故與八座等書云〔四〕：

玄再拜白，頓首。八日垂至，舊諸沙門皆不敬王者，何、庾雖已論之，而并率所見，未是以理相屈也。庾意在尊主，而理據未盡。何出於偏信，遂淪名體。夫佛之爲化，雖誕以茫茫〔五〕，推乎視聽之外〔六〕，然以敬爲本，此處不異。蓋所期者，殊非敬恭，宜廢也。老子同王侯於三大〔七〕，原其所重，皆在於資生通運〔八〕，豈獨以聖人在位，而比稱二儀哉？將以天地之大德曰生〔九〕，通生理物，存於王者。故尊其神器，而禮寔惟隆，豈是虛相崇重，義存君御而已哉？沙門之所以生生資存，亦日用於理命〔一〇〕，豈有受其德而遺其禮，霑其惠而廢其敬哉？既理所不容，亦情所不安。一代大事，宜共求其衷，想復相與研盡之，比八日令得詳定也。桓玄再拜頓首，敬謂〔一一〕。

【校注】

〔一〕「太尉」，原本無，據卷首目録以補。題名，弘明集卷一二作「桓玄與八座書論道人敬事」。

〔二〕晉安帝司馬德宗，在位二十三年，義熙十四年（四一九）駕崩，時年三十七。見晉書卷一〇。安帝爲東晉第十位皇帝，在位期間，先有王恭、桓玄謀反，後有劉裕獨掌大權，皇權衰微。成帝崩後不久，劉裕稱帝，東晉亡没。

〔三〕桓玄，字敬道，小名靈寶，譙國龍亢人，大司馬桓温之子。元興元年（四〇二）藉討伐司馬元顯之名攻入建康，矯詔加己總百揆，後建立桓楚，改元永始（四〇三—四〇四）。永始二年（四〇四），桓玄遷安帝至潯陽，劉裕起兵，玄戰敗被殺，時年三十六。見晉書卷九九。

〔四〕「晉元興中……故與八座等書云」，弘明集卷一二無。八座，八種高級官員。晉書卷二四職官志「列曹尚書」云：「魏改選部爲吏部，主選部事，又有左民、客曹、五兵、度支，凡五曹尚書、二僕射、一令爲八座……及渡江，有吏部、祠部、五兵、左民、度支五尚書。祠部尚書常與右僕射通職，不恒置，以右僕射攝之，若右僕射闕，則以祠部尚書攝知右事。」據此推測，東晉八座大多爲五尚書、一僕射、一令，衹有七人。參照下文，令即尚書令桓謙。

〔五〕「茫茫」，資本、磧本、普本、南本、徑本、清本、弘明集卷一二作「茫浩」。

〔六〕袁宏後漢紀卷一〇孝明皇帝紀：「（佛教）有經數千萬，以虚無爲宗，苞羅精麤，無所不統，善爲宏闊勝大之言。所求在一體之内，而所明在視聽之外。」

〔七〕此語化用老子第二十五章。

〔八〕資生，賴以生長，賴以爲生。周易坤：「至哉坤元，萬物資生，乃順承天。」孔穎達疏：「萬物資生者，言萬物資地而生。」文選束皙補亡詩之五：「資生仰化，于何不養。」李善注：「資，取也。言取生者，皆仰德而化也。」

〔九〕語出周易繫辭下：「天地之大德曰生，聖人之大寶曰位。何以守位曰仁，何以聚人曰財。」

〔一〇〕理命，敬事天命。漢武帝内傳：「方丈之阜，爲理命之室；滄浪海島，養九老之堂。」

〔一一〕「謂」，資本、磧本、普本、南本、清本作「議」。

八座等答桓玄明道人不應致敬事書一首〔一〕

中軍將軍尚書令宜陽開國侯桓謙等惶恐死罪〔二〕，奉誨，使沙門致敬王者，「何、庾雖論，意未究盡，此是大事，宜使允中」。實如雅論。然佛法與堯、孔殊趣〔三〕，禮教互乖〔四〕。人以髮膚爲重，而彼髠削不疑〔五〕。出家棄親，不以色養爲孝〔六〕，土木形骸〔七〕，絶欲止競，不期一生，要福萬劫〔八〕。世之所貴，已皆落之；禮教所重，意悉絶之。資父事君，天屬之至〔九〕，猶離其親愛，豈得致禮萬乘，勢自應廢？彌歷三代，置其絶羈，當以神明無方爾〔一〇〕，不以涯檢〔一一〕，視聽之外或別有理。今便使其致恭，恐應革者多，非唯拜起。又王者奉法出於敬，信其理而變其儀，復是情所未了，即而容之，乃是在宥之弘〔一二〕。王令以別答公難，孔國張敞在彼〔一三〕，想已面諮所懷。道寶諸道人〔一四〕，并足酬對高旨。下官等不諳佛理，率情以言，愧不足覽。謙等惶恐死罪。

【校注】

〔一〕題名，弘明集卷一二作「八座答此一首出故事」。

〔二〕桓謙，字敬祖，太傅桓冲之子，以父功封宜陽縣開國侯。元興初年（四〇二），朝廷將伐玄，用謙爲荆州刺史。桓玄用事，以謙爲尚書左僕射，領吏部，加中軍將軍，後拜尚書令，領揚州刺史，封新安王。桓玄被殺後，投奔姚興。後入蜀助譙縱。義熙六年（四一〇），爲劉道規所斬。晉書卷七四有傳。

〔三〕「堯」，資本、磧本、普本、南本、徑本、清本、弘明集卷一二作「老」。

〔四〕「互」，資本、磧本、普本、南本、徑本、清本、弘明集卷一二作「正」，亦可通。

〔五〕「疑」，徑本作「宜」。髠削，謂受髠刑，剃去鬚髮。王符潛夫論卷三浮侈：「明帝時，桑民摐陽侯坐冢過制髡削。」

〔六〕色養，語出論語爲政：「子游問孝。子曰：『今之孝者，是謂能養。』……子夏問孝。子曰：『色難。』」何晏集解引包咸曰：「色難者，謂承順父母顔色乃爲難也。」朱熹集注：「色難，謂事親之際，惟色爲難也。」

〔七〕世説新語卷下容止：「劉伶身長六尺，貌甚醜顇，而悠悠忽忽，土木形骸。」余嘉錫箋疏云：「此皆言土木之質，不宜被以華采也。土木形骸者，謂亂頭麤服，不加修飾，視其形骸，如土木然。」

〔八〕劫，分别世界成壞之時量名。萬劫者，經世界成壞一萬，言時之極長也。

〔九〕天屬，天性相連。莊子山木：「或曰：『棄千金之璧，負赤子而趨，何也？』林回曰：『彼以利合，此以天屬也。』」此指具有血緣關係之親屬。

〔一〇〕「爾」，資本、磧本、普本、南本、徑本、清本作「示」。無方，無所不至。周易益：「天施地生，其益无方。」孔穎達疏：「其施化之益，无有方所。」

〔一一〕涯檢，限制、管束。新唐書李元紘傳：「元紘當國，務峻涯檢，抑奔競，夸進者憚之。」

〔一二〕在宥，語出莊子在宥：「聞在宥天下，不聞治天下也。」郭象注：「宥使自在則治，治之則亂也。」成玄英疏：「宥，寬也。在，自在也……寓言云，聞諸賢聖任物自在寬宥，即天下清謐。」在宥，多指任物自在，無爲而化，用以讚美帝王的仁政德化。

〔一三〕王令，即中書令王謐，其答文即王謐答桓玄明沙門不應致敬事書。孔國張敞，待考。

〔一四〕高僧傳卷五晉吴虎丘東寺竺道壹傳：「壹弟子道寶，姓張，亦吴人。聰慧夙成，尤善席上。張彭祖、王秀琰皆見推重，并著莫逆之交焉。」道壹卒年高僧傳載爲東晉安帝隆安年間（三九七—四〇一），道寶生卒年不詳，其參與沙門敬王辯論文獻佚失。

桓玄與中書令王謐論沙門應致敬事書一首〔一〕

沙門抗禮至尊，正自是情所不安。一代大事，宜共論盡之。今與八座書，向已送都。今付此信，君是宜任此理者，遲聞德音。

【校注】

〔一〕題名，弘明集卷一二作「桓玄與王令書論道人應敬王事」。

王謐答桓玄明沙門不應致敬事書一首〔一〕

領軍將軍吏部尚書中書令武岡男王謐惶恐死罪〔二〕。奉誨，及道人抗禮至尊〔三〕，并見與八座書，具承高旨。容音之唱，辭理兼至。近者亦粗聞公道：「未獲究盡，尋何、庾二旨，亦恨不悉，以爲二論漏於偏見，無曉然厭心處真如雅誨〔四〕。」夫佛法之興，出自天竺，宗本幽遐，難以言辯。既涉乎教，故可略而言耳。意以爲殊方異俗，雖所安每乖，至於君御之理，莫不必同。今沙門雖意深於敬，不以形屈爲禮〔五〕，迹充率土，而趣超方内者矣。是以外國之君，莫不降禮，良以道在則貴，不以人爲輕重也。尋大法宣流，爲日諒久，年踰四百，歷代有三。雖風移政易，而弘之不異，豈不以獨絶之化有用於陶漸〔六〕，清約之風无害於隆平者乎？故王者拱己〔七〕，不悢悢於缺户〔八〕；沙門保真〔九〕，不自疑於誕世者也。承以「通生理物，存乎王者」，考諸理歸〔一〇〕，實如嘉論。三復德音，不能已已〔一一〕。雖欲奉訓，言將无寄，猶以爲功高者不賞，惠深者忘謝〔一二〕。雖復一拜一起，亦豈足答濟通之德哉？公眷眄未遺，猥見逮問，輒率陳愚管，不致嫌於所奉耳。願不以人廢言〔一三〕。臨白反側，謐惶恐死罪。

【校注】

〔一〕題名，弘明集卷一二作「王令答桓書」。

〔二〕王謐，字稚遠，琅琊臨沂人，宰相王導之孫。桓玄舉兵，詔謐銜命詣玄，玄拜吴國内史。未至郡，玄以爲中書令、領軍將軍、吏部尚書。元興二年（四〇三），遷中書監，加散騎常侍，領司徒。玄篡，封武昌縣開國公。義熙三年（四〇七）卒，時年四十八。晉書卷六五有傳。王導曾封武岡侯，子王協襲爵。王協以弟邵子謐爲嗣。故，王謐武岡男之爵位，當爲襲封。

〔三〕道人，即僧人、和尚。牟子理惑論：「僕嘗遊于闐之國，數與沙門道士相見。」世説新語言語：「支道林常養數匹馬，或言道人畜馬不韻，支曰：『貧道重其神駿。』」

〔四〕懕心，心服。「懕」同「厭」。世説新語文學：「支通一義，四坐莫不厭心；許送一難，衆人莫不抃舞。」真如，梵語意譯詞，永恒存在的實體、實性，宇宙萬有的本體。與實相、法界等同義。成唯識論卷二曰：「真謂真實，顯非虚妄。如謂如常，表無變易。謂此真實於一切法，常如其性，故曰真如，即是湛然不虚妄義。」「未獲究盡……真如雅誨」，與八座等答桓玄明道人不應致敬事書一首「何、庾雖論，意未究盡，此是大事，宜使允中」，均爲桓玄書信的内容。

〔五〕「屈」，原本作「出」，資本、磧本、普本、南本、徑本、清本、弘明集卷一二作「屈」。下文辯難有徵引，當作「屈」。據以改。

〔六〕獨絶，唯一，獨一無二也。漢書卷六〇杜欽傳：「至於建武，杜氏爵乃獨絶。」顔師古注云：「建武之後，張氏尚有張純爲侯，故言杜氏獨絶也。」法顯譯大般涅槃經卷下：「以妙香華種種供養，自傷貧乏獨絶此願，心自思惟。」

〔七〕拱己，垂拱，無爲而治也。尚書武成：「惇信明義，崇德報功，垂拱而天下治。」漢書卷三高后紀贊：「孝惠、高后之時，海内得離戰國之苦，君臣俱欲無爲，故惠帝拱己。」顔師古注：「垂拱而治。」

〔八〕「恨恨」，資本、磧本、普本、南本、徑本、清本、弘明集卷一二、可洪音義作「悢悢」。悢悢，惆悵、悲傷。恨恨，抱恨不已。可洪音義云：「力向反，悢，悲也。」

〔九〕保真，保全純真的本性、天性。淮南子卷一三氾論訓：「全性保真，不以物累形，楊子之所立也，而孟子非之。」

〔一〇〕「考」，原本作「孝」，資本、磧本、普本、南本、徑本、清本、弘明集卷一二作「考」。據以改。

〔一一〕三國志魏書卷一三王朗傳：「君既勞思慮，又手筆將順，三復德音，欣然無量。」

〔一二〕功高不賞，見史記卷九二淮陰侯列傳：「臣聞勇略震主者身危，而功蓋天下者不賞。」

〔一三〕語出論語衛靈公。

桓玄難王謐不應致敬事三首

（一）初難〔一〕

來示云：沙門雖意深於敬，而不以形屈爲禮。

難曰：沙門之敬，豈皆略形存心？懺悔禮拜，亦篤於事。爰暨之師，逮于上座〔二〕，與世人揖跪，但爲小異其制耳。既不能忘形於彼，何爲忽儀於此？且師之爲理，以資悟爲德。君道通生，則理宜在本。在三之義〔三〕，豈非情理之極哉？

來示云：外國之君，莫不降禮，良以道在則貴，不以人爲輕重也。

難曰：外國之君，非所宜喻。而佛教之興，亦其指可知〔四〕。豈不以六夷驕强，非常教所化，故大設靈奇，使其畏服。既畏服之，然後順軌〔五〕。此蓋是大懼鬼神福報之事，豈是宗玄妙之道耶？道在則貴，將異於雅旨〔六〕，豈得被其法服，便道在其中？若以道在然後爲貴，就如君言，聖人之道，道之極也，君臣之敬，愈敦於禮，如此，則沙門不敬豈得以道在爲貴哉？

來示云：歷年四百，歷代有三，而弘之不異，豈不以獨絶之化有日用於陶漸，清約之風無害於隆平者乎？

難曰：歷代不革，非所以爲證也。曩者晉人略无奉佛，沙門徒衆皆是諸胡〔七〕，且王者與之不接，故可任其方俗，不爲之檢耳。今主上奉佛，親接法事，事異於昔，何可不使其禮有准？日用清約，有助于教，皆如君言。此蓋是佛法之功，非沙門傲誕之所益也。今篤以祗敬，將无彌濃其助哉？

來示云：功高者不賞，惠深者忘謝。雖復一拜一起，豈足答濟通之恩？

難曰：夫理至無酬，誠如來旨，然情在罔極，則敬自從之〔八〕。此聖人之所以緣情制禮，而各通其寄也。若以功深惠重，必略其謝，則釋迦之德爲是深耶，爲是淺耶？若淺耶，不宜以小道而亂大倫；若深耶，豈得彼肅其恭而此弛其敬哉？

【校注】

〔一〕題名，弘明集卷一二作「桓難」。

〔二〕上座，僧寺的職位名，多由朝廷任命年高德劭者擔任。王僧孺中寺碑：「中寺者，晉太元五年會稽王司馬道子之所立也……天監十五年，上座僧慈等，更揆日締架，赫然霞立。」

〔三〕在三，禮敬君、父、師的典故。語出國語晉語一：「民生於三，事之如一。父生之，師教之，君食之。非父不生，非食不長，非教不知。生之族也，故一事之。唯其所在，則致死焉。」韋昭注：「三，君、父、師也。」

〔四〕「指」，資本、磧本、普本、南本、徑本、清本作「旨」。指、旨意近，旨意、意向也。下同，不贅。

〔五〕化胡經中有部分情節，與此相似。北周甄鸞笑道論十二稱南無佛者引老子化胡經云：「流沙塞有加夷國，常爲劫盜。胡王患之，使男子守塞，常憂，因號男爲憂婆塞。女子又畏加夷所掠，兼憂其夫爲夷所困，乃因號憂婆夷。」釋法琳辯正論卷三引化胡經云：「罽賓國王疑老子妖魅，以火焚之，安然不死。王知神人，舉國悔過。老子云：『我師名佛，若能出家，當免汝罪。』其國奉教，悉爲沙門也。」道宣廣弘明集卷五列代王臣滯惑解引化胡經云：「既化胡王，令尹喜爲佛。性强梁者毁形絶好，斷其妻娶，不令紹嗣，故名沙門。自餘軟善，任從其本，則妻子不絶也。」

〔六〕「旨」，磧本、南本作「音」。

〔七〕晉書卷九五佛圖澄傳引著作郎王度奏章云：「佛，外國之神，非諸華所應祠奉。漢代初傳其道，惟聽西域人得立寺都邑，以奉其神，漢人皆不出家。魏承漢制，亦循前軌。」

〔八〕「敬」，磧本、普本、南本作「故」。

王謐答桓玄應致敬難三首

（一）初答〔一〕

難曰：沙門之敬，豈皆略形存心？懺悔禮拜，亦篤於事。

答曰：夫沙門之道，自以敬爲主。但津塗既殊，義无降屈〔二〕。故雖天屬之重，形禮都盡也。沙門所以推宗師長，自相崇敬者，良以宗致既同〔三〕，則長幼成序；資通有係，則事與心應。原佛法雖曠，而不遺小善，一介之功〔四〕，報亦應之，積毫成山，義斯著矣。

難曰：君道通生，則理應在本。在三之義，豈非情理之極哉？

答曰：夫君道通生，則理同造化。夫陶鑄敷氣，功則弘矣，而未有謝惠於所稟，措感於理本者何〔五〕？良以冥本幽絶〔六〕，非物象之所舉；運通理妙，豈麤迹之能酬？是以夫子云：「可使由之，不可使知之。」〔七〕此之謂也。

難曰：外國之君，非所應喻。佛教之興，亦其指可知。豈不以六夷驕强，非常教所化，故大設靈奇，使其畏服？

答曰：夫神道設教，誠難以言辯。意以爲大設靈奇，示以報應，此最影響之實理，佛教之根要。今若謂三世爲虚誕〔八〕，罪福爲畏懼，則釋迦之所明，殆將无寄矣。常以爲周、孔之化，救其甚弊，故言迹盡乎一生，而不開萬劫之塗。然遠探其旨，亦往往可尋。孝悌仁義，明不謀而自同。四時之生殺，則矜慈之心見。又屢抑仲由之問〔九〕，亦似有深旨。但教體既殊，故此處常昧耳。静而求之，殆將然乎！殆將然乎！

難曰：君臣之敬，愈敦於禮，如此，則沙門不敬豈得以道在爲貴哉？

答曰：重尋高論，以爲君道運通，理同三大，是以前條已粗言。意以爲君人之道，竊同高旨；至於君臣之敬，則理盡名教〔一〇〕。今沙門既不臣王侯，故敬與之廢耳。

難曰：歷代不革，非所以爲證也。曩者晉人略無奉佛，沙門徒衆皆是諸胡，且王者與之不接，故可任其方俗，不爲之檢耳。

答曰：前所以云歷有年代者，正以容養之道要當有以故耳〔一一〕，非謂已然之事无可改之理也。此蓋言勢之所至，非憶然所據也〔一二〕。胡人不接王者，又如高唱，前代之不論，或在於此耶。

難曰：此蓋是佛法之功，非沙門傲誕之所益。今篤以祇敬，將无彌濃其助哉？

答曰：敬尋來論，是不誣佛理也。但傲誕之迹，有虧大化，誠如來誨，誠如來誨！意謂沙門之道，可得稱異而非傲誕。今若以千載之末，淳風轉薄，横服之徒多非其人者〔一三〕，敢不懷愧。今但謂自理而默，差可遺人而言道耳。前答云：「不以人爲輕重。」微意在此矣。

難曰：若以功深惠重，必略其謝，則釋迦之德爲是深耶？爲是淺耶，若淺耶，不宜以小道而亂大倫；若深耶，豈得彼肅其恭而此弛其敬哉？

答曰：以爲釋迦之道，深則深矣，而瞻仰之徒彌篤其敬者，此蓋造道之倫必資行功，行功之美莫尚於此。如斯，乃積行之所因，來世之關鍵也〔一四〕。且致敬師長，功猶難抑，況擬心宗極〔一五〕，而可替其禮哉？故雖俯仰累劫，而非謝惠之謂也。

【校注】

〔一〕序號、題名，弘明集卷一二作「公重答」。

〔二〕降屈，降身屈節。後漢書卷八三法真傳：「帝虛心欲致，前後四徵。真曰：『吾既不能遯形遠世，豈飲洗耳之水哉？』遂深自隱絶，終不降屈。」

〔三〕宗致，宗旨，學説的要旨大義。三國志魏書卷一〇荀惲傳「誅弟顗，咸熙中爲司空」，裴松之注引晉陽秋：「太和初，到京邑與傅嘏談。嘏善名理而粲尚玄遠，宗致雖同，倉卒時或有格而不相得意。」世説新語文學「始發講，坐裁半，僧彌便云都已曉」，劉孝標注引出經叙：「提婆以隆安初遊京師，東亭侯王珣迎至舍講阿毗曇。提婆宗致既明，振發義奥，王僧彌一聽，便自講，其明義易啓人心如此。」

〔四〕「介」，弘明集卷一二作「分」。一介，一个，含有藐小、卑賤之意思，多用於自謙。禮記雜記上：「寡君有宗廟之事，不得承事，使一介老某相執綍。」一分，一部分也。梅鼎祚釋文紀卷四注云：「『一介』，弘明作『一分』，誤。」

〔五〕「措」，弘明集卷一二作「厝」。厝、措意近，安放、安排。下同，不贅。

〔六〕冥本，幽冥之本源。釋道宣廣弘明集序：「九十六部，宗上界之天根。二十五諦，討極計之冥本。」

〔七〕論語泰伯：「子曰：民可使由之，不可使知之。」

〔八〕三世，又云三際，過去、現在、未來也。世者，遷流之義。佛教以爲，有爲之事物，一刹那之間，亦不止，生了直滅。因此，謂來生爲未來世，生了爲現在世，滅了爲過去世。顔之推顔氏家訓歸心：「三世之事，信而有徵。」

〔九〕論語先進：「季路問事鬼神。子曰：『未能事人，焉能事鬼？』曰：『敢問死。』曰：『未知生，焉知死？』」牟子理惑論、明佛論、廬山慧遠法師答桓玄勸罷道書，均有據此條質疑佛教者。牟子回應説：「若子之言，所謂見外未識内者也。孔子疾子路不問本末，以此抑之耳。孝經曰……佛經所説生死之趣，非此類乎。」宗炳明佛論亦云：「『子路問死，子曰：『未知生，安知死？』問事鬼神，則曰：『未知事人，焉知事鬼？』』豈不以由也盡於好勇，篤於事君，固宜應以一生之内。至於生死鬼神之本，雖曰有問，非其實理之感，故性與天道不可得聞。」

〔一〇〕名教，正名定分爲主的儒家禮教。見本書卷一車騎將軍庾冰爲成帝出令沙門致敬詔二首注。

〔一一〕「容」，資本、磧本、普本、南本、徑本作「客」。容養，蓄养。宗炳明佛論：「非崇塔侈像，容養濫吹之僧，以傷財害民之謂也。」客養，謂像待客一樣奉養。陶潛飲酒之一一：「客養千金軀，臨化消其寶。裸葬何必惡，人當解意表。」

〔二〕「非」，原本作「北」，資本、磧本、普本、南本、徑本、清本、弘明集卷一二作「非」。「北」當爲筆畫脱落致訛，據此以改。「㦎」，弘明集卷一二作「畫」。畫然，清晰貌。莊子庚桑楚：「老聃之役有庚桑楚者，偏得老聃之道，以北居畏壘之山，其臣之畫然知者去之，其妾之挈然仁者遠之。」成玄英疏：「畫然舒智自明炫者，斥而去之。」劃然，突然也。唐谷神子博異志陰隱客：「至一大門……門有數人俯伏而候。門人示金印、讀玉簡，劃然開門。」

〔三〕橫服，即僧服也。天台智者妙法蓮華經文句卷九上：「如來橫服垂迹之藥，示伽耶始生。」宋大詔令集卷二二四佛號大覺金仙餘爲仙人大士之號等事御筆手詔：「祝髮毀膚，偏袒橫服，棄君親之分，忘族姓之辨，循西方之禮，蓋千有餘歲。」

〔四〕「鍵」，資本、可洪音義作「揵」。揵，同「楗」，門閂。老子：「善閉無關揵而不可開。」一本作「楗」。關鍵，亦指門閂。下文「關鍵」之「鍵」同，不贅。

〔五〕宗極，所宗説之至極，亦即至理也。肇論不真空論曰：「夫至虛無生者，蓋是般若玄鑒之妙趣，有物之宗極者也。」僧肇維摩經序曰：「濟蒙惑則以慈悲爲首，語宗極則以不二爲門。」

（三）桓玄重難王謐

二難〔一〕

省示，猶復未釋所疑。因來告，復粗有其難。夫情敬之理，豈容有二？皆是自内以及外耳。

既入於有情之境，則不可得無也。若如來言，王者同之造化，未有謝惠於所稟，措感於理本，是爲功玄理深，莫此之大也。則佛之爲化，復何以過茲？

而來論云：「津塗既殊，則義无降屈；宗致既同，則長幼成序；資通有係，則事與心應。」若理在己本，德深居極，豈得云津塗之異而云降屈耶？宗致爲是何耶？若以學業爲宗致者，則學之所學，故是發其自然之性耳。苟自然有在，所由而稟，則自然之本，居可知矣。資通之悟，更是發鎣其末耳〔二〕。事與心應，何得在此而不在彼？

又云：「周、孔之化，救其甚弊，故盡於一生，而不開萬劫之塗。」夫以神奇爲化，則其教易行，異於督以仁義、盡於人事也〔三〕。是以黄巾妖惑之徒〔四〕，皆赴者如雲。若此爲實理，行之又易，聖人何緣舍所易之實道〔五〕，而爲難行之末事哉？其不然也，亦以明矣。將以化教殊俗，理在權濟，恢誕之談，其趣可知。

又云：「君臣之敬，理盡名教。今沙門既不臣王侯，故敬與之廢，何爲其然？」夫敬之爲理，上紙言之詳矣。君臣之敬，皆是自然之所生。理篤於情本，豈是名教之事耶？前論已云：「天地之大德曰生，通生理物，存乎王者。」苟所通在斯，何得非自然之所重哉？

又云：「造道之倫必資功行〔六〕，積行之所因，來世之關鍵也。擬心宗極，不可替其敬。雖俯仰累劫，而非謝惠之謂。」請復就來旨，而借以爲難。如來告，以敬爲行首，是敦敬之重也。功行者當計其爲功之勞耳，何得直以珍仰釋迦，而云莫尚於此耶？惠无所謝，達者所不惑。但理根深極，情敬不可得无耳。臣之敬君，豈謝惠者耶？

【校注】

〔一〕序號、題名，弘明集卷一二作「桓重難」。

〔二〕鍪，慧琳音義云：「烏定反。博雅：『鍪，飾也。』」發鍪，打磨也。

〔三〕「異」，徑本、清本作「冀」。「異」通「翼」，輔助。逸周書文傳：「令行禁止，王始也……出三曰無適異；出四曰無適與。」劉師培補正：「『異』當作『翼』，『適』訓專主。無適翼，與下『無適與』對文。『翼』即尚書益稷『汝翼』之翼，猶言無專輔也。無專輔，則臣心離。」

〔四〕黃巾，早期道教教派太平道的穿著標誌。後漢書卷八靈帝紀：「中平元年春二月，鉅鹿人張角自稱『黃天』，其部帥有三十六方，皆著黃巾，同日反叛。」後漢書卷七一皇甫嵩傳：「初，鉅鹿張角自稱『大賢良師』，奉事黃老道，畜養弟子，跪拜首過，符水呪説以療病，病者頗愈，百姓信向之。角因遣弟子八人使於四方，以善道教化天下，轉相誑惑。十餘年間，衆徒數十萬，連結郡國，自青、徐、幽、冀、荆、楊、兖、豫八州之人，莫不畢應。遂置三十六方。」

〔五〕「舍」，資本、磧本、普本、南本、徑本、清本、弘明集卷一二作「捨」。舍、捨義同，放棄、捨棄。下同，不贅。

〔六〕「功行」，上文初答作「行功」。功行，功績和德行。後漢書卷五四楊震傳：「今瓌無佗功行，但以配阿母女，一時之間，既位侍中，又至封侯。」此處當指僧人的修行功夫。

（四）王謐重答桓玄

二答〔一〕

奉告，并垂重難，具承高旨。此理微緬〔二〕，至難措言。又一代大事，應時詳盡。下官才非拔幽〔三〕，特乏研析，且妙難精詣，益增茫惑。但高音既臻，不敢默已。輒復率其短見，妄酬來誨。无以啓發容致，祇用反側〔四〕。願復詢諸道人通才，鐲其不逮。

公云：「宗致爲是何耶？若以學業爲宗致者，則學之所學，故是發其自然之性耳。苟自然有在，所由而稟，則自然之本，居可知矣。」今以爲宗致者，是所趣之至導〔五〕；學業者，日用之筌蹄。今將欲趣彼至極，不得不假筌蹄以自運耳。故知所假之功，未是其絶處也。夫積學以之極者，必階麤以及妙，魚獲而筌廢，理斯見矣。公以爲神奇之化易，仁義之功難，聖人何緣舍所易之實道，而爲難行之末事哉？其不然也，亦以明矣。意以爲佛之爲教，與内聖永殊〔六〕。既云其殊，理則無并。今論佛理，故當依其宗而立言也。然後通塞之塗，可得而詳矣。前答所以云：「仁善之行，不殺之旨，其若似可同者，故引以就此耳。至於發言抗論，津徑所歸，固難得而一矣。」然愚意所見，乃更以佛教爲難也。何以言之？今内聖所明，以爲「出其言善，應若影響；如其不善，千里違之」〔七〕。如此，則美惡應於俄頃，禍福交於目前。且爲仁由己〔八〕，弘之則是，而猶有棄正而即邪，背道而從欲者矣。況佛教喻一生於彈指〔九〕，期要終于永劫，語靈異之無位，設報應於未兆，取之能信，不亦難乎？是以化曁中國，悟之者尠。故本起經云：「正言似反。」〔一〇〕此之謂矣〔一一〕。

公云：「行功者當計其爲功之勞，何得直以珍仰釋迦，而云莫尚於此耶？」請試言曰：以爲佛道弘曠，事數彌繁〔一二〕，可以練神成道，非唯一事也。至於在心无倦〔一三〕，於事能勞，珍仰宗極，便是行功之一耳。前答所以云「莫尚於此」者，自謂擬心宗轍，其理難向〔一四〕，非謂禮拜之事便爲無最也〔一五〕。但既在未盡之域，不得不有心於希通。雖一介之輕微，必終期之所須也。

公云：「君臣之敬，皆是自然之所生。理篤於情本，豈是名教之事耶？」敬戢高論〔一六〕，不容間然。是以前答云「君人之道，竊同高旨」者，意在此也。至於君臣之敬，事盡揖拜，故以此爲名教耳。非謂相與之際，盡於創迹也〔一七〕。請復重申〔一八〕，以盡微意。夫太上之世，君臣已位，自然情愛，則義著化本，于斯時也，則形敬蔑聞。君道虛運，故相忘之理泰；臣道冥陶，故事盡於知足。因此而推，形敬不與心爲影響，殆將明矣。及親譽既生，茲禮乃興，豈非後聖之制作，事與時應者乎？此理虛邈，良難爲辯。如其未允，請俟高當〔一九〕。

【校注】

〔一〕序號、題名，弘明集卷一二作「公重難」。

〔二〕「緬」，磧本、普本、南本、徑本、清本作「細」。緬，思念貌。慧琳音義：「彌衍反。賈注國語：『緬，思貌。』劉兆注公羊：『輕而薄也。』説文：『從糸面聲。』」

〔三〕拔幽，選拔幽滯之才。後漢書卷六〇上馬融傳：「采清原，嘉岐陽，登俊桀，命賢良，舉淹滯，拔幽荒。」三國志蜀書卷三八許靖傳：「靈帝崩，董卓秉政，以漢陽周毖爲吏部尚書，與靖共謀議，進退天下之士，沙汰穢濁，顯拔幽滯。」王謐時爲吏部尚書，掌管人才選拔之重任，故有此説。

〔四〕反側，惶恐不安。世説新語方正：「王含作廬江郡，貪濁狼籍。王敦護其兄，故於衆坐稱：『家兄在郡定佳，廬江人士咸稱之！』時何充爲敦主簿，在坐，正色曰：『充即廬江人，所聞異於此！』敦默然。旁人爲之反側，充晏然，神意自若。」

〔五〕「導」，資本、磧本、普本、南本、徑本、清本作「道」。

〔六〕内聖，語出莊子天下：「是故内聖外王之道，闇而不明，鬱而不發，全人難遇故也。」成玄英疏云：「玄聖素王，内也；飛龍九五，外也。」

〔七〕典出周易繫辭下：「君子居其室，出其言善，則千里之外應之，況其邇者乎？居其室，出其言不善，則千里之外違之，況其邇者乎？」

〔八〕語出論語顔淵：「爲仁由己，而由人乎哉？」

〔九〕彈指，即彈指頃，喻極短的時間。觀無量壽經曰：「如彈指頃，往生彼國。」僧祇律云：「二十念爲一瞬，二十瞬名一彈指，二十彈指名一羅預，二十羅預名一須臾，一日一夜有三十須臾。」

〔一〇〕太子瑞應本起經卷二：「正言似反，誰能信者？吾爲枯苦，不如取泥洹，故欲不言耳。」

〔一一〕「矣」，資本、磧本、普本、南本、徑本、清本作「也」，兩可。

〔一二〕事數，佛教指事物的名相。世説新語文學：「殷中軍被廢，徙東陽，大讀佛經，皆精解，唯至事數處不解。」劉孝標注：「事數，謂五陰、十二入、四諦、十二因緣、五根、五力、七覺之屬。」

〔一三〕「在」，磧本、普本、南本、徑本、清本作「存」，兩可。

〔一四〕「向」，資本、磧本、普本、南本、徑本、清本、弘明集卷一二作「尚」，據上文「莫尚於此」，「尚」更妥。

〔一五〕「無」，底本作「元」，據弘明集以改。「最」，資本、磧本、普本、南本、徑本、清本、弘明集卷一二作「取」。

〔一六〕「戢」，磧本、普本、南本、徑本、清本作「揖」。戢，收藏。慧琳音義云：「側立反。字林：『凡收藏物皆曰戢也。』毛詩傳云：『戢，聚也。』説文：『從戈，咠聲咠音。』七入反。」

〔一七〕「創」，弘明集卷一二作「形」。

〔一八〕「申」，弘明集卷一二作「伸」。申、伸義同，申明、表明。下同，不贅。

〔一九〕「當」，磧本、普本、南本、徑本、清本、弘明集卷一二作「亮」。

（五）桓玄三難王謐并序〔一〕

來難，手筆甚佳，殊爲斐然，可以爲釋疑處，殊是未至也。遂相攻難，未見其已。今復料要，明在三之理，以辯對輕重，則敬否之理可知，想研微之功，必在苦愈析耳。八日已及，今與右僕射書，便令施行敬事尊主之道〔二〕，使天下莫不敬。雖復佛道，無以加其尊，豈不盡善耶〔三〕？事雖已行，無豫所論，宜究也。想諸人或更有精析耳。可以示仲文〔四〕。

【校注】

〔一〕「序」，資本、磧本、普本、南本、徑本、清本作「書」。序號、題名，弘明集卷一二作「桓重書」。

〔二〕「主」，資本、磧本、普本、南本、徑本、清本作「王」，兩可。

〔三〕「善」，資本、磧本、普本、南本、徑本、清本作「言」。

〔四〕仲文，即殷仲文，陳郡長平人，仲文之妻爲桓玄之姊。玄平京師，棄郡相投，以爲諮議參軍。玄將爲亂，使總領詔命，以爲侍中，領左衛將軍。玄敗，上表請罪，徙東陽太守。義熙三年（四〇七），以謀反罪爲劉裕所殺。晉書卷九九有傳。

三難〔一〕

比獲來示，并諸人所論，并未有以釋其所疑，就而爲難，殆以流遷。今復重申前意而委曲之。想足有以頓白馬之轡〔二〕，知辯制之有耳。夫佛教之所重，全以神爲貴，是故師徒相宗，莫二其倫。凡神之明暗，各有本分。分之所資，稟之有本。師之爲功，在於發悟，譬猶荆璞而瑩拂之耳〔三〕。若質非美玉，琢磨何益？是爲美惡存乎自然，深德在於資始〔四〕，拂瑩之功，寔以末焉〔五〕。既懷玉自中，又匠以成器，非君道則无以申遂此生而通其爲道者也。是爲在三之重，而師爲之末，何以言之？君道兼師，而師不兼君。教以弘之，法以齊之，君之道也，豈不然乎？豈可以在理之輕，而奪宜尊之敬？三復其理，愈所疑駭。制作之旨，將在彼而不在此。錯而用之，其弊彌甚。想復領其趣而遺其事，得之濠上耳〔六〕。

【校注】

〔一〕題名，弘明集卷一二作「重難」。

〔二〕「足」，資本、磧本、普本、南本、徑本、清本作「足下」。白馬，即公孫龍白馬非馬之辯。見公孫龍子。

〔三〕荆璞，楚國荆山的玉璞，即和氏璧，見韓非子和氏。瑩拂，磨拭、琢磨也。孫綽蘭亭集後序：「聊於曖昧之中，期乎瑩拂之道。」

〔四〕資始，藉以發生、開始。周易乾：「大哉乾元，萬物資始，乃統天。」孔穎達疏：「以萬象之物，皆資取乾元而各得始生，不失其宜，所以稱大也。」

〔五〕「末」，資本、磧本、普本、南本、徑本、清本作「末」，弘明集卷一二作「求」。

〔六〕濠上，濠水之上。莊子秋水記莊子與惠子游於濠梁之上，見鯈魚出遊從容，因辯論魚知樂否。此處比喻别有會心、自得其樂之地。

（六）王謐三答桓玄

三答〔一〕

重虧嘉誨，云：「佛之爲教，以神爲貴。神之明暗，各有本分。師之爲理，在於發悟。至於君道，則可以申遂此生，通其爲道者也。而爲師无該通之美，君有兼師之德。」弘崇主之大禮〔二〕，析在三之深淺，實如高論，實如高論！下官近所以脱言鄙見，至於往反者，爲顧問既華〔三〕，不容有隱。乃更成别辯一理，非但習常之惑也。既重研妙旨，理實恢邈，曠若發曚〔四〕，於是乎在。承已令庾、桓施行其事〔五〕，至敬時定，公私幸甚。下官瞻仰，所悟義在擊節〔六〕。至於濠上之誨，不敢當命也〔七〕。

【校注】

〔一〕序號、題名，弘明集卷一二作「公重答」。

〔二〕「主」，徑本、清本作「王」，亦可通。

〔三〕「爲顧問既華」，資本、磧本、普本、南本、徑本、清本作「緣顧問既華」，弘明集卷一二作「緣顧問既萃」，均可通。

〔四〕「發曚」，似當爲「發矇」。發矇，使盲人眼睛復明，喻啓發蒙昧、開拓眼界。禮記仲尼燕居：「三子者，既得聞此言也於夫子，昭然若發矇矣。」

〔五〕庾、桓，所指不詳。李小榮弘明集校箋以爲，指庾楷、桓謙。庾楷，征西將軍庾亮之孫，會稽内史庾羲之子。元興元年（四〇二）三月辛未，桓玄攻入京師，庾楷父子被殺。晉書卷八四有傳。從桓謙官職來看，沙門不敬王者的辯論，當在桓玄攻入京城之後。從八座等答桓玄明道人不應致敬事書一首來看，桓謙持沙門不敬王者的立場。

〔六〕「悟」，徑本作「晤」。「悟」通「晤」。王符潛夫論卷八明忠：「過耳悟目之交，未恩未德，非賢非貴，而猶若此。」汪繼培箋：「詩東門之池毛傳：『晤，遇也。』悟，與『晤』通。」

〔七〕王謐與桓玄的關係比較複雜。晉書卷九九殷仲文傳云：「玄甚悦之，以爲諮議參軍。時王謐見禮而不親，卞範之被親而少禮，而寵遇隆重，兼於王、卞矣。」

桓玄與廬山法師慧遠使述沙門不敬王者意書一首并遠答往反二首〔一〕

沙門不敬王者，既是情所不了，於理又是所未喻〔二〕。一代大事，不可令其體不允。近八座書今示君，君可述所以不敬意也。此便當行之事，一二令詳遣。想君必有以釋其所疑耳。王領軍大有任此意〔三〕，近亦同遊謝中〔四〕，面共諮之，所據理殊，未釋所疑也。今郭江州取君答〔五〕，可旨付之。

【校注】

〔一〕題名，弘明集卷一二作「廬山慧遠法師答桓玄書沙門不應敬王者書并桓玄書二首　桓玄書與遠法師」。

〔二〕「喻」，資本、磧本、普本、南本、徑本、清本、弘明集卷一二作「諭」。喻、諭意近，曉諭、告知也。下同，不贅。

〔三〕王領軍，即王謐，元興元年爲領軍將軍。

〔四〕謝中，所指不詳。

〔五〕「今」，資本、磧本、普本、南本、徑本、清本作「令」。郭江州，即郭昶之。晉書桓玄傳載，元興三年桓玄爲劉裕擊敗，至尋陽，江州刺史郭昶之給其器用兵力。

（一）遠法師答桓太尉〔一〕

詳省别告及八座書，問沙門所以不敬王者意，義在尊主崇上，遠存名體，徵引老氏同王侯於三大，以資生運通之道，故宜重其神器。若推其本，以尋其源，咸稟氣於兩儀，受形於父母，則以生生通運之道爲弘，資存日用之理爲大，故不宜受其德而遺其禮，霑其惠而廢其敬。此檀越立意之所據〔二〕，貧道亦不異於高懷。

求之於佛教，以尋沙門之道〔三〕，理則不然。何者？佛經所明，凡有二科：一者處俗弘教，二者出家修道。處俗則奉上之禮、尊親之敬、忠孝之義表於經文，在三之訓彰乎聖典。斯與王制同命，有若符契。此一條全是檀越所明，理不容異也。出家則是方外之賓，迹絶於物。其爲教也，達患累緣於有身〔四〕，不存身以息患〔五〕；知生生由於稟化，不順化以求宗。求宗不由於順化，故不重運通之資；息患不由於存身〔六〕，故不貴厚生之益。此理之與世乖，道之與俗反者也。是故凡在出家，皆隱居以求其志，變俗以達其道〔七〕。變俗，服章不得與世典同禮。隱居，則宜高尚其迹。夫然，故能拯溺族於沉流，拔幽根於重劫〔八〕，遠通三乘之津〔九〕，廣開天人之路〔一〇〕。是故，内乖天屬之重而不違其孝，外闕奉主之恭而不失其敬。若斯人者，自誓始於落簪，立志成於暮歲。如令一夫全德，則道洽六親，澤流天下。雖不處王侯之位，固已協契皇極〔一一〕，大庇生民矣。如此，豈坐受其德，虚霑其惠，與夫尸禄之賢同其素飡者哉〔一二〕？檀越頃者以有其服而無其人，故澄清簡練，容而不雜。此命既宣，皆人百其誠，遂之彌深，非言所喻。若復開出處之迹，以弘方外之道，則虚襟者挹其遺風，漱流者味其餘津矣〔一三〕。若澄簡之後猶不允情，其中或真僞相冒，涇渭未分，則可以道廢人，固不應以人廢道。以道廢人，則宜去其服；以人廢道，則宜存其禮。禮存，則制教之旨可尋；迹廢則遂志之歡莫由。何以明其然？

夫沙門服章法用，雖非六代之典，自是道家之殊〔一四〕，俗表之名器。名器相涉，則事乖其本；事乖其本，則禮失其用。是故愛夫禮者，必不虧其名器。得之不可虧，亦有自來矣。夫遠遵古典者，猶存告朔之餼羊〔一五〕。餼羊猶可以存禮，豈況如來之法服耶？推此而言，雖无其道必宜存其禮，禮存則法可弘，法可弘則道可尋。此古今所同，不易之大法也。又袈裟非朝宗之服〔一六〕，鉢盂非廊廟之器〔一七〕。軍國異容，戎華不雜。剔髮毁形之人，忽廁諸侯之禮〔一八〕，則是異類相涉之像，亦竊所未安。檀越奇韻挺於弱年，風流邁於季俗，猶參究時賢，以求其中。此而推之，必不以人廢言。貧道西垂之年〔一九〕，假日月以待盡，情之所惜，豈存一己，苟吝所執蓋欲令三寶中興於命世之運〔二〇〕，明德流芳於百代之下耳。若一旦行此，佛教長淪，如來大法於茲泯滅，天人感歎，道俗革心矣。貧道幽誠所期，復將安寄？緣眷遇之隆，故坦其所懷，執筆悲瀌，不覺涕泗橫流矣。

【校注】

〔一〕序號、題名，弘明集卷一二作「遠法師答」。

〔二〕檀越，梵語音譯詞，施主也。越爲施之功德，已越貧窮海之義也。南海寄歸内法傳卷一受齋軌則：「梵云陁那鉢底，譯爲施主。陁那是施，鉢底是主。而云檀越者，本非正譯。略去那字，取上陁音，轉名爲檀，更加越字，意道由行檀捨，自可越渡貧窮。妙釋雖然，終乖正本。舊云達儭者，訛也。」

〔三〕沙門，梵語音譯詞，又作娑門、桑門、喪門、沙門那，譯曰息、息心、静志、浄志、乏道、貧道等，勤修佛道、息諸煩惱之意。僧肇注維摩經曰：「肇曰：沙門，出家之都名也。秦言義訓勤行，勤行趣涅槃也。」四十二章經曰：「佛言：辭親出家，識心達本，解無爲法，名曰沙門。」

〔四〕此化用老子第十三章「吾所以有大患者」之意。唐釋湛然止觀輔行傳弘決卷五：「老雖患身去欲，未達患原。弊智勞形，不窮弊本。苦集增長，去道彌遥。豈與夫捨三界繫離六趣果同耶？」

〔五〕存身，保全身體。周易繫辭下：「尺蠖之屈，以求信也。龍蛇之蟄，以存身也。」孔穎達疏：「蛟蛇初蟄，是靜也。以此存身，是後動也。」

〔六〕「由」，資本、磧本、普本、南本、徑本、清本作「自」，亦可通。

〔七〕此兩句化用論語季氏：「隱居以求其志，行義以達其道。」

〔八〕幽根，幽冥之根源。晉王該日燭：「尋大造之冥本，測化育之幽根，形假四大而泡散，神妙萬物而常存。」洞真太上太霄琅書：「訓道學而教業，極天人之幽根，釋宿緣之滯愆，超三界而獨步。」

〔九〕三乘，乘人而使各到其果地的三種教法，即聲聞、緣覺、菩薩。聲聞乘，聞如來聲教，悟四諦之理，斷見思惑，證阿羅漢果。緣覺乘，悟十二因緣之理，證辟支佛果。菩薩乘，修六度行，植三十二相福因，證無上佛果。

〔一〇〕「天」，原本作「大」，據資本、磧本、普本、南本、徑本、清本以改。天人，六趣中之天趣與人趣。法華經卷四見寶塔品曰：「移諸天人，置於他土。」

〔一一〕協契，同心、一致。晉書卷九簡文帝紀：「群后竭誠，協契斷金。」皇極，帝王統治天下的準則。尚書洪範：「皇極，皇建其有極。」孔穎達疏：「皇，大也；極，中也。施政教，治下民，當使大得其中，無有邪僻。」

〔一二〕「與」，清本作「歟」。此句典出後漢書卷一〇三五行志：「天戒若曰：宰相多非其人，尸禄素餐，莫能據正持重，阿意曲從；今在位者皆如狗也，故狗走入其門。」

〔一三〕漱流，亦作「漱流」。謂以流水漱口，形容隱居生活。三國志蜀志卷四〇彭羕傳：「伏見處士緜竹秦宓，膺山甫之德，履雋生之直，枕石漱流，吟詠縕袍，偃息於仁義之途，恬惔於浩然之域。」

〔一四〕「殊」下，弘明集卷一二有「制」。按下句「名器」，「殊制」爲妥。道家，此指佛教也。楊衒之洛陽伽藍記永明寺：「（陳留王景皓）夙善玄言道家之業，遂捨半宅，安置佛徒，演唱大乘數部。」范祥雍校注：「按此道家蓋指佛教。四十二章經稱佛教爲釋道或道法。牟子理惑論稱釋教爲佛道，又僧徒又稱道人，可證古時稱道家非如後人專指道教而言。」

〔一五〕餼羊，典出論語八佾：「子貢欲去告朔之餼羊。子曰：『賜也，爾愛其羊，我愛其禮。』」朱熹集注：「月朔，則以特羊告廟，請而行之。餼，生牲也。」此處比喻禮儀。

〔一六〕袈裟，梵語音譯詞，比丘的法衣，有不正色、壞色、染色等意。出家比丘所穿的法衣，都要染成濁色，故袈裟是依染色而立名的。又因其形狀爲許多長方形割截的小布塊縫合而成，有如田畔，故又名割截衣、田相衣、福田衣。

〔一七〕鉢盂，比丘食器。鉢爲梵語，盂爲漢語。敕修清規卷五辦道具曰：「梵云鉢多羅，此云應量器，今略云鉢，又呼云鉢盂，即華梵兼名。」

〔一八〕「侯」，資本、磧本、普本、南本、徑本、清本作「夏」。據文意，「諸夏」爲是。

〔一九〕西垂，暮年也。淮南子卷三天文訓：「日西垂，景在樹端，謂之桑榆。」後以日西垂比喻年歲漸晚，人近暮年。

〔二〇〕三寶，指佛、法、僧。釋氏要覽卷二三寶：「三寶，謂佛、法、僧。」康僧會安般守意經序：「信佛三寶，衆冥皆明。」此以指佛教。

（一一）桓太尉重答遠法師書〔一〕

知以方外遺形，故不貴爲生之益；求宗不由順化，故不重運通之資。又云：「內乖天屬之重而不違其孝，外闕奉主之恭而不失其敬。」若如來言，理本無重，則无緣有致孝之情；事非資通，不應復有致恭之義。君親之情，許其未盡，則情之所寄，何爲絶之？夫累著在於心滯，不由形敬，形敬蓋是心之所用耳。若乃在其本而縱以形敬，此復所未之喻。

又云：「佛教兩弘，亦有處俗之教，或澤流天下，道洽六親，固以協讚皇極而不虛霑其德矣。」夫佛教存行，各以事應，因緣有本，必至無差者也。如此，則爲道者亦何能違之哉？是故釋迦之道，不能超白淨於津梁〔二〕。雖未獲須陁〔三〕，故是同國人所蒙耳。就如來言，此自有道深德之功，固非今之所謂宜教者所可擬議也。來示未能共求其理，便大致慨然，故是未之喻也。想不惑留常之滯，而謬情理之用耳。

集沙門不應拜俗等事卷第一 故事上〔四〕

【校注】

〔一〕序號、題名，弘明集卷一二作「桓太尉答并詔停沙門敬事」。

〔二〕白浄，迦毗羅衛國之王，釋尊之父王也。翻譯名義集卷三曰：「首圖駄那，或名閲頭檀，此云浄飯，或翻真浄，或云白浄。」

〔三〕須陁，即須陀洹，聲聞乘四果之第一果。大乘義章卷一七曰：「須陀洹者是外國語。義釋有三。一當名正翻，名修無漏。如涅槃説，須名無漏，陀洹修習，以修無漏名須陀洹。二隨義傍翻，名爲逆流。逆生死流，三途生死永不受故。三隨義傍翻，亦名觝債。將拒三途因而不受果，故曰觝債。」

〔四〕「上」，資本作「上卷」。

集沙門不應拜俗等事卷第二

弘福寺沙門釋彦悰纂録

故事篇第一下

晉廬山遠公沙門不敬王者論一首并序〔一〕

（一）在家第一

（二）出家第二

（三）求宗不順化第三

（四）體極不兼應第四

（五）神不滅第五

論

詔

啓

事

論

【校注】

〔一〕「一首」，資本、磧本、普本、清本爲小字。正文題名同，不贅。

〔二〕「并桓楚答三首」，資本、磧本、普本、南本、徑本、清本爲大字。正文題名同，不贅。

〔三〕本卷目中圓括號及其中序號，原本無。爲與正文題名照應而增補。圓括號後之題名，底本無，據正文以增補。正文題名前之圓括號、序號，因遵從體例一致原則而增補。下同，不贅。正文題名遵照底本，不曾增補。

〔四〕「贍」，資本、磧本、普本、南本、徑本、清本作「瞻」。正文題名同，不贅。

〔五〕「琮」，資本、磧本、普本、南本、徑本、清本作「悰」。

晉廬山遠公沙門不敬王者論一首并序〔一〕

昔咸康（三三五—三四二）中，庾將軍疑諸沙門抗禮萬乘〔二〕。至元興（四〇二—四〇四）中，桓太尉亦同此議〔三〕。于時朝士名賢，答者甚衆。雖言未悟時，并互有其美，徒咸盡所懷，而理蘊于情。遂令無上道服毁於塵俗，亮致之心屈乎人事〔四〕，悲夫！斯乃交喪之所由〔五〕，千載之否運〔六〕。深懼大法之將淪，感前事之不忘，故著五篇，究叙其意。豈曰淵壑之待晨露，蓋是申其罔極，亦庶後之君子，崇敬佛教者，或詳而覽焉。

【校注】

〔一〕「遠公」，原本作「釋慧遠」，據卷首目録以改。題名，弘明集卷五作「沙門不敬王者論 遠法師」。

〔二〕「昔咸康中，庾將軍」，弘明集卷五作「晉成、康之世，車騎將軍庾冰」。「疑」，磾本作「擬」。「疑」通「擬」。墨子明鬼下：「是以莫放幽閑，擬乎鬼神之明。」高亨新箋：「擬，借爲疑。」漢書卷八七上揚雄傳上：「枳棘之榛榛兮，蝯貁擬而不敢下。」顏師古注：「擬，疑也。」「抗禮萬乘」下，弘明集卷五有「所明理，何驃騎有答。二家論，名在本集」。

〔三〕「同此議」下，弘明集卷五有「謂庾言之未盡，與八座書云：『佛之爲化，雖誕以茫浩，推乎視聽之外，以敬爲本，此出處不異。蓋所期者，殊非敬恭，宜廢也。老子同王侯於三大，原其所重，皆在於資生通運，豈獨以聖人在位，而比稱二儀哉？將以天地之大德曰生，通生理物，存乎王者。故尊其神器，而禮寔惟隆，豈是虚相崇重，義存弘御而已？沙門之所以生生資國存，亦日用於理命，豈有受其德而遺其禮，沾其惠而廢其敬哉？』」此段文字見上文。

〔四〕「致」，弘明集卷五作「到」。亮到，忠誠、誠信也。晉書卷五六孫綽傳：「今發憤忘食，忠慨亮到，凡在有心，孰不致感！」文館詞林卷二三宋孝武帝劉駿誡嚴教一首云：「并臧冠軍疏忠烈亮到，協茲義師，荆雍連兵，水陸争奮。幽顯協契，人神同憤，以此討逆，義踰拾遺。」故，「亮到」較妥。

〔五〕交喪，語出莊子繕性：「由是觀之，世喪道矣，道喪世矣，世與道交相喪也。」此喻衰亂也。

〔六〕否運，厄運、壞運。劉禹錫上中書李相公絳啓：「近者否運將泰，仁人持衡。」

（一）在家第一

原夫佛教所明，大要以出處爲異。出家之人〔一〕，凡有四科〔二〕。其弘通利物〔三〕，則功侔帝王，化兼治道。至於感俗悟時，亦无世不有，但所遇有行藏〔四〕，故以廢興爲隱顯耳。其中可得論者，請略而言。

在家奉法，則是順化之民，情未變俗，迹同方内，故有天屬之愛，奉主之禮。禮敬有本，遂因之而成教。本其所因，則功由在昔。是故因親以教愛，使民知有自然之恩；因嚴以教敬，使民知有自然之重。二者之來，寔由冥應〔五〕，應不在今，則宜尋其本。故以罪對爲刑罰〔六〕，使懼而後慎；以天堂爲爵賞〔七〕，使悦而後動。此皆即其影響之報而明於教，以因順爲通而不革其自然也。何者？

夫厚身存生，以有封爲滯累根深，因在我倒未忘〔八〕，方將以情欲爲苑囿，聲色爲遊觀，沉湎世樂〔九〕，不能自勉而特出。是故教之所檢，以此爲崖〔一〇〕，而不明其外耳。其外未明，則大同於順化，故不可受其德而遺其禮，霑其惠而廢其敬。是故悦釋迦之風者，輒先奉親而獻君〔一一〕；變俗投簪者，必待命而順動。若君親有疑，則退求其志以俟同悟。斯乃佛教之所以重資生、助王化於治道者也。論者立言之旨，貌有所同〔一二〕，故位夫内外之分，以明在三之志，略叙經意，宜寄所懷〔一三〕。

【校注】

〔一〕「家」，資本、磧本、普本、南本、徑本、清本、弘明集卷五作「處」。出處，語本周易繫辭上：「君子之道，或出或處，或默或語。」指出仕和隱退。蔡邕薦皇甫規表：「修身力行，忠亮闡著，出處抱義，皦然不汙。」

〔二〕四科，指信仰佛教之四衆。佛教信仰之四衆，又有兩種説法。其一爲構成佛教教團之四衆，即比丘、比丘尼、優婆塞、優婆夷。其二爲出家四衆，即比丘、比丘尼、沙彌、沙彌尼。

〔三〕「弘通利物」，弘明集卷五作「弘教通物」。

〔四〕行藏，語本論語述而：「用之則行，舍之則藏。」指出處或行止。潘嶽西征賦：「孔隨時以行藏，蘧與國而舒卷。」

〔五〕冥應，冥契感應。宗炳明佛論：「天道至公，所希者命，寧當許其虐命，而抑其冥應哉！」周續之難釋疑論：「天地曠遠，人事細近。一善一惡，無關冥應。」無上秘要卷三三輕傳受罰品：「受曲素訣辭之法，不交人物，一求感冥應，必可授者，乃得傳之。」隋智者大師妙法蓮華經玄義卷六：「機、應不同意也。今略言爲四：一者冥機冥應，二者冥機顯應，三者顯機顯應，四者顯機冥應。其相云何？若過去善修三業，現在未運身口，藉往善力，名此爲冥機也。雖不現見靈應，而密爲法身所益。不見不聞而覺而知，是名爲冥益也。二冥機顯益者，過去殖善而冥機已成，便得值佛聞法，現前獲利，是爲顯益。如佛初出世，最初得度之人，現在何嘗修行？諸佛照其宿機，自往度之，即其義也。三顯機顯應者，現在身口，精勤不懈，而能感降。如須達長跪，佛往祇洹，月蓋曲躬，聖居門閫。如即行人，道場禮懺，能感靈瑞，即是顯機顯應也。四者顯機冥應者，如人雖一世勤苦，現善濃積而不顯感，冥有其利，此是顯機冥益。」

〔六〕罪對，對應之罪責。漢安息三藏安世高譯佛説大安般守意經卷二：「數息、相隨、止、觀、還、淨，行三十七品經尚得作佛，何況罪對，在十方積如山，精進行道，不與罪會。」南朝宋寶雲譯佛本行經卷四：「目連昇虚，奮洪聲令：遍十八獄，説其罪對。」南朝梁寶亮等集大般涅槃經集解卷二三：「夫不信者，以不顧無常，不懼罪對，誹謗以之而生。臨終之時，謗罪對現，懼而改悔，於是息謗生信也。無常罪對，是思善之堂，爲舍宅也。生必歸死爲還也，苦相切迫，然後始信，爲强與服。」

〔七〕天堂，三界六道輪迴中的最後一處，若生此處福報最大。遺教經曰：「不知是者，雖處天堂亦不稱意。」妙法蓮華經玄義卷一曰：「釋論云：『三界無別法，唯是一心作。』心能地獄，心能天堂，心能凡夫，心能賢聖。」

〔八〕「因」，禪本作「固」。我倒，思有實我之顛倒妄見，四倒之一。四倒爲常、樂、我、淨。四分律删繁補闕行事鈔卷下曰：「大德順佛正教，依教而修。内破我倒，外遣執著。」

〔九〕「沉」，磧本、普本、南本作「酖」，徑本、清本、弘明集卷五、慧琳音義作「耽」。案，「酖」「耽」同，耽湎、沉迷，多指嗜酒。孔子家語卷三賢君：「荒于淫樂，耽湎于酒。」

〔一〇〕「以此」，資本、磧本、普本、南本、徑本、清本「此以」，兩可。

〔一一〕「獻」，資本、磧本、普本、南本、徑本、清本、弘明集卷五作「敬」，兩可。

〔一二〕「貌」，磧本、普本、南本、清本作「邈」。「邈」，用同「貌」，形狀、容貌。謝靈運遊嶺門山：「千圻邈不同，萬嶺狀皆異。」

〔一三〕「宜」，弘明集卷五作「宣」。

（二）出家第二

出家則是方外之賓，迹絶於物。其爲教也，達患累緣於有身，不存身以息患；知生生由於禀化，不順化以求宗。求宗不由於順化，則不重運通之資〔一〕；息患不由於存身，則不貴厚生之益。此理之與形乖，道之與俗反者也。若斯人者，自誓始於落簪，立志形乎變服〔二〕。是故，凡在出家，皆遯世以求其志〔三〕，變俗以達其道。變俗，則服章不得與世典同禮；遯世，則宜須高尚其迹。夫然〔四〕，故能拯溺俗於沉流，拔玄根於重劫〔五〕，遠通三乘之津，廣開天人之路。如令一夫全德，則道洽六親〔六〕，澤流天下，雖不處王侯之位，亦已協契皇極，在宥生民矣〔七〕。是故，内乖天屬之重而不違其孝，外闕奉主之恭而不失其敬。從此而觀，故知越化表以求宗〔八〕，則理深而義篤；照泰息以語仁〔九〕，則功末而惠淺。若然者，雖將面冥山而旋步〔一〇〕，猶或恥聞其風，豈況與夫順化之民、尸禄之賢同其孝敬者哉？

【校注】

〔一〕「順化」下，原本有「順化」，弘明集卷五無。此句本書卷一遠法師答桓太尉、桓太尉重答遠法師書均有徵引，據此可知，「順化」當因上句而衍，故刪。下句「存身」下，原本有「存身」，與此相同，刪除。

〔二〕「服」，資本、磧本、普本、南本、徑本、清本「俗」，兩可。

〔三〕遯世，即遁世，避世隱居。語出周易乾卦：「不成乎名，遯世無悶。」

〔四〕「然」下，弘明集卷五有「者」，亦可。

〔五〕「玄」，弘明集卷五作「幽」。玄根，語出老子：「玄牝之門，是謂天地根。」意爲道之根本。嵇康答難養生論：「植玄根於初九，吸朝霞以濟神。」文選盧諶贈劉琨：「處其玄根，廓然靡結。」李善注：「廣雅曰：『玄，道也。』」佛教引用，意爲玄妙之根性。達摩多羅禪經序：「非夫道冠三乘，智通十地，孰能洞玄根於法身，歸宗一於無相，靜無遺照，動不離寂者哉！」僧肇涅槃無名論曰：「仰攀玄根，俯提弱喪。」

〔六〕「洽」，磧本、普本作「治」。

〔七〕在宥，語出莊子在宥。此用以讚美帝王的「仁政」「德化」。

〔八〕「越」，資本、磧本、普本、南本、徑本、清本、弘明集卷五作「超」。

〔九〕此句典出莊子天運：「夫德遺堯、舜而不爲也，利澤施於萬世而天下莫知也。豈直太息而言仁孝乎哉？夫孝悌仁義，忠信貞廉，此皆自勉以役其德者也，不足多也。」

〔一〇〕冥山，北海山名。莊子天運：「夫南行者至於郢，北面而不見冥山，是何也？則去之遠也。」陸德明釋文引司馬彪云：「冥山，北海山名。」郭象注：「冥山在乎北極，而南行以觀之……故郢雖見，而愈遠冥。」此比喻預期之目標。

（三）求宗不順化第三

問曰：尋夫老氏之意，天地以得一爲大[一]，王侯以體順爲尊。得一，故爲萬化之本[二]；體順，故有運通之功。然則明宗必存乎體極，求極必由於順化[三]，是故先賢以爲美談，衆論所不能異。異夫衆論者[四]，則義无所取。而云不順化，何耶？

答曰：凡在有方[五]，同稟生於大化，雖群品萬殊，精麤異貫，統極而言，唯有靈與无靈耳。有靈則有情於化，無靈則無情於化。无情於化，化畢而生盡，生不由情，故形朽而化滅；有情於化，感物而動，動必以情，故其生不絶。其生不絶，則其化彌廣而形彌積，情彌滯而累彌深。其爲患也，焉可勝言哉？是故經稱：「泥洹不變，以化盡爲宅；三界流動，以罪苦爲場。化盡則因緣永息，流動則受苦无窮。」[六]何以明其然？

夫生以形爲桎梏，而生由化有。化以情感，則神滯其本，而智昏其照。介然有封[七]，則所存唯已，所涉唯動。於是靈轡失御[八]，生塗日開，方隨貪愛於長流，豈一受而已哉？是故反本求宗者，不以生累其神；超落塵封者，不以情累其生。不以情累其生，則生可滅；不以生累其神，則神可冥。冥神絶境，故謂之泥洹[九]。泥洹之名，豈虚稱也哉？請推而實之，天地雖以生生爲大[一〇]，而未能令生者不化；王侯雖以存存爲功，未能令存者无患。是故前論云：「達患累緣於有身，不存身以息患；知生生由於稟化，不順化以求宗。」義存於此，義存於此。斯沙門之所以抗禮萬乘〔一一〕，高尚其事，不爵王侯〔一二〕，而需其惠者也。

【校注】

〔一〕語見老子第三十九章：「昔之得一者，天得一以清，地得一以寧，神得一以靈，谷得一以盈，侯王得一而以爲天下正。」

〔二〕「化」，徑本作「物」。得一，即得道。王弼注老子「昔之得一者」云：「一，數之始而物之極也，各是一物之生，所以爲主也。物皆各得此一以成。」呂氏春秋卷三論人：「無以害其天則知精，知精則知神，知神之謂得一。凡彼萬形，得一後成。」高誘注：「一，道也。天道生萬物，萬物得一後成也。」

〔三〕「求」，資本、磧本、普本、南本、徑本、清本、弘明集卷五作「體」，兩可。

〔四〕「異」，原本無，據資本、磧本、普本、南本、徑本、清本、弘明集卷五以補。

〔五〕有方，有處所。論語里仁：「父母在，不遠遊，遊必有方。」何晏集解：「鄭曰：『方，猶常也。』」邢昺疏：「父母既存，或時思欲見己，故不遠遊，遊必有常所，欲使父母呼己，得即知其處也。」

〔六〕此處徵引之經文，出處不明。高僧傳卷六釋慧遠傳云：「先是，中土未有泥洹常住之説，但言壽命長遠而已。遠乃歎曰：『佛是至極，至極則無變，無變之理，豈有窮耶！』因著法性論曰：『至極以不變爲性，得性以體極爲宗。』」「泥洹不變」與「泥洹常住」「至極以不變爲性」義同。

〔七〕介然，堅定不動搖。荀子修身：「善在身，介然必以自好也。」

〔八〕靈轡，借指神靈的車駕。王該日燭：「靈轡雖迅，緣樞靡窮。」道安檄魔文：「然我法王體大仁慈，未欲便襲，權停諸軍，暫頓靈轡。」

〔九〕泥洹，梵語音譯，又作泥曰、泥畔、涅槃那等，意譯爲滅、滅度、寂滅、不生、無爲、安樂、解脱等。僧肇涅槃無名論曰：「泥曰、泥洹、涅槃，此三名前後異出，蓋是楚夏不同耳。云涅槃，音正也……秦言無爲，亦名滅度。無爲者，取乎虚無寂寞，妙滅絶於有爲。滅度者，言其大患永滅，超度四流。」涅槃經卷四如來性品曰：「滅諸煩惱名爲涅槃，猶如火滅，悉無所有，滅諸煩惱，亦復如是，故名涅槃。」大乘義章卷一八曰：「外國涅槃，此翻名滅。滅煩惱故，滅生死故，名之爲滅。離衆相故，大寂静故，亦名爲滅。」

〔一〇〕典出周易繫辭上：「生生之謂易，成象之謂乾，效法之爲坤。極數知來之謂占，通變之謂事。陰陽不測之謂神。夫易，廣矣大矣。」

〔一一〕「抗」，資本、磧本、普本、南本作「亢」。

〔一二〕典出周易蠱：「上九，不事王侯，高尚其事。象曰：不事王侯，志可則也。」

（四）體極不兼應第四

問曰：歷觀前史，上皇已來，在位居宗者未始異其原本。本不可二，是故百代同典，咸一其統，所謂「唯天爲大，唯堯則之」〔一〕。如此，則非智有所不照，自无外可照；非照有所不盡，自無理可盡。以此推視聽之外，廓无所寄。理無所寄〔二〕，則宗可明。今諸沙門不悟文表之意，而惑教表之文〔三〕，其爲謬也固已全矣〔四〕！若復顯然有驗，此乃希世之聞〔五〕。

答曰：夫幽宗曠邈，神道精微，可以理尋，難以事詰。既涉乎教，則以因時爲檢。雖應世之具優劣萬差〔六〕，至於曲成在用〔七〕，感即民心而通其分。分至則止其智之所不知，而不開其外者也〔八〕。若然，則非體極者之所不兼，兼之者不可并御耳。是以古之語大道者，五變而形名可舉，九變而賞罰可言〔九〕。此但方内之階差，而猶不可頓設，況其外者乎？請復推而廣之，以遠其類〔一〇〕。六合之外存而不論者，非不可論，論之或乖。六合之内論而不辯者，非不可辯，辯之或疑。春秋經世先王之志，辯而不議者，非不可議，議之惑亂〔一一〕。此三者，皆即其身耳目之所不至以爲關鍵，而不開視聽之外者也。因此而求聖人之意，則内外之道可合而明矣。常以爲道法之與名教〔一二〕，如來之與堯、孔，發致雖殊〔一三〕，潛相影響，出處誠異，終期則同。詳而辯之，指歸可見。理或有先合而後乖，有先乖而後合。先合而後乖者，諸佛如來則其人也；先乖而後合者，歷代君王未體極之主，斯其流也。

何以明之？經云，佛有自然神妙之法，化物以權〔一四〕，廣隨所入，或爲靈仙、轉輪聖王〔一五〕，或爲卿相、國師道士〔一六〕。若此之倫，在所變現，諸王君子，莫知爲誰，此所謂合而後乖者也。或有始創大業，而功化未就，迹有差，故所受不同：或期功於身後，或顯應於當年。聖王師之而成教者〔一七〕，亦不可稱筭，雖援引无方，必歸塗有會，此所謂乖而後合者也。若令乖而後合，則擬步通塗者，必不自崖於一撿〔一八〕；若令合而後乖，則釋迦之與堯、孔，歸致不殊〔一九〕，斷可知矣。是故自乖而求其合，則知理會之必同；自合而求其乖，則悟體極之多方。但見形者之所不兼，故惑衆塗而駭其異耳。因茲而觀，天地之道，功盡於運化；帝王之德，理極於順通〔二〇〕。若以對夫獨絶之教、不變之宗，固不得同年而語其優劣，亦已明矣。

【校注】

〔一〕語出論語泰伯。

〔二〕「理」，資本、磧本、普本、南本、徑本、清本作「廓」。

〔三〕教表，教法傳示之理。釋寶亮大般涅槃經集解卷一九：「道生曰：菩薩説無我之教，表如來真我，譬聞香也。」吉藏大乘玄論卷一：「若以有無爲教表非有非無理者，何不以非有非無之教表非有非無之理，必以有無之教表非有非無理耶？」

〔四〕「全」，資本、磧本、普本、南本、徑本、清本、弘明集卷五作「甚」，亦可。

〔五〕「聞」，徑本作「文」。

〔六〕「具」，資本、磧本、普本、南本、徑本、清本作「真」，弘明集卷五作「見」。

〔七〕曲成，語出周易繫辭上：「曲成萬物而不遺。」韓康伯注：「曲成者，乘變以應物，不係一方者也。」孔穎達疏：「言聖人隨變而應，屈曲委細，成就萬物。」意指委曲成全。

〔八〕「開」，弘明集卷五作「關」，可通。

〔九〕語出莊子天道：「古之語大道者，五變而形名可舉，九變而賞罰可言也。驟而語形名，不知其本也；驟而語賞罰，不知其始也。」成玄英疏云：「夫爲治之體，必隨世污隆。世有澆淳，故治亦有寬急。是以五變九變，可舉可言。苟其不失次序，則是太平至治也。」

〔一〇〕「類」，弘明集卷五作「旨」。

〔一一〕語出莊子齊物論：「六合之外，聖人存而不論；六合之内，聖人論而不議；春秋經世，先王之志，聖人議而不辯。故分也者，有不分也；辯也者，有不辯也。曰：何也？聖人懷之，衆人辯之，以相示也。故曰辯也者，有不見也。」郭象注「六合之外」云：「夫六合之外，謂萬物性分之表耳。夫物之性表，雖有理存焉，而非性分之内，則未嘗以感聖人也。故聖人未嘗論之。」成玄英疏「六合之内」云：「六合之内，謂蒼生所稟之性分。夫云云取捨，皆起妄情，尋責根源，并同虚有。聖人隨其機感，陳而應之。既曰馮虚，亦無可詳議。」又疏「春秋經世」云：「夫祖述軒頊，憲章堯舜，記録時代，以爲典謨，軌轍蒼生，流傳人世。而聖人議論，利益當時，終不執是辯非，滯於陳迹。」

〔一二〕「爲」，資本、磧本、普本、南本、徑本、清本作「謂」。

〔一三〕發致，義不詳。竺法護譯漸備一切智德經卷一：「是爲心和同，顯發致平地；無動猶如山，在國等性行。」竺佛念譯出曜經卷一〇：「人生於世不能守護口過，爲心所使，造不善本，皆由於舌，端正醜陋長短好惡，亦由心念口發致此重罪。」

〔一四〕權，與實相對，方便之異名，暫用之而終廢之者。權化，佛菩薩以通力權現種種之身，種種之物也。法華經卷三化城喻品曰：「權化作此城。」

〔一五〕「王」，弘明集卷五作「帝」，兩可。轉輪聖王，梵語意譯，又作遮迦越羅、轉輪聖帝、轉輪王、輪王。此王身具三十二相，即位時，由天感得輪寶，轉其輪寶，而降伏四方，故曰轉輪王。又飛行空中，故曰飛行皇帝。在增劫，人壽至二萬歲以上則出世；在減劫，人壽自無量歲至八萬歲時乃出世。其輪寶有金銀銅鐵四種。如其次第領四三二一之大洲，即金輪王爲四洲，銀輪王爲東西南之三洲，銅輪王爲東南之二洲，鐵輪王爲南閻浮提之一洲也。見俱舍論卷一二、智度論卷四等。

〔一六〕太子瑞應本起經卷上：「菩薩承事定光，至于泥曰。奉戒護法，壽終即生第一天上，爲四天王。畢天之壽，下生人間，作轉輪聖王飛行皇帝……壽終即上生第二忉利天上，爲天帝釋。壽盡又昇第七梵天，爲梵天王。如是上作天帝，下爲聖主，各三十六反，周而復始。及其變化，隨時而現，或爲聖帝，或作儒林之宗，國師道士，在所現化，不可稱記。」亦見修行本起經、普曜經等。

〔一七〕「師」，弘明集卷五作「帝」。

〔一八〕「撿」，資本、磧本、普本、南本、徑本、清本、弘明集卷五作「揆」。據文意，「揆」爲妥。

〔一九〕「歸」，弘明集卷五作「發」。

〔二〇〕「理極於順通」下，高僧傳卷六釋慧遠傳有「故雖曰道殊，所歸一也。不兼應者，物不能兼受也」。

（五）神不滅第五

問曰：論旨以化盡爲至極，故造極者必違化而求宗。求宗不由於順化，是以引歷代君王，使同之佛教，令體極之至〔一〕，以權居統〔二〕。此雅論之所託，自必於大通者也。求之實當，理則不然。何者？夫禀氣極於一生，生盡則消液而同無。神雖妙物〔三〕，故是陰陽之化耳〔四〕。既化而爲生，又化而爲死；既聚而爲始，又散而爲終。因此而推，固知神形俱化，原无異統；精麤一氣，始終同宅。宅全則氣聚而有靈，宅毁則氣散而照滅。散則反所受於大本〔五〕，滅則復歸於无物。反覆終窮〔六〕，皆自然之數耳，孰爲之哉？若全本則異氣〔七〕，數合則同化，爾爲神之處形〔八〕，猶火之在木，其生必并〔九〕，其毁必滅。形離則神散而罔寄，木朽則火寂而靡託，理之然矣。假使同異之分昧而難明，有无之説必存乎聚散。聚散，氣變之揔名，萬化之生滅。故莊子曰：「人之生，氣之聚，聚則爲生，散則爲死。生爲彼徒苦〔一〇〕，吾又何患？」〔一一〕古之善言道者，必有以得之，若異然邪？至理極於一生，生盡不化，義可尋也。

【校注】

〔一〕「至」，資本、磧本、普本、南本、徑本、清本作「主」。

〔二〕「居」，弘明集卷五作「君」。

〔三〕典出周易説卦：「神也者，妙萬物而爲言者也。」王弼注云：「於此言神者，明八卦運動、變化、推移，莫有使之然者。神則无物，妙萬物而爲言也。則雷疾風行，火炎水潤，莫不自然相與爲變化，故能萬物既成也。」

〔四〕「化」上，弘明集卷五有「所」，均可。

〔五〕「大」，弘明集卷五作「天」。大本，即根本。荀子强國：「故爲人上者，必將慎禮義務忠信然後可。此君人者之大本也。」中庸云：「喜怒哀樂之未發謂之中，發而皆中節謂之和。中也者，天下之大本也。和也者，天下之達道也。」

〔六〕「窮」上，原本有「始」，弘明集卷五無，因「終」而衍，據此以删。

〔七〕「全」，資本、磧本、普本作「令」，南本、徑本、清本作「令」，弘明集卷五作「反」。

〔八〕「爾」，弘明集卷五作「亦」，亦可。

〔九〕「并」，弘明集卷五作「存」，兩可。

〔一〇〕「生爲彼徒苦」，資本、磧本、普本、南本、徑本、清本作「若生爲彼徒」，弘明集卷五作「若生爲彼徒苦」。

〔一一〕莊子知北遊：「人之生，氣之聚也。聚則爲生，散則爲死。若死生爲徒，吾又何患！」成玄英疏：「夫氣聚爲生，氣散爲死，聚散雖異，爲氣則同。斯則死生聚散可爲徒伴，既無其別，有何憂色！」

答曰：夫神者何耶？精極而爲靈者也。精極則非卦象之所圖，故聖人以妙物而爲言。雖有上智，猶不能定其體狀，窮其幽致，而談者以常識生疑，多同自亂。其爲誣也，亦已深矣。將言之〔一〕，是乃言夫不可言。今於不可之中，復相與而依俙。神也者，圓應无主，妙盡无名，感物而動，假數而行。感物而非物，故物化而不滅；假數而非數，故數盡而不窮。有情則可以物感，有識則可以數求。數有精麤，故其性各異；智有明暗，故其照不同。推此而論，則知化以情感，神以化傳，情爲化之母，神爲情之根。情有會物之道，神有冥移之功，但悟徹者反本〔二〕，惑理者逐物耳。

古之論道者，亦未有所同，請引而明之。莊子發玄音於太宗，曰：「大塊勞我以生，息我以死。」〔三〕又以「生爲人羈，死爲反真」〔四〕，此所謂知生爲大患〔五〕，以无生爲反本者也。文子稱黄帝之言曰：「形有靡而神不化，以不化乘化，其變无窮。」〔六〕莊子亦云：「特犯人之形而猶喜。若人之形，萬化而未始有極。」〔七〕此所謂知生不盡於一化，方逐物而不反者也〔八〕。二子之論，雖未究其實，亦嘗傍宗而有聞焉。

論者不尋方生方死之説，而或聚散於一化〔九〕；不思神道有妙物之靈，而謂精麤同盡，不亦悲乎！火木之喻，原自聖典〔一〇〕，失其流統，故幽興莫尋，微言遂淪於常教，令談者資之以成疑。向使時無悟宗之匠，則不知有先覺之明、冥傳之巧〔一一〕，没世靡聞。何者？夫情數相感，其化无端，因緣密構，潛相傳寫，自非達觀，孰識其變〔一二〕？請爲論者驗之以實。火之傳於薪，猶神之傳於形；火之傳異薪，猶神之傳異形。前薪非後薪，則知指窮之術妙〔一三〕；前形非後形，則悟情數之感深。惑者見形朽於一生，便以爲神情俱喪〔一四〕，猶覩火窮於一木，謂終期都盡耳。此曲從養生之談，非遠尋其類者也。

就如來論，假令神形俱化，始自天本〔一五〕，愚智資生，同稟所受。問所受之於形耶〔一六〕，爲受之於神耶？若受之於形，凡在有形皆化而爲神矣；若受之於神，是爲以神傳神，則丹朱與帝堯齊聖〔一七〕，重華與瞽叟等靈〔一八〕。其可然乎？其可然乎？如其不可，固知冥緣之構著於在昔〔一九〕，明暗之分定於形初。雖靈鈞善運，猶不能變性之自然，況降茲已還乎？驗之以理，則微言而有徵；效之以事，則无惑於大通〔二〇〕。」

【校注】

〔一〕「將」下，弘明集卷五有「欲」，亦可通。

〔二〕悟徹，即破迷妄、開真智，覺悟徹底。達摩多羅禪經序：「是故洗心静亂者，以之研慮；悟徹入微者，以之窮神也。」東晉釋慧遠佛影銘：「於是悟徹其誠，應深其位，將援同契，發其真趣。故與夫隨喜之賢，圖而銘焉。」又，釋慧遠大智度論抄序：「鑒明則塵累不止，而儀像可覩。觀深則悟徹入微，而名實俱玄。」

〔三〕莊子大宗師：「夫大塊載我以形，勞我以生，佚我以老，息我以死。故善生者，乃所以善死也。」郭象注云：「夫形生老死，皆我也。故形爲我載，生爲我勞，老爲我佚，死爲我息。四者雖變，未始非我，我奚惜哉！」成玄英疏云：「大塊者，自然也。夫形是構造之物，生是誕育之始，老是耆艾之年，死是氣散之日。但運載有形，生必勞苦；老既無能，暫時間逸；死滅還無，理歸停憩。四者雖變而未始非我，而我坦然，何所惜邪！」

〔四〕反真，死歸於自然。莊子大宗師：「嗟來桑户乎！嗟來桑户乎！而已反其真，而我猶爲人猗！」成玄英疏云：「自有還無，名之曰死。汝今既還空寂，便是歸本反真，而我猶寄人間羈旅，未還桑梓。欲齊一死生，而發斯猗歎者也。」陳啓天注：「真謂道，或自然。」

〔五〕出自老子第十三章：「吾所以有大患者，爲吾有身。及吾無身，吾有何患！」

〔六〕文子卷第三九守守樸：「形有靡而神未嘗化，以不化應化，千變萬轉，而未始有極。化者復歸於无形也，不化者與天地俱生也。故生生者未嘗生，其所生者即生，化化者未嘗化，其所化者即化，此真人之遊也，純粹之道也。」唐徐靈府注：「形有同无，神无常有。」

〔七〕莊子大宗師：「特犯人之形而猶喜之。若人之形者，萬化而未始有極也，其爲樂可勝計邪？」郭象注云：「人形，乃是萬化之一遇耳，未足獨喜也。無極之中，所遇者皆若人耳，豈特人形可喜而餘物無樂邪！」

〔八〕莊子天下：「惜乎！惠施之才，駘蕩而不得，逐萬物而不反，是窮響以聲，形與影競走也，悲夫！」成玄英疏：「痛惜惠施有才無道，放蕩辭辯，不得真原，馳逐萬物之末，不能反歸於妙本。夫得理莫若忘知，反本無過息辯。今惠子役心術〔以〕求道，縱河瀉以索真，亦何異乎欲逃響以振聲，將避影而疾走者也！洪才若此，深可悲傷也。」

〔九〕「或」，資本作「咸」。

〔一〇〕火木之喻，即薪火之喻，佛典與中土文獻均有記載。栖復法華經玄贊要集卷二〇：「薪火之喻各別。小乘薪喻藏識，火喻身智，入無餘時藏識既斷，能依身智亦復滅無，如彼薪無火亦隨滅。若約大乘，衆生善根如薪，如來身智如火，衆生善根若在，前類佛出世間。由如有火，衆生滅盡。有類薪無，佛入涅槃，如同火滅。」楊泉物理論云：「人含氣而生，精盡而死。死猶澌也，滅也。譬火焉，薪盡而火滅，則無光矣。故滅火之餘，無遺炎矣；人死之後，無遺魂矣。」何承天釋均善論：「形神相資，古人譬以薪火。薪弊火微，薪盡火滅，雖有其妙，豈能獨傳。」

〔一一〕「巧」，資本、磧本、普本、南本、徑本、清本、禪本、弘明集卷五作「功」。冥傳，暗傳也。隋吉藏勝鬘寶窟卷二：「此中唯是意，念念冥傳，相續不斷，故名意生身。」吉藏大乘玄論卷三：「第四師以冥傳不朽爲正因佛性。此釋異前以心爲正因。何者？今直明神識有冥傳不朽之性，説此用爲正因耳。」釋道安二教論：「禍福相乘不無倚伏，得失相襲輕重冥傳，福成則天堂自至，罪積則地獄斯臻。此乃必然之數。」

〔一二〕「孰識其變」下，隆興編年通論卷四引文有「自非達觀，孰識其會」。

〔一三〕典出莊子養生主：「指窮於爲薪，火傳也，不知其盡也。」呂惠卿注云：「火之所託者薪，而火非薪。其爲薪也，雖窮於指，而火傳不知其盡。何則？火之在此薪猶彼薪也，其傳豈有盡哉！火以喻生，薪以喻形。」

〔一四〕「俱」，弘明集卷五作「共」，兩可。

〔一五〕「天」，資本、磧本、普本、南本、徑本、清本作「反」。

〔一六〕「問所受之於形耶」，弘明集卷五作「問所受者，爲受之於形耶」，義同。

〔一七〕丹朱，堯子名。史記卷一五帝本紀：「堯知子丹朱之不肖，不足授天下，於是乃權授舜。」

〔一八〕「叟」，磧本、清本、弘明集卷五、慧琳音義作「瞍」。瞽瞍，古帝虞舜之父。墨子非儒下：「夫舜見瞽叟，就然。」王充論衡卷二七定賢：「舜有瞽瞍，參有曾皙。」重華，虞舜的美稱。尚書舜典：「曰若稽古帝舜，曰重華，協于帝。」孔傳：「華，謂文德。言其光文重合於堯，俱聖明。」

〔一九〕冥緣，即因緣。東晉丘道護道士支曇諦誄：「庶遘冥緣，終會靈術。」宗炳明佛論：「今所以殺人而死傷人而刑，及爲縲紲之罪者，及今則無罪與今有罪而同然者，皆由冥緣前遘，而人理後發矣。」南齊書卷五四高逸傳：「史臣服膺釋氏，深信冥緣，謂斯道之莫貴也。」

〔二〇〕「則」，資本、磧本、普本、南本、徑本、清本無。「通」，資本、磧本、普本、南本、徑本、清本、弘明集卷五作「道」。大通、大道義同。莊子大宗師：「顔回曰：墮肢體，黜聰明，離形去知，同於大通，此謂坐忘。」成玄英疏：「大通，猶大道也。道能通生萬物，故謂道爲大通也。」

論成後，有退居之賓〔一〕，步朗月而宵遊，相與共集法堂。因而問曰：「敬尋雅論，大歸可見，殆无所聞。一日試重研究，蓋所未盡，亦少許處耳。意以爲沙門德式〔二〕，是變俗之殊制，道家之名器，施於君親，固宜略於形敬。今所疑者，謂甫創難就之業，遠期化表之功，潛澤无現法之効，來報玄而未應。乃令王公獻供，信士屈體，得无坐受其德，陷乎早計之累，虛霑其惠，同夫素飡之譏耶〔三〕？」

主人良久乃應曰：「請爲諸賢近取其類。有人於此，奉宜時命〔四〕，遠通殊方九譯之俗〔五〕，問王者：『當資以糇糧〔六〕，錫以輿服不？』答曰：『然。』主人曰：『類可尋矣。』夫稱沙門者何耶？謂其能發蒙俗之幽昏，啓化表之玄路，方將以兼忘之道與天下同往〔七〕，使希高者挹其遺風，漱流者味其餘津〔八〕。若然，雖大業未就，觀其超步之迹，所悟固以弘矣。然且袈裟非朝宗之服，鉢盂非廊廟之器。沙門塵外之人，不應致敬王者〔九〕。然則運通之功，資存之益，尚未酬其始誓之心，況答三業之勞乎〔一〇〕？又斯人者，形雖有待，情无近寄。視夫四事之供〔一一〕，若鷦蚊之過乎其前者耳〔一二〕。濡沫之惠〔一三〕，復焉足語哉？」衆賓於是始悟，冥塗以開轍爲功〔一四〕，息心以净畢爲道〔一五〕，乃欣然怡襟，詠言而退〔一六〕。

【校注】

〔一〕退居，語出莊子天道：「以此退居而閒游，江海山林之士服。」

〔二〕德式，佛教戒律。東漢安玄譯法鏡經：「在家有信，離家爲道，示其教誨，法式、正式、德式具現之。」竺佛念譯菩薩瓔珞本業經卷上：「快集此會，觀其所止佛國清净，至於法服、如來德式、修行妙善，四十二賢聖之因，演説經法得佛變通，隨刹清濁度人無極，分流道化靡不周匝。」東晉慧遠與曇摩流支書云：「佛教之興，先行上國，自分流已來，近四百年。至於沙門德式，所闕猶多。」此指佛教儀軌。

〔三〕「同」，弘明集卷五作「貽」。

〔四〕「宜」，資本、磧本、普本、南本、徑本、清本、禪本、弘明集卷五作「宣」。據文意，「宜」爲「宣」之形訛。

〔五〕九譯，輾轉翻譯。史記卷一二三大宛列傳：「重九譯，致殊俗。」張守節正義：「言重重九遍譯語而致。」此指邊遠地區。

〔六〕糇糧，乾糧、糧食。慧琳音義云：「餱粮。后溝反。毛詩傳云：『餱，食也。』說文：『乾食也，從食侯聲。』集文作糇，俗字也。」詩經大雅公劉：「迺積迺倉，迺裹餱糧。」

〔七〕兼忘之道，典出莊子天運：「以敬孝易，以愛孝難；以愛孝易，而忘親難；忘親易，使親忘我難；使親忘我易，兼忘天下難；兼忘天下易，使天下兼忘我難。」

〔八〕漱流，以流水漱口，形容隱居生活。見卷一遠法師答桓太尉注。

〔九〕「然且袈裟非朝宗之服……不應致敬王者」，弘明集卷五無。

〔一〇〕三業，業者造作也，身、口、意三處所作之業謂之三業。

〔一一〕四事之供，供養出家人的四種物件。有不同說法。或爲衣服、飲食、臥具、湯藥也，或爲房舍、衣服、飲食、湯藥。

〔一二〕「鵻」，慧琳音義作「鸛」。鸛蚊，出自莊子寓言：「彼視三釜、三千鍾，如觀雀蚊虻相過乎前也。」司馬彪云：「觀雀飛疾，與蚊相過，忽然不覺也。」王孝魚云：「鸛蚊取大小相縣，以喻三釜三千鍾之多少。元嘉本作如鸛蚊，無虻字。」俞樾曰：「王云，謂取大小相縣，以喻三釜三千鍾之多少。此不然也。夫至人之視物，一映而已，豈屑屑於三釜三千鍾之多寡，而必分別其爲鸛爲蚊乎！今案釋文云，鸛本作觀。疑是古本如此。其文蓋曰，彼視三釜三千鍾，如觀蚊虻相過乎前也。」鷦蚊，焦螟與蚊蟲，比喻極微小的東西。出自晏子春秋卷八景公問天下有極大極細晏子對第十四：「公曰：『天下有極細者乎？』晏子對曰：『有。東海有蟲，巢于蟁睫，再乳再飛，而蟁不爲驚。臣嬰不知其名，而東海漁者命曰焦冥。』」王叔岷莊子校詮雜篇寓言，以爲本文此典出自莊子。

〔一三〕濡沫，典出莊子大宗師：「泉涸，魚相與處於陸，相呴以濕，相濡以沫。」

〔一四〕冥塗，畜生、餓鬼、地獄三惡道也。釋玄光辯惑論：「波崙菩薩慈悲等照，震聲光於冥塗，弭塵賊於險澤。」傅奕請除釋教疏云：「僞啓三塗，謬張六道。」資治通鑑胡三省注云：「釋氏以地獄、餓鬼、畜生爲三塗，言人之爲惡者必墮此也。」

〔一五〕息心，沙門之古譯。袁宏後漢紀卷一〇明帝紀上：「沙門者，漢言息心，蓋息意去欲，而歸於無爲也。」浄畢，浄除欲念。竺法護譯佛説如幻三昧經卷下：「云何浄畢？周旋往來，没復還生，所生之處，浄洗諸根。」

〔一六〕「詠言而退」下，弘明集卷五有「晉元興三年歲次閼逢，于時天子蒙塵，人百其憂，凡我同志，僉懷輟旒之歎，故因述斯論焉。」

僞楚桓玄許沙門不致禮詔一首〔一〕

桓楚得廬山遠公書及論，以太亨二年（四〇三）十二月三日〔二〕，乃下詔停沙門致敬事。

詔曰〔三〕：

門下：佛法宏誕，所未能了，推其篤至之情，故寧與其敬耳。今事既在己，苟所不了，且當寧從其略，諸人勿復使禮也。便皆使聞知〔四〕。

【校注】

〔一〕「僞楚桓玄」，原本作「桓楚」，據卷首目録以改。題名，弘明集卷一二作「桓楚許道人不致禮詔并答往返五首」。此下四篇啓文題名，弘明集諸種版本或有或無，李小榮弘明集校箋據文獻以增補，不贅。又，出三藏記集卷一二法論目録有桓敬道僞詔沙門不復敬天子并卞嗣之等答往反十首。

〔二〕「太」，資本、磧本、普本、南本、徑本、清本作「大」。

〔三〕「桓楚得廬山遠公書及論……詔曰」，弘明集卷一二無。此爲彦悰所加按語。

〔四〕「聞知」下，弘明集卷一二有「十二月三日」。

侍中卞嗣之等執沙門應敬奏四首并桓楚答三首〔一〕

（一）初啓

侍中臣嗣之、給事黄門侍郎臣袁恪之等言〔二〕：詔書如右。神道冥昧，聖詔幽遠，陛下所弘者大，爰逮道人奉佛者耳。率土之民莫非王臣，而以向化法服便抗禮萬乘之主〔三〕，愚情所未安。拜起之禮，豈虧其道？尊卑大倫，不宜都廢。若許其名教之外闕其拜敬之儀者，請一斷引見，啓可紀識。謹啓。

桓玄一報曰：「何緣爾，便宜奉詔。」〔四〕

【校注】

〔一〕「應敬奏」，原本作「應致敬啓」，據卷首目録以改。

〔二〕卞嗣之，生平不詳。一九九八年出土東晉劉媚子墓誌載，王建之小女張願「適濟陰卞嗣之，字奉伯」。南齊書卷五二文學傳云：「卞彬，字士蔚，濟陰冤句人也。祖嗣之，中領軍。父延之，有剛氣，爲上虞令。」袁恪之，劉孝標注世説新語引袁氏譜云：「恪之字元祖，陳郡陽夏人。祖王孫，司徒從事中郎。父綸，臨汝令。恪之仕黄門侍郎。義熙初，爲侍中。」

〔三〕法服，指佛教三衣之總名也。三衣者：一、安陀會衣，五條袈裟；二、鬱多羅僧衣，七條袈裟；三、僧伽梨衣，九條乃至二十五條袈裟。三衣如法製者，名法服。法華經卷一序品曰：「剃除鬚髮而被法服。」

〔四〕「奉詔」下，弘明集卷一二有「太亨二年十二月四日」。

（二）二啓

侍中臣嗣之等啓事〔一〕：重被明詔，崇冲挹之至〔二〕，履謙光之道〔三〕，愚情眷眷，竊有未安。治道雖殊，理至同歸。尊親法教不乖〔四〕，老子稱四大者其尊一也〔五〕。沙門所乘雖異，迹不超世，豈得不同乎天民？陛下誠欲弘之於上，然卑高之禮，經治之典〔六〕，愚謂宜俯順群心，永爲來式。請如前啓，謹啓。

桓玄二報曰：「置之使自已，亦是兼愛九流，各遂其道也。」

【校注】

〔一〕「侍中」上，弘明集卷一二有「門下通事令臣馬範」。馬範，文獻闕載，事迹不詳。「等」，弘明集卷一二作「言」。

〔二〕冲挹，謙抑、謙退也。晉書卷一〇恭帝紀：「而雅尚冲挹，四門弗闢，誠合大雅謙虚之道，實違急賢贊世之務。」

〔三〕謙光，即謙尊而光，謂尊者謙虚而顯示其光明美德。語本周易謙：「謙，尊而光，卑而不可踰。」孔穎達疏：「尊者有謙而更光明盛大，卑謙而不可踰越。」阮元校勘記：「集解作『卑者有謙而不踰越』。」

〔四〕「尊親」上，弘明集卷一二有「尊君」。

〔五〕四大，見老子第二十五章云：「故道大，天大，地大，王亦大。域中有四大，而王居其一焉。」顧歡注：「道大者，包羅天地，無所不容。天大者，無不蓋也。地大者，無不載也。王大者，無不制也。」

〔六〕「經」，資本、磧本、普本、南本、徑本、清本作「化」。

（三）三啓

侍中祭酒臣嗣之言：重被詔如右。陛下至得圓虛〔一〕，使吹萬自已〔二〕，九流各殉其美，顯昧并極其致。靈澤幽流，无思不懷，群方所以資通，天人所以交暢。臣聞，佛教以神慧爲本，道達爲功〔三〕。自斯以還，蓋是斂麤之用耳。神理緬邈，求之於自形，而上者虔肅拜起，无虧於持戒。若行道不失其爲恭，王法齊敬於率土，道憲兼隆，内外咸得矣。臣前受外任，聽承疏短，乃不知去春已有明論，近在直被詔，便率其愚情，不懼允合。還此，方見斯事，屢經神筆，宗致悠邈〔四〕，理折微遠〔五〕，非臣駑鈍所能擊讚。沙門禮已行之前代，今大明既昇，道化无外，經國大倫，不可有闕。請如先所啓，攝外施行。謹啓。

桓玄三報曰：「自有内外兼弘者，何其於用前代理？卿區區惜此，更非讚其道也。」

【校注】

〔一〕「得」，徑本、清本作「德」，「得」通「德」。「虛」，資本、磧本、普本、南本、徑本、清本作「靈」。

〔二〕吹萬，語出莊子齊物論：「夫吹萬不同，而使其自已也。」成玄英疏：「風唯一體，竅則萬殊。」意謂風吹萬竅，發出各種音響。此指恩澤廣被天下。

〔三〕「道」，弘明集卷一二作「導」。道達、導達義同，疏通也。

〔四〕悠邈，遥遠、久遠。文選棗據雜詩：「千里既悠邈，路次限關梁。」吕向注：「悠邈，遠也。」

〔五〕「折」，資本、磧本、普本、南本、徑本、清本、弘明集卷一二作「析」。據文意，「析」較妥。

（四）四啓

侍中祭酒臣嗣之言：重奉詔。「自有内外兼弘者」，聖旨淵通，道冠百王，伏讀仰歎〔一〕，非愚淺所逮。尊主祇法，臣下之節，是以拳拳頻執所守。明詔超邈，遠略常均。臣暗短不達，追用愧悚。輒奉詔付外，宣攝遵承。謹啓。

永始元年（四〇三）十二月二十四日上。

【校注】

〔一〕「讀」，弘明集卷一二作「讚」，兩可。

夏赫連勃勃令沙門致拜事一首〔一〕

晉恭帝元熙（四一九—四二〇）中，赫連勃勃據夏州，略二秦之地〔二〕，行五刑之虐，便言佛佛〔三〕，謂已是人中之佛，堪受僧禮，乃畫佛像，披於背上，令沙門禮像，即爲拜我。後爲震死，葬後復震。出屍，題爲「无道」之字。尋爲北代所吞〔四〕，爲天下笑焉〔五〕。

【校注】

〔一〕此首，原本在宋孝武帝抑沙門致拜事一首之下，據卷首目録以改。

〔二〕赫連勃勃，字屈孑，匈奴右賢王去卑之後，十六國時期夏國建立者，泰常三年（四一八）攻取長安，稱帝灞上，始光二年（四二五）去世。見晉書卷一三〇赫連勃勃載記、魏書卷九五屈孑傳。

〔三〕「佛佛」，磧本、普本、南本、徑本、清本作「勃勃」。

〔四〕南齊書卷五七魏虜傳：「佛狸攻破勃勃子昌，娶勃勃女爲皇后。」佛狸，北魏太武帝拓跋燾也。

〔五〕此事法琳辯正論引宣驗記更爲詳備，迻録如下：「佛佛虜破冀州，境内道俗咸被殲戮，兇虐暴亂，殘殺無厭。爰及關中，死者過半，婦女嬰稚，積骸成山。縱其害心，以爲快樂，仍自言曰：『佛佛是人中之佛，堪受禮拜。』便畫作佛像，背上佩之，當殿而坐，令國内沙門向背禮像，即爲拜我。後因出遊，風雨暴至，四面暗塞，不知所歸，雷電震吼，霹靂而死。既葬之後，就塚霹靂，其棺烈屍出外，題背爲『兇虐無道』等字。國人慶快，嫌其死晚。少時，爲索頭主沙圭所吞，妻子被刑戮。見簫子顯齊書。」

宋孝武帝抑沙門致拜事一首〔一〕

宋孝武大明六年（四六二）九月，有司奏曰：

臣聞邃拱凝居〔二〕，非期宏峻，拳跪盤伏，豈止敬恭〔三〕？將以照張四維〔四〕，締制八宇，故雖儒法支派，名墨條分，至於崇親嚴上，厥繇靡爽。惟浮圖爲教，逷自龍堆〔五〕。反經提傳，訓遐事遠，練生鑒識〔六〕，恒俗稱難〔七〕。宗旨緬邈，微言淪隔〔八〕，拘文蔽道，在末彌扇。遂迺凌越典度，偃倨尊戚〔九〕。失隨方之眇迹，迷襲化之淵義〔一〇〕。夫佛法以謙儉自拘〔一一〕，忠虔爲道〔一二〕，不輕比丘逢人必拜，目連桑門遇長則禮〔一三〕。寧有屈膝四輩而間禮二親〔一四〕，稽首耆臘而直骸萬乘者哉〔一五〕？故咸康（三三五—三四二）創議，元興（四〇二—四〇四）載述，而事屈偏黨，道挫餘分。今鴻源遥洗，群流仰鏡，萬仙賫寶〔一六〕，百神聳職〔一七〕，而畿輦之内含弗臣之甿，階席之間延抗禮之客，懼非所以澄一風範，詳示景則者也。臣等參議，以爲沙門接見皆當盡禮，虔敬之容依其本制〔一八〕，則朝徽有序，乘方兼遂矣。

帝從之。

【校注】

〔一〕此文，又見宋書卷九七夷蠻天竺迦毗黎國、高僧傳卷八齊上定林寺釋僧遠傳。

〔二〕「邃拱凝居」，宋書卷九七作「邃宇崇居」。

〔三〕「豈」，宋書卷九七作「非」。

〔四〕「照」，宋書卷九七作「施」，高僧傳卷八作「昭」。照、昭義近，昭示、昭明。

〔五〕「遏自龍埠」，資本、磧本、南本、清本、慧琳音義作「逷自龍阜」，普本、徑本作「逷自龍埠」，宋書卷九七作「逷自龍堆」，高僧傳卷八作「逷自龍裔」。逷者，遥遠也。慧琳音義釋「逷」云：「聽歷反。爾雅云：『逷，遠也。』正作逖。」詩經大雅抑：「用戒戎作，用逷蠻方。」毛傳：「逷，遠也。」「遏」，或爲形近而誤。龍埠，不明。或指白龍堆，古西域沙丘名。

〔六〕「練」，資本、磧本、普本、南本、徑本、清本、禪本作「諫」。「鎣」，宋書卷九七作「瑩」。

〔七〕「反經提傳……恒俗稱難」，高僧傳卷八無。

〔八〕「淪」，徑本、清本作「倫」。

〔九〕偃倨，輕忽傲慢。

〔一〇〕「襲」，宋書卷九七作「製」。「義」，高僧傳卷八作「美」。

〔一一〕「拘」，高僧傳卷八作「牧」，禪本作「物」。

〔一二〕「忠」，高僧傳卷八作「惠」。

〔一三〕不輕比丘，即常不輕菩薩，梵語意譯。常不輕於佛像法時，凡有所見，不問四衆，皆悉禮拜恭敬，增上慢比丘或以杖木瓦石打擲之。臨終之際，常不輕於虚空中聞威音王佛説法華經得六根清浄，前罵詈打擲者皆悉歸依。見妙法蓮華經卷六常不輕菩薩品。目連事，待考。

〔一四〕「間」，宋書卷九七作「簡」。

〔一五〕「首」，資本、磧本、普本、南本、徑本、清本、可洪音義、宋書卷九七作「顙」，兩可。

〔一六〕「萬」，宋書卷九七、高僧傳卷八作「九」。賫寶，奉送財寶。賫，蒼頡篇云：「賫，財貨。」

〔一七〕「聳」，高僧傳卷八作「從」。

〔一八〕「皆當盡禮虔敬」，宋書卷七九作「比當盡禮虔敬」，高僧傳卷八作「皆當盡虔禮敬」。「本制」，宋書卷七九作「本俗」。

釋彥悰曰：孝武傳云：「帝即位二三年間，方逞其欲拒諫，足以敗德〔一〕，令天下失望。有世祖才明，而少以禮度，自蕭若思武皇之節儉，追太祖之寬恕，則漢之文景，曾何足云。」〔二〕從大明六年至景和元年〔三〕，凡四載，令拜國主，而僧竟不行，豈非理勃天常，固使綸言徒設耶？

【校注】

〔一〕「德」，資本、磧本、普本、南本、徑本、清本作「壞」。

〔二〕「蕭」，禪本作「肅」。文苑英華卷七五〇四裴子野宋略總論：「帝即位二三年間，方逞其欲拒諫，是已天下失望。夫以世祖才明，少以禮度自肅，思武皇之節儉，追太祖之寬恕，則漢之文、景，曾何足云？」建康實録卷一四：「帝即位二三年間，方逞其欲，言拒諫違，天下失望。而有世祖於才明，少以禮度自肅，思武皇之節儉，追太祖之寬恕，則漢之文、景，曾何足論？」

〔三〕「景和」，原本作「景明」。大明六年（四六二）至景和元年（四六五）正好四年。據此以改。

齊武帝論沙門抗禮事一首〔一〕

齊武帝大明中，敕定林上寺僧法獻、長干寺僧玄暢，於三吳沙簡僧尼〔二〕。時暢、獻二僧皆少習律檢，不競當世，與武帝共語，每稱名而不坐。後中興僧鍾於乾和殿見帝〔三〕。帝問鍾如宜，鍾答：「貧道比苦氣。」帝嫌之，迺問尚書王儉：「北地沙門與王共語何所稱〔四〕？又正殿坐不？」儉答：「漢魏佛法未是大興〔五〕，不見記傳〔六〕。自僞國稍盛，皆稱貧道，亦預坐。及晉初亦然。中代有庾冰、桓玄等，欲使沙門盡敬，朝議紛紜，事皆休寢。宋之中朝亦頗令致禮，而尋竟不行。自爾迄今，多預坐而稱貧道。」帝曰：「暢、獻二僧，道業如此，尚自稱名，況復餘者。揖拜則太甚，稱名亦无嫌。」自爾，沙門皆稱名於帝主。自暢、獻始也。

【校注】

〔一〕此文，又見高僧傳卷一三齊上定林寺釋法獻傳。

〔二〕「齊武帝大明中……於三吴沙簡僧尼」，高僧傳卷一三作「暢本秦州人，亦律禁清白，文惠太子奉爲戒師。獻後被敕三吴，使妙簡二衆，暢亦東行，重申受戒之法」。此段文字，爲彦悰之按語。法獻，俗姓徐，西海延水人，住錫南齊上定林寺。暢以建武初亡，春秋七十有五。獻以建武末年卒。見高僧傳卷一三。

〔三〕僧鍾，姓孫，魯郡人。十六出家，妙善成實、三論、涅槃、十地等。南遊京邑，止於中興寺。永明初，與魏使李道固辯於寺内，爾後盤桓講説，稟聽成群。齊永明七年（四八九）卒，春秋六十。高僧傳卷八有傳。

〔四〕「北地」，高僧傳卷一三作「先輩」。

〔五〕「未是大興」，高僧傳卷一三作「未興」，兩可。

〔六〕「記」上，高僧傳卷一三有「其」。

隋煬帝敕沙門致拜事一首并大興善寺沙門明贍答〔一〕

隋煬帝大業（六〇五—六一八）中，改革前政，令沙門拜帝及諸官長等，懸之雜令〔二〕。至五年（六〇九），南郊謁帝，大張文物，廣位群僚〔三〕。于時，佛道二衆，依前踦立。有敕云：「條式久行，何因不拜？」黄老、士女，聞便致禮，唯僧尼儼然。時興善寺沙門明贍答帝曰〔四〕：「僧等據佛戒，不合禮俗。」帝曰：「宋武之時，僧何致拜？」贍曰：「宋武狂勃，不拜便有嚴誅，陛下有道，不拜不懼顯戮。」帝令問對，僧尼遂散。贍明旦至闕，重參有司，募敢死者對詔謝過，内史爲通。昨不拜之罪，帝夷然不述。乃盡京僧尼設齋，人别施錢帛。後帝至西郊，顧謂蘇威曰：「朕謂京師無僧，昨南郊中亦有人焉。」拜事因寢〔五〕。

【校注】

〔一〕「大興善寺」，原本作「興善寺」，據卷首目録以改。此事又見續高僧傳卷二四唐終南山智炬寺釋明贍傳。此文與廣弘明集卷二五福田論之按語多有重合。

〔二〕隋煬帝楊廣，一名英，高祖第二子，在位十四年（六〇五—六一八）。見隋書卷三、北史卷一二。大業五年（六〇九），煬帝下詔，天下僧徒無德業者并罷道還俗，寺院冗餘者并皆毁拆，但詔下不行。見續高僧傳卷二八釋大志傳。

〔三〕續高僧傳卷二五釋明贍傳載此事在大業二年。

〔四〕明贍，俗姓杜氏，恒州石邑人，於北周飛龍山應覺寺出家，後向鄴下大集寺道場法師處專學大論。開皇三年於大興善寺參與譯經，後駐錫禪定寺。武德初任僧官，貞觀初隱於終南山智炬寺，貞觀二年（六二八）二月二十七日遷化，春秋七十，續高僧傳卷二五有傳。

〔五〕此事首見於續高僧傳卷第二五唐終南山智炬寺釋明贍傳。廣弘明集卷二五録彦琮福田論，道宣於文前之按語即爲此事。今迻録續高僧傳内容如下：

大業二年，帝還京室，在於南郊，盛陳軍旅。時有濫僧染朝憲者，事以聞上，帝大怒，召諸僧徒，并列御前，峙然抗禮，下敕責曰：「條制久頒，義須致敬。」于時黄老、士女初聞即拜，唯釋一門儼然莫屈。時以贍爲道望，衆所推宗，乃答曰：「陛下必欲遵崇佛教，僧等義無設敬。若准制返道，則法服不合敬俗。」敕云：「若以法服不合，宋武爲何致拜？」贍曰：「宋氏無道之君，不拜交招顯戮。陛下有治存正，不陷無罪，故不敢拜。」帝不屈其言，直遣舍人語僧「何爲不拜」，如此者五。黄巾之族連拜不已，唯贍及僧長揖如故，兼抗聲對叙，曾無憚懾。帝乃問：「向答敕僧是誰，録名奏聞。」便令視擬戮，諸僧合衆安然而退。明旦，有司募敢死者至闕陳謝，贍又先登，雖達申遜之詞，帝夷然不述，但下敕於兩禪定各設盡京僧齋，再遺束帛，特隆常准。後迴蹕西郊，顧京邑語朝宰曰：「我謂國内無僧，今驗一人可矣。」自爾頻參元選，僉議斯屬。下敕令住禪定，用崇上德故也。衆以贍正色執斷，不避强禦，又舉爲知事上座，整理僧務，備列當時。

洛濱翻經館沙門釋彦琮福田論一首 并序〔一〕

昔在東晉，太尉桓玄議令沙門敬於王者，廬山法師高名碩德〔二〕，傷智幢之欲屈〔三〕，憂戒寶之將沉〔四〕，乃作沙門不敬王者論，論不設敬之儀〔五〕，當時遂寢。然以緝詞隱密，援例杳深〔六〕，後學披覽，難見文意。聊因暇日，輒復申叙，更號福田論云。

【校注】

〔一〕題名，廣弘明集作「福田論 隋東都洛賓上林園翻經館學士沙門釋彦琮」。彦琮，俗姓李氏，趙郡柏人。十歲出家，改名道江。十四歲入晉陽，於宣德殿講仁王經。齊亡入周，爲通道觀學士，更名彦琮。隋受周禪，講筵不絶，著述豐富。大業六年（六一〇）七月圓寂，年五十四。續高僧傳卷二有傳。此文廣弘明集卷二五有輯録，題名福田論。

〔二〕「法師」，廣弘明集作「遠法師」。

〔三〕「屈」，資本、磧本、普本、南本、徑本、清本、廣弘明集作「折」，可通。

〔四〕「憂」，廣弘明集作「悼」，亦可通。

〔五〕「論不」，廣弘明集無。

〔六〕「例」，廣弘明集作「列」。「列」同「例」。禮記服問：「傳曰：罪多而刑五，喪多而服五。上附下附，列也。」

鄭玄注：「列，等比也。」陸德明釋文：「列，徐音例，本亦作例。」

忽有嘉客，來自遠方，遥附桓氏，重述前議。主人正念久之，抗聲應曰：「客似未聞福田之要〔一〕，吾今相爲論之〔二〕。夫云福田者何也？三寶之謂也。功成妙智，道登圓覺〔三〕，佛也〔四〕。玄理幽寂，正教精誠，法也〔五〕。禁戒守真，威儀出俗，僧也〔六〕。皆是四生導首，六趣舟航〔七〕，高越天人，重踰金石，譬乎珍寶，劣相擬議。佛以法主標尊〔八〕，法以佛師居本。僧爲弟子，崇是佛法，可謂尊卑同位，本末共門，語事三種，論體一致，處五十之載，弘八萬之典，所説指歸，唯此至極。寢聲滅影，盡雙林之運〔九〕；刻檀書葉〔一〇〕，留一化之軌。聖賢間起，稟學相承〔一一〕，和合爲群，住持是寄。金人照於漢殿，像法通於洛浦〔一二〕，并宗先覺，俱襲舊章。圖方外以發心，棄世間而立德，官榮無以動其意〔一三〕，親屬莫能累其報〔一四〕，衣則裁於壞色〔一五〕，髮則落於毁容。不戴冠而作儀，豈束帶而爲飾。上天之帝，猶恒設禮；下土之王，固當致敬。有經有律，斯法未殊；若古若今，其道无滯。推帝王之重，亞神祇之大〔一六〕，八荒欽德，四海歸仁，僧尼朝拜，非所聞也。如懷異旨，請陳雅見。」

【校注】

〔一〕福田，佛教以爲，於應供養者供養佛法僧三寶，則能受諸福報，猶如農夫播種於田畝，有秋收之利，故稱之。

〔二〕「相」，資本、磧本、普本、南本、徑本、清本作「粗」。

〔三〕「道登圓覺」下，廣弘明集有「者」。下文「正教精誠」與「威儀出俗」下，與此相同，不贅。

〔四〕佛，梵語佛陀之略，譯言覺者、智者。大乘義章卷二〇曰：「佛者就德以立其名，佛是覺知，就斯立稱。覺有兩義：一覺察名覺，如人覺賊。二覺悟名覺，如人睡寤……既能自覺，復能覺他，覺行窮滿，故名爲佛。道言自覺簡異凡夫，云言覺他明異二乘，覺行窮滿彰異菩薩。」

〔五〕法，梵云達磨，指一切事物。大乘義章卷一〇曰：「法者，外國正音名爲達磨，亦名曇無。本是一音，傳之別耳。此翻名法，法義不同。汎釋有二：一自體名法……二者軌則名法。」

〔六〕僧，梵語僧伽之略，又譯曰和合衆，四人已上之比丘和而爲衆。大智度論卷三曰：「僧伽，秦言衆。多比丘一處和合，是名僧伽。」南海寄歸内法傳卷三曰：「凡有書疏往還，題云求寂某乙、小苾芻某乙……不可言僧某乙。僧是僧伽，目乎大衆，寧容一己輒道四人？西方無此法也。」

〔七〕四生，梵語意譯，即胎生、卵生、濕生、化生。六趣，衆生由業因之差別而趣向之六處，亦曰六道，即地獄趣、餓鬼趣、畜生趣、阿修羅趣、人趣、天趣。大乘義章卷八曰：「此六種，經名爲趣，亦名爲道。所言趣者，蓋乃對因以名果也。因能向果，果爲因趣，故名爲趣。所言道者，從因名也。善惡兩業通人至果，名之爲道。地獄等報爲道所詣，故名爲道。」

〔八〕「尊」，廣弘明集作「宗」。

〔九〕雙林，即鶴林，釋迦牟尼涅槃處。北魏楊衒之洛陽伽藍記法雲寺：「神光壯麗，若金剛之在雙林。」見集沙門不應拜俗等事序注。

〔一〇〕「書葉」，資本、磧本、普本、南本、徑本、清本作「畫像」。檀，即旃檀那，香木名，出自南印度摩羅耶山，其山形似牛頭，故名牛頭旃檀。漢明帝時，天竺國竺法師將畫釋迦像，是優填國旃檀師第四作也。見漢法本内傳。書葉，即在貝葉上書寫佛經。

〔一一〕「稟」，廣弘明集作「門」。

〔一二〕此即漢明帝永明求法傳説。

〔一三〕「意」，廣弘明集作「志」，兩可。

〔一四〕「報」，資本、磧本、普本、南本、徑本、清本、廣弘明集作「情」。

〔一五〕「裁」，資本、磧本、普本、南本、徑本、清本作「截」。壞色，梵語袈裟意譯。袈裟避青、黄、赤、黑、白五正色，以他之不正色染壞之，故曰壞色。遺教經曰：「汝等比丘，當自摩頭以捨飾好，著壞色衣，執持應器，以乞自活。」

〔一六〕「推帝王之重，亞神祇之大」，廣弘明集作「推帝王之輕重，亞神祇之大小」。

客曰：「周易云：『天地之大德曰生，聖人之大寶曰位。』老子云：『域中有四大，王居一焉。』竊以莫非王土，建之以國；莫非王臣，繫之以主。則天法地，覆載兆民；方春比夏，生長萬物。照以日月之光，潤以雲雨之氣，六合則咸宗如海，百姓則共仰如辰，戎夷革面，馬牛迴首。

蛇尚荷於隋侯，魚猶感於漢帝〔一〕，豈有免其編户，假其法門，忘度脱之寬仁〔二〕，遺供養之弘造，高大自許，卑恭頓廢，譬諸禽獸，將何別乎？必若能獲神通〔三〕，得成聖果，道被天下，理在言外。然今空事剔除，尚增三毒〔四〕；虚改服飾，猶染六塵〔五〕；戒忍弗修，定智无取〔六〕；有乖明誨，不異凡俗。詎應恃宣讀之勞，而抗禮萬乘；籍形容之別，而闕敬一人？昔比丘接足於居士〔七〕，菩薩稽首於慢衆〔八〕，斯文復彰，其趣安在〔九〕？如以權道難沿，佛性可尊〔一〇〕，况是君論，云非神降〔一一〕。伯陽開萬齡之範，仲尼敷百王之則，至於謁拜，必遵朝典，猶有沙門〔一二〕，敢爲凌慢〔一三〕，此而可忍，孰可容乎？弊風難革，惡流易久，不遇明皇，誰能刊正？忽起非常之變〔一四〕，多招无信之譏〔一五〕。至言有憑，幸垂詳覽！」

【校注】

〔一〕隋侯，又作隨珠，即隋侯之珠。傳説中隋侯救蛇所得寶珠。墨子耕柱：「和氏之璧，隋侯之珠，三棘（翮）六異（翼），此諸侯之所謂良寶也。」莊子讓王：「今且有人於此，以隨侯之珠，彈千仞之雀，世必笑之。」詳見搜神記卷二〇。漢帝，當指漢武帝。太平廣記卷一一八録三秦記云：「昆明池，漢武帝鑿之，習水戰，中有靈沼神池。云堯時洪水，停船此池。池通白鹿原，人釣魚於原，綸絶而去。魚夢於武帝，求去其鉤。明日，帝遊戲於池，見大魚銜索。曰：『豈非昨所夢乎？』取魚去鉤而放之。帝後得明珠。」

〔二〕度脱，超度解脱生死之苦也。法華經卷一序品曰：「諸仙之導師，度脱無量衆。」

〔三〕「必若能獲」，廣弘明集作「必能御以」。

〔四〕三毒，又稱三根，即貪、瞋、癡。貪毒，引取之心。瞋毒，恚忿之心。癡毒，迷闇之心。癡毒獨起，名爲獨頭無明。與貪毒共起，名爲相應無明。貪毒等，必與癡毒相應而起也。大智度論卷三一曰：「我所心生故，有利益我者生貪欲，違逆我者而生瞋恚。此結使不從智生，從狂惑生，故是名爲癡。三毒爲一切煩惱根本。」

〔五〕六塵，色、聲、香、味、觸、法之六境也。六境有眼等六根入身以坌污浄心者，故謂之塵。圓覺經曰：「妄認四大爲自身相，六塵緣影爲自心相。」

〔六〕戒、忍、定、智各爲六度之一。六度，即六波羅蜜。戒者，在家出家小乘大乘等之一切戒行也。忍辱者，忍受一切有情罵辱擊打等，及非情寒熱飢渴等之大行也。定者，思惟真理定止散亂之心之要法也。智慧者，通達諸法之智及斷惑證理之慧也。

〔七〕比丘，梵語音譯，爲出家受具足戒者之通稱。男曰比丘，女曰比丘尼。其義甚多，以乞士之翻爲本義。嘉祥法華義疏卷一曰：「比丘者名爲乞士，上從如來乞法以練神，下就俗人乞食以資身，故名乞士。」居士，梵語迦羅越意譯，居家、居財之士。吴曾能改齋漫録曰：「居士之號，起於商周之時……則居士之由來久矣。」佛經漢譯，引之以指代在家修禪者。隋慧遠維摩經疏卷一曰：「居士有二。一廣積資産，居財之士，名爲居士。二在家修道，居家道士，名爲居士。」

〔八〕菩薩，梵語菩提薩埵之略稱。總名求佛果之大乘衆。僧肇注維摩詰經曰：「肇曰：菩提，佛道名也。薩埵，秦言大心衆生。有大心入佛道，名菩提薩埵。」大乘義章卷一四曰：「菩薩，胡語，此方翻譯名道衆生。具修自利利他之道，名道衆生。」此兩句或指維摩詰事。

〔九〕「其」，廣弘明集作「厥」，兩可。

〔一〇〕佛者覺悟，性者不改，一切衆生皆有覺悟之性，名爲佛性。大般涅槃經卷二七師子吼菩薩品曰：「一切衆生悉有佛性，如來常住無有變易。」

〔一一〕「論云」，資本、磧本、普本、南本、徑本、清本、廣弘明集作「臨罔」。

〔一二〕「猶」，資本、磧本、普本、徑本、廣弘明集作「獨」。「獨」於語氣更妥。

〔一三〕「凌」，廣弘明集作「陵」。凌、陵義近，侵犯、欺壓也。

〔一四〕「變」下，廣弘明集有「易」。

〔一五〕「多」，廣弘明集無。

主人曰：「吾所立者内也，子所難者外也。内則通於法理，外則局於人事。相望懸絶，詎可同年？斯謂學而未該，聞而不洽，子之所惑，吾當爲辯。試舉其要，揔有七條。无德不報，一也；无善不攝，二也；方便无礙，三也；寂滅無榮，四也；儀不可越，五也；服不可亂，六也；因不可忘，七也。初之四條對酬難意，後之三條引出成式。

「吾聞天不言而四時行，王不言而萬國治。帝有何力，民無能名？成而不居，爲而不恃〔一〕，斯乃先王之盡善，大人之至德。同霑庶類，齊預率賓，幸殊草木，差非蟲鳥〔二〕，戴圓履方，俯仰懷惠，食粟飲水，飽滿銜澤。況復矜許出家〔三〕，慈聽入道，斷麤業於已往，祈妙果於將來〔四〕。既蒙重恩〔五〕，還思厚答，方憑萬善之益，豈在一身之敬？追以善答，稱報乃深〔六〕；微以身敬〔七〕，收利蓋淺〔八〕。良由僧失軌儀〔九〕，俗減餘慶〔一〇〕。僧不拜俗，佛已明言。若知可信，理當遵立。如謂難依，事應除廢，何容崇之欲求其福，卑之復責其禮？即令從禮，便同其俗，猶云請福，未見其潤。此則存而似棄，僧而類民，非白非黑，无所名也〔一一〕。是謂第一無德不報〔一二〕。

【校注】

〔一〕語出老子第二章：「是以聖人處無爲之事，行不言之教，萬物作焉而不爲始，生而不有，爲而不恃，功成而弗居。夫唯弗居，是以不去。」

〔二〕「蟲鳥」，資本、磧本、南本作「蟲鳥之類」，亦可通。

〔三〕「況復」，廣弘明集作「既能」，亦可通。

〔四〕妙果，殊妙之結果，即菩提、涅槃也，是爲妙因之結果。雜阿含經卷一九：「尊者大目揵連！於小千世界無有如是堂觀端嚴如毗闍延者，我見是調伏慳故，有此妙果，故説斯偈。」

〔五〕「恩」，廣弘明集作「惠」，亦可通。

〔六〕「稱」，廣弘明集作「攝」。

〔七〕「徵」，資本、磧本、廣弘明集作「徵」。對照上句，「徵」較妥。

〔八〕「蓋」，資本、磧本、普本、南本、徑本、清本、襌本、廣弘明集作「益」。

〔九〕「軌」，資本、磧本、普本、南本、徑本、清本、廣弘明集作「正」。

〔一〇〕餘慶，留給子孫後輩的德澤。語出周易坤：「積善之家，必有餘慶。」

〔一一〕「无所名也」下，資本、磧本、普本、南本、徑本、清本、廣弘明集有「竊見郊禋總祭，惟存仰福爲尊，僧尚鄙斯不恭，如何令僧拜俗？天地可反，斯義罕乖，後更爲叙」。

〔一二〕「無德不報」下，廣弘明集作有「者也」。下文「无善不攝」「方便無礙」「寂滅无榮」「儀不可越」「服不可亂」「因不可忘」下，與此相同，不贅。

「法既漸衰，人亦稍末，罕有其聖，誠如所言。雖處凡流，仍持忍鎧〔一〕；縱虧戒學，尚談智典。如塔之貴，似佛之尊，歸之則善生，毀之則罪積。猛心始發割愛〔二〕，難而能捨；弘願終期成覺〔三〕，迴而能趣。斯故剔髮之辰，天魔遥慴〔四〕；染衣之日，帝釋遠懽〔五〕。妓女聊披，无漏遂滿〔六〕；醉人蹔剪，有緣即結〔七〕。龍子賴而息驚，象王見而止怖〔八〕，威靈斯在，儀服是因。幼未受具，對揚佛旨，小不可輕，光顯僧力。波離既度，釋子伏心〔九〕；尼陀亦歸，匿王屈意〔一〇〕。乃知若老若少，可師者法；无賤無豪，所存者道。然賢愚之際〔一一〕，默語之間，生熟相似，去取非易。肉眼分別，恐不逢實；信心平等，或有值真。纔滿四人，即成一衆。僧既弘納，佛亦通在。食看沸水之異，方遣施僧；衣見織金之奇，乃令奉衆。僧之威德，不亦大矣！足可以號良田之最，爲聖教之宗〔一二〕。是謂第二无善不攝。

【校注】

〔一〕忍鎧，即忍辱鎧，袈裟的別名。謂忍辱能防一切外難，故以甲鎧爲喻。法華經卷四勸持品：「惡鬼入其身，罵詈毀辱我。我等敬信佛，當著忍辱鎧。」

〔二〕割愛，斷絶愛欲。在佛教中，愛是貪欲的別名，位列三毒之首。世俗之愛，虚妄、不浄、自私。有愛便有嗔，愛嗔相激，增長惑亂。只有斷愛、離愛、割愛，才能興起真實、清浄、無私的慈悲，去普渡一切衆生。

〔三〕「弘願」，廣弘明集作「引凡」，亦可通。

〔四〕「慴」，資本、磧本、普本、南本、徑本、清本作「懼」。天魔，天子魔之略稱，第六天之魔王，其名云波旬。玄應音義卷二三曰：「梵言魔羅，此譯云障，能爲修道作障礙也。亦名煞者，論中釋斷慧命，故名魔。常行放逸而自害身，故名魔。魔是位處，即第六天主也，名曰波旬。此云惡愛，即釋迦佛出世魔王名也。諸佛出世，魔各不同。如迦葉佛時，魔名頭師，此云惡瞋等也。」此指釋迦牟尼降魔成道事，見多部佛經。

〔五〕帝釋，忉利天之主也，居須彌山之頂喜見城，統領他之三十二天，梵名釋迦提桓因陀羅，略云釋提桓因。法華義疏卷一曰：「釋提桓因者，具足外國語應云釋迦提桓因陀羅，釋迦爲能，提桓爲天，因陀羅爲主，以其在善法堂治化，稱會天心，故爲能天主。」

〔六〕如闍達長者子沉迷淫女，耗財無度。長者詣王，王求助如來，如來集諸淫女而教化之，淫女皈依。見東晉佛陀跋陀羅譯佛説觀佛三昧海經卷八觀馬王藏品。

〔七〕醉人喻，見大般涅槃經卷二哀歎品。大般涅槃經集解卷七：「道生曰：醉人之譬，以不更脩爲惑也。徒知昔説無我之名，未達更脩之乖義，醉有所歸也。」

〔八〕龍子事，或出自十誦律卷三八明雜法。龍子信心聽法，比丘見之爲蛇，以繩繫咽著無人處。子歸白母，母大瞋怒，欲害比丘。佛爲龍母説法，禮佛右繞而去。象王事，或出自賢愚經卷一一無惱指鬘品。指鬘前生曾於波羅捺國作毒鳥。毒不可近，凡至之處，一切皆死。白象王聞亦驚怖，佛調服之。象王即波斯匿王，毒鳥即指鬘。

〔九〕波離，人名，梵語鄔波離之略。翻譯名義集卷一云：「鄔波離，有翻化生，或翻上首，以其持律爲衆紀綱，故名。優波釐，或翻近執，以佛爲太子時，彼爲親近執事之臣。古人云佛之家人，非也。訛云優波離。」鄔波離種族卑賤，爲釋種賢王等五百人剃除鬚髮時，心動出家。釋種賢王禮拜鄔波離，地六震動。世尊解説，諸苾芻悦服。見根本説一切有部毗奈耶破僧事卷九。

〔一〇〕尼陀，又作尼提，除糞人之名。佛度之爲大阿羅漢，國人懷怨，以告波斯匿王。匿王見其入石如水、出石無孔，慢心即除。波斯匿王，中印度憍薩羅國國王，兼領有迦尸國，與摩竭陀國并列爲佛陀時代的大强國。波斯匿王與頻婆娑羅王同是護持佛教的兩大國王。此事見賢愚經卷六尼提度緣品。

〔二〕「然」，資本、磧本、普本、南本、徑本、清本、廣弘明集作「然後」，可通。
〔三〕「之」，資本、磧本、普本、南本、徑本、清本、禪本無。

「若論浄名之功，早昇雲地；臥疾之意，本超世境〔一〕。久行神足，咸歎辯才〔二〕；新學頂禮，誠謝法施〔三〕。事是權宜，式非常准，隨時蹔變〔四〕，其例乃多。別有空藏弗恭〔五〕，如來无責，沙彌志願〔六〕，和上推奉。一往直觀，悉可驚怪；再尋釋典〔七〕，莫匪通塗。不輕大士，獨興高迹，驚彼上慢之流，設茲下心之拜〔八〕。偏行一道，直用至誠，既非三慧〔九〕，詎是恒式。因機作法，足爲希有〔一〇〕；假弘教化，難著律儀。大聖發二智之明，制五篇之約〔一一〕，廢其爵齒，存其戒夏〔一二〕，始終通訓，利鈍齊仰，耆幼有序，先後無雜，未以一士別業而令七衆普行〔一三〕，不然之理〔一四〕，分明可見。昔妻死歌而鼓盆，身葬瀛而櫬土〔一五〕，此亦疋夫之節，豈槩明王之制乎〔一六〕？況復覺典冲邃〔一七〕，聖言幽密，局執一邊，殊乖四辯〔一八〕。是謂第三方便無礙。

【校注】

〔一〕浄名，人名，梵語維摩詰意譯，又譯無垢稱，毗耶離城之居士。佛在毗耶離城菴摩羅園，城中五百長者子詣佛所請説法時，維摩詰故現病不往，爲欲令佛遣諸比丘菩薩問其病床，以成方等時彈訶之法，故其經名爲維摩詰經。注維摩詰經卷一曰：「什曰：『維摩詰，秦言浄名。』生曰：『維摩詰，此云無垢稱也。』其晦迹五欲，超然無染，清名遐布，故致斯號。」雲地，即法雲地，菩薩十地之第十。修行入此地者，大法之智雲遍澍甘露之雨。成唯識論卷九：「十法雲地，大法智雲含衆德水，蔽一切如空麤重，充滿法身故。」

〔二〕神足，即神足通，名神境智證通，或心如意通，爲佛教五通之一。至神足通者，身如其意，隨念即至，在一想念之間，十方無量國土都能同時一一到達，變化無窮。佛弟子目犍連爲神通第一。辯才，善巧説法義之才能也，分别之有四種，謂之四無礙辯、四無礙解、四無礙智，即義無礙、法無礙、辭無礙、樂説無礙。

〔三〕頂禮，佛教儀軌，五體投地以頂禮尊者之足。釋門歸敬儀卷下曰：「經律文中多云頭面禮足，或云頂禮佛足者，我所高者頂也，彼所卑者足也，以我所尊敬彼所卑者，禮之極也。」法施，三施之一，又云法供養。法施爲對下之語，法供養爲對上之語。維摩經卷上菩薩品曰：「夫大施會不當如汝所設，當爲法施之會。」

〔四〕「隨」，廣弘明集作「謂」。

〔五〕「别」，資本、磧本、普本、徑本、清本、廣弘明集作「則」，可通。空藏，即虚空藏菩薩，見虚空藏菩薩經。閲藏知津卷五虚空藏菩薩經云：「佛住佉羅底翅山，説破惡業障陀羅尼。西方勝蓮敷藏佛所虚空藏菩薩欲來供養，先現如意寶珠，照空大會，唯存佛光。除大菩薩，餘皆迷惑。梵頂菩薩問佛，佛説無斷常法，大衆復見如故。佛指西方，廣歎虚空藏功德，大衆渴仰。虚空藏復以神力浄此世界，令衆手中各有寶珠，雨諸供具，現大寶蓋，供養如來，現寶蓮華，而坐其上。彌勒致疑，藥王答釋……虚空藏次從座起，跪問何以能於五濁施作佛事，佛以虚空自性清浄之義答之。虚空藏即説無盡降伏師子奮迅陀羅尼。佛讚印其能滅重罪，令生佛國。」

〔六〕「志」，廣弘明集作「大」，可通。有阿羅漢常入龍宮，食已，以鉢授沙彌使洗。鉢中有殘食數粒，沙彌嗅之大香，食之甚美。便作方便，入師繩床下，以兩手捉繩床脚。其師去時，與繩床同入龍宫。龍言，此未得道，何以將來？師言不覺。沙彌得飯食，又見龍女身體端正，香妙無比，心大染著，即作惡願：我當作福，奪此龍宫殿。龍言，後此沙彌莫將來。沙彌還已，一心布施、持戒，專求所願，願早作龍。是時繞寺，從足下出水，自知必得作龍。徑至師原入處之大池邊，以袈裟覆頭，入即死，變作大龍。福德大故，即殺彼龍，舉池悉赤。見大智度論卷一七。

〔七〕「再尋釋典」，廣弘明集作「再詳典釋」，可通。

〔八〕大士，菩薩之通稱。不輕大士，即常不輕菩薩，梵語意譯，事迹見妙法蓮華經卷六常不輕菩薩品。本書卷二宋孝武帝抑沙門致拜事一首有注。

〔九〕三慧，聞、思、修三種智慧。聞慧，依見聞經教而生之智慧。思慧，依思惟道理而生之智慧。修慧，依修禪定而生之智慧。

〔一〇〕「足」，磧本、普本、南本、徑本、清本「是」。

〔一一〕五篇，即五等罪。一波羅夷罪，譯曰斷頭。二僧殘罪，梵名僧伽婆尸沙。三波逸提罪，譯曰墮，墮獄之人也。四提舍尼罪，具云波羅提提舍，譯曰向彼悔。五突吉羅罪，譯曰惡作。

〔一二〕戒夏，即受戒夏臘，受戒之年歲，簡稱夏臘。大宋僧史略卷下曰：「所言臘者，經律中以七月十六日是比丘五分法身生來之歲首，則七月十五日是臘除也。比丘出俗，不以俗年爲計，乃數夏臘耳。」

〔一三〕七衆，七種佛教徒。其中，比丘、比丘尼，是受具足戒之男女；式叉摩那，是學六法之沙彌尼；沙彌、沙彌尼，是受小戒之男女」，優婆塞、優婆夷，男女之受五戒者。

〔四〕「不」，廣弘明集作「自」。

〔五〕「瀛」，資本、普本、徑本、清本作「嬴」，磧本、南本作「贏」。「櫬」，磧本、普本、南本、徑本、清本、廣弘明集作「襯」。襯土，邊地喪俗。北史卷九四流求傳：「其死者氣將絶，舉至庭前，親賓哭泣相弔。浴其屍，以布帛縛纏之，裹以葦席，襯土而殯，上不起墳。」「襯」爲是。鼓盆，見莊子至樂：「莊子妻死，惠子弔之，莊子則方箕踞鼓盆而歌。」

〔六〕「王」，磧本、普本、徑本作「主」。

〔七〕「復」，廣弘明集無。

〔八〕四辯，即四無礙辯，見上文「辯才」條注。

「且復周之柱史，久牽王役；魯之司寇，已居國宰。宗歸道德，始曰無名；訓在詩、書，終云不作〔一〕。祖述堯舜，憲章文武，鞠躬恭敬，非此而誰？巢許之風，望古仍邁〔二〕；夷齊之操，擬今尚迫焉〔三〕。似高攀十力，遠度四流〔四〕，厭斯有爲之苦，欣彼无餘之滅〔五〕，不繫慮於公庭，未流情於王事，自然解脱，固異儒老之儔矣〔六〕。是謂第四寂滅无榮。

【校注】

〔一〕「無名」句，指老子第一章：「無名，天地之始。」「不作」句，指論語述而：「述而不作，信而好古。」

〔二〕巢許，巢父、許由并稱。蔡邕郭有道碑文：「將蹈鴻涯之遐迹，紹巢許之絶軌。」巢父，傳説爲堯時的隱士。王符潛夫論交際：「巢父木棲而自願。」皇甫謐高士傳有巢父傳。許由，又作許繇，相傳堯讓以天下，不受，遁居於潁水之陽箕山之下。堯又召爲九州長，由不願聞，洗耳於潁水之濱。事見莊子逍遥遊、史記伯夷列傳。

〔三〕「迫」，南本無，徑本、清本、廣弘明集作「迴」。夷齊，伯夷和叔齊的并稱，兩人爲商末孤竹君之子。孔叢子陳士義：「夷齊無欲，雖文、武不能制。」論語公冶長：「伯夷、叔齊不念舊惡，怨是用希。」

〔四〕十力，佛菩薩所具有的十種力用，即知覺處非處智力、知三世業報智力、知諸禪解脱三昧智力、知諸根勝劣智力、知種種解智力、知種種界智力、知一切至所道智力、知天眼無礙智力、知宿命無漏智力、知永斷習氣智力。見大智度論卷二五、俱舍論卷二九。四流，有情衆生漂流欲海的四法。即見流、欲流、有流、無明流，三界之無明也。見成實論卷一〇雜煩惱品。

〔五〕「餘」，廣弘明集作「伴」。無餘之滅，即無餘涅槃，身智皆灰滅也。

〔六〕「老」，資本、磧本、普本、南本、徑本、清本、廣弘明集作「者」。

「至如祭祀鬼神，望秩川嶽〔一〕，國容盛典，書契美談。神輩爲王所敬，僧猶莫致於禮；僧衆爲神所禮，王寧反受於敬？上下參差，翻違正法；衣裳顛倒，何足相方。令神擁護之來〔二〕，在僧祈請之至，會闕呪力〔三〕，竟無拜理。是謂第五儀不可越。

【校注】

〔一〕望秩，謂按等級望祭山川。尚書舜典：「歲二月，東巡守，至于岱宗，柴，望秩于山川。」孔傳：「東岳諸侯竟内名山大川，如其秩次望祭之。謂五岳牲禮視三公，四瀆視諸侯，其餘視伯子男。」

〔二〕「之」，廣弘明集作「今」。

〔三〕「闕」，廣弘明集作「開」。

「本皇王之奮起，必真人之託生〔一〕，上德雖秘於浄心，外像仍標於俗狀〔二〕。是以道彰緇服〔三〕，則情勤宜猛；業隱玄門，則形恭應絶。求之故實，備有前聞。國主頻婆，父王浄飯〔四〕，昔之斯等，咸已克聖。專修信順，每事歸依〔五〕，縱見凡僧，還想崇佛。不以跪親爲孝，許非不孝之罪；不以拜君爲敬，豈是不敬之愆？所法自殊，所篤已別，體無混雜，制從於此。是謂第六服不可亂。

【校注】

〔一〕真人，道家稱存養本性或修真得道的人。莊子大宗師：「古之真人，其寢不夢，其覺無憂，其食不甘，其息深深。」佛教指阿羅漢，玄應音義卷八曰：「真人，此即阿羅漢也，或言阿羅訶。經中或言應真，或作應儀，亦言无著果，皆是一也。」皇帝稱真人，自秦始皇始。史記卷六秦始皇本紀：「始皇曰：吾慕真人，自謂『真人』，不稱『朕』。」

〔二〕「狀」，廣弘明集作「相」，亦可通。

〔三〕緇服，僧衣也，以其黑色故稱。四分律行事鈔資持記卷上釋標宗篇：「緇服，即黑色衣。」

〔四〕頻婆，梵語頻婆娑羅之略，佛在世摩竭陀國王之名。又作洴沙、瓶沙、萍沙。深歸佛法，積善根雖多，終爲逆子阿闍世王幽囚，幽中照於佛之光明，證阿那含果而死。玄應音義卷三曰：「洴沙，正言頻婆娑羅王，或云頻毗，此譯云形牢。一云：頻毗此云顔色，娑羅此云端正，或云色像殊妙。」淨飯，即白淨，迦毗羅衛國之王，釋尊之父王也。見卷一桓太尉重答遠法師書注。

〔五〕歸依，於勝者歸投依伏。大乘義章卷一〇曰：「歸投依伏，故曰歸依。歸投之相，如子歸父。依伏之義，如民依王，如怯依勇。」

「謹案多羅妙典〔一〕，釋迦真説，乃云居刹利而稱尊〔二〕，藉般若而爲護〔三〕，四信不壞，十善无虧〔四〕，奉佛事僧，積功累德。然後日精月像之降〔五〕，赤光白氣之感，金輪既轉，珠寶復懸，膺天順民，御圖握鏡，始開五常之術，終弘八政之道〔六〕。亦宜覆觀宿命，追憶本因〔七〕，敬佛教而崇僧寶，益戒香而增慧力。自可天基轉高，比梵宮之遠大〔八〕；聖壽恒固，同劫石之長久〔九〕。然則雷霆勢極，龍虎威隆，慶必賴兼，赫便怒及〔一〇〕。出言布令，風行草偃，既抑僧禮，誰敢鱗張？但恐有損冥功〔一二〕，無資盛業，竭誠盡命，如斯而已。是謂第七因不可忘。略宣吾志〔一三〕，粗除子惑，欲得博聞，宜尋大典〔一三〕。」

【校注】

〔一〕多羅，貝多羅之略，爲多羅樹之葉，三藏之經典皆記之。玄應音義卷二曰：「多羅，案西域記云，其樹形如椶櫚，極高者七八十尺，果熟則赤，如大石榴，人多食之。東印度界其樹最多。」翻譯名義集卷三曰：「多羅，舊名貝多，此翻岸，形如此方椶櫚。」

〔二〕剎利，剎帝利之略，印度四姓之第二，譯言田主，王種也。大唐西域記卷二曰：「二曰剎帝利，王種也。舊曰剎利，略也。」大智度論卷三二曰：「剎利者，王及大臣也。」

〔三〕般若，梵語音譯，意譯曰慧、智慧、明。大智度論卷四三曰：「般若者，秦言智慧。一切諸智慧中最爲第一，無上、無比、無等，更無勝者。」

〔四〕四信，即四種信心。一信根本，真如之法爲根本，信樂真如之法。二信佛，信樂佛之大功德也。三信法，信樂法之大利益也。四信僧，信樂僧之大行也。見大乘起信論。十善，不犯十惡，則謂之十善。

〔五〕「後」，資本、磧本、普本、南本、徑本、清本作「彼」。

〔六〕「政」，資本、磧本、普本、南本、徑本、清本、廣弘明集作「正」。「正」通「政」。八政，古代國家施政的八個方面。具體内容，説法不一。

〔七〕「本」，廣弘明集作「往」。宿命，宿世之生命。佛教認爲，世人於過去世皆有生命，於六道之中展轉輪回，謂之宿命。能知宿命者，謂之宿命通。

〔八〕天基，指帝業、皇位。曹毗江左宗廟歌歌太祖文皇帝：「仁教四塞，天基累崇。」梵宫，梵天之宫殿。

〔九〕「長久」，資本、磧本、普本、南本、徑本、清本作「久長」，義同。劫石，喻劫量之長。樓炭經以事論劫：有一大石，方四十里，百歲諸天來下取羅縠衣拂，石盡，劫猶未盡。

〔一〇〕「赫便」，廣弘明集作「犯使」。赫怒，盛怒。語本詩經大雅皇矣：「王赫斯怒。」

〔一一〕冥功，幽冥之中的功報。釋弘充新出首楞嚴經序：「斯皆參定之冥功，成能之顯事，權濟之樞綱，勇伏之宏要矣。」顧歡道德真經注疏卷二：「王曰：化不由言，冥功潛被，物各逍遥，擊壤自得，日用不知，欣賴無主，莫識所爲，故皆謂我自然。」晉成帝哀策文：「道作垂拱，静恭清穆。冥功日用，亹亹神軌。」

〔一二〕「略宣」，廣弘明集作「上已略引」。

〔一三〕「大典」，廣弘明集作「大部」。

客曰：「主人向之所引，理例寔繁〔一〕。自雖庸暗〔二〕，頗亦承覽。文揔幽明，辯包内外，所謂祭典〔三〕，尚有餘惑〔四〕。周易云：『一陰一陽之謂道，陰陽不測之謂神。』〔五〕竊以昧隱神路，隔絶人境，欲行祠法，要籍禮官，本置奉常，專司太祝〔六〕，縱知鬼事，終入臣伍。真佛已潛，聖僧又滅，空信冥道〔七〕，全涉幽神。季葉凡夫，薄言迴向〔八〕，共規閑逸，相學剃剪。職掌壇會〔九〕，所以加其法衣，主守塔坊〔一〇〕，所以蠲其俗役。纔觸王網，即墜民貫。既同典禮〔一一〕，詎合稱賓？朝敬天子，固是恒儀。苦執强梁〔一二〕，定非通識。宋氏舊制，其風不遠，唯應相襲，更欲何辭。」

【校注】

〔一〕「寔」，廣弘明集作「頻」。

〔二〕「自」，資本、磧本、普本、南本、徑本、清本、廣弘明集作「僕」。

〔三〕「謂」，資本、磧本、普本、南本、徑本、清本作「論」，亦可通。

〔四〕「餘」，廣弘明集作「迷」。

〔五〕周易繫辭上：「精氣爲物，遊魂爲變，是故知鬼神之情狀。與天地相似，故不違。知周乎萬物，而道濟天下，故不過。旁行而不流，樂天知命，故不憂。安土敦乎仁，故能愛。範圍天地之化而不過。曲成萬物而不遺。通乎晝夜之道而知。故神无方，而易无體。一陰一陽之謂道……富有之謂大業，日新之謂盛德。生生之謂易，成象之謂乾，效法之爲坤，極數知來之謂占，通變之謂事，陰陽不測之謂神。」

〔六〕奉常，秦代官職。漢書卷一九上百官公卿表：「奉常，秦官，掌宗廟禮儀，有丞。景帝中六年更名太常。屬官有太樂、太祝、太宰、太史、太卜、太醫六令丞。」又，周禮春官宗伯之屬有太祝，掌祭祀祈禱之事。

〔七〕「空」，廣弘明集作「仰」，亦可。冥道，廣義即冥界，地獄、餓鬼、畜生三道之總稱。西晉竺法護譯修行道地經卷一：「習癡捨慧便，或醉墮冥道。」續高僧傳卷一三釋慧因傳：「吾被閻羅王召，夏坐講大品般若，於冥道中謂經三月，又見地獄衆相五苦次第。」

〔八〕迴向，回者回轉，向者趣向，回轉自己所修之功德而趣向於所期，謂之迴向。期施自己之善根功德與於他者，迴向於衆生也。以己之功德而期自他皆成佛果者，迴向於佛道也。大乘義章卷九曰：「言迴向者，迴己善法有所趣向，故名迴向。」

〔九〕「壇」，資本、磧本、廣弘明集作「檀」。壇會，法會也。姚秦竺佛念譯菩薩從兜術天降神母胎説廣普經卷七：「時我下去衣裳塵垢，先在山中苦行積年披鹿皮衣，聞彼聚中異學梵志師宗五千人設大壇會，我即過之。」

〔一〇〕塔坊，寺院佛塔。北涼沙門浮陀跋摩、道泰等譯阿毗曇毗婆沙論卷四一：「若人於未曾起塔坊處，爲如來大梵故起大塔；若人於未曾起塔坊處，爲如來大梵故起小塔。以所爲同故，其福無異。」

〔一一〕「禮」，資本、磧本、普本、南本、廣弘明集作「祀」。

〔一二〕强梁，剛强横暴。老子第四十二章：「强梁者不得其死，吾將以爲教父。」

主人曰：「客但知其一，未曉其二，請息攀緣，少加聽採〔一〕。吾聞鬼者歸也，死之所入；神者靈也，形之所宗〔二〕。鬼劣於人，唯祇惡趣〔三〕；神勝於色，普該情道〔四〕。心有靈智，稱之曰神；隱而難知，謂爲不測。銓其體用，或動或静；品其性欲，有陰有陽。周易之旨，蓋此之故。殊塗類於一氣，微言闕於六識〔五〕，設教之漸，斷可知焉。鬼報冥通，潛來密去，標以神號，特用兹耳〔六〕。嘗試言之。受父母之遺，稟乾坤之分，可以存乎氣，可以立乎形。至若己之神道〔七〕，必是我之心業，未曾感之於乾坤，得之於父母。識含胎藏〔八〕，彌亘虛空；意帶熏習〔九〕，漫盈世界。去而復生，如火焰之連出；來而更逝，若水波之續轉。根之莫見其始，究之豈覩其終。濁之則爲凡，澄之則爲聖。神理幽細，固難詳矣〔一〇〕。神之最高，謂之大覺，思議所弗得〔一一〕，名相孰能窮〔一二〕？真身本无遷謝〔一三〕，生盲自不瞻覩〔一四〕，託想追於舊蹤，傾心翫於遺法。若欲荷傳持之任，啓要妙之門，賴此僧徒，膺茲佛付，假慈雲爲内影，憑帝威爲外力，玄風遠及，至於是乎。教通三世，衆別四部：二從於道，二守於俗。從道則服像尊儀，守俗則務典供事。像尊謂比丘、比丘尼也，典供謂優婆塞、優婆夷也。所像者尊，則未參神位；所典者供，則下預臣班〔一五〕。原典供之人，同主祭之役，吾非當職，子何錯引。由子切言，發吾深趣，理既明矣，勿復惑諸。在宋之季，蹔行此抑，彼亦乖真，不煩涉論。邊鄙風俗，未見其美，忽遺同之，可怪之極。」

客曰：「有旨哉，斯論也！蒙告善道，請從退歸。」

【校注】

〔一〕「請息攀緣，少加聽採」，廣弘明集作「請聽嘉言，少除異想」。攀緣，心對境而變化。楞伽經卷一曰：「法佛者離攀緣，攀緣離，一切所作根量相滅。」

〔二〕韓詩外傳曰：「死爲鬼。鬼者，歸也。精氣歸於天，肉歸於土，血歸於水，脉歸於澤，聲歸於雷，動作歸於風，眼歸於日月，臀歸於木，筋歸於山，齒歸於石，膏歸於露，髮歸於草，呼吸之氣復歸於人。」論衡卷二〇論死篇：「鬼神，荒忽不見之名也。人死精神升天，骸骨歸土，故謂之鬼〔神〕。鬼者，歸也；神者，荒忽無形者也。」三國志魏書卷二九管輅傳裴松之注引管輅别傳云：「夫得數者妙，得神者靈，非徒生者有驗，死亦有徵。是以杜伯乘火氣以流精，彭生託水變以立形。是故生者能出亦能入，死者能顯亦能幽，此物之精氣，化之游魂，人鬼相感，數使之然也。」

〔三〕惡趣，即惡道，順著惡行而趣向的道途，有地獄、惡鬼、畜生三惡道。見上文慧遠沙門不敬王者論神不滅第五「冥塗」注。

〔四〕情道，即有情世間，五蘊假和合而有情識，與鬼畜人天等有别。四分律含注戒本疏行宗記卷四：「所以餘物但犯吉者，爲分情道心重故墮，餘非情故心當亦輕，未必至終也。」元照注云：「情道，即有情心。」

〔五〕六識，六根對於色聲香味觸法之六境而生見聞嗅味覺知之了别作用，即眼識、耳識、鼻識、舌識、身識、意識。欲界六識皆有。色界之初禪天有眼耳身意之四識，第二禪天以上至無色界之有頂唯有意識。

〔六〕「特」，資本、磧本、南本作「時」。

〔七〕神道，神爲神魂，有情之精靈也，其神靈之道理曰神道。肇論涅槃無名論：「經稱有餘涅槃、無餘涅槃者，蓋是返本之真名，神道之妙稱者也。」

〔八〕胎藏，即胎藏界，梵語蘗縛俱舍意譯。有二義。其一隱覆也。如人在母胎而隱覆其胎也，理體隱於煩惱中而不顯現。其二含藏也。如母胎内含藏子體而覆育之也，理體能具足一切功德而不失之。

〔九〕「習」，廣弘明集作「種」，可通。熏習，又作薰習。身口所現之善惡行法或意所現之善惡思想起時，其氣分留於真如或阿賴耶識，如香之於衣也。其身口意所現者，謂之現行法。氣分留於真如或阿賴耶識者，謂之種子或習氣。因而現行法於真如或阿賴耶識留其種子或習氣之作用，謂之薰習。大乘起信論曰：「熏習義者，如世間衣服實無於香，若人以香而熏習故，則有香氣。」

〔一〇〕「神理幽細，固難詳矣」，廣弘明集作「神道幽細，理固難詳矣」，亦可通。

〔一一〕「弗」，廣弘明集作「不」，義同。

〔一二〕名相，耳聞者謂之名，眼見者謂之相，皆是虛假。佛教認爲，名相非契於法之實性，凡夫常分别此虛假之名相，而起種種之妄惑也。楞伽經卷四曰：「愚癡凡夫，隨名相流。」

〔一三〕真身，即法身，與應身對應，所證之真如與能照之真覺爲真身。

〔一四〕生盲，生而即盲之人。涅槃經卷一四曰：「生盲人不識乳色。」

〔一五〕「班」，廣弘明集作「頒」。班、頒義近，次第也。周禮夏官司馬：「掌駕説之頒。」鄭玄注：「用馬之第次。」孫詒讓正義：「注云『用馬之第次』者，此讀頒爲班也。小爾雅廣詁云：『班，次也。』」

論曰：桓、庾二君之威權，可謂迴天轉日矣。而何、王執理〔一〕，終竟不屈。向使佛教有妖妄，二公不體悟，孰能若此逆鱗耶？仲尼云：「歲寒，而後知松柏之後凋。」〔二〕誠哉！遠法師骨梗罕輩，望重當年，向无雅論理舉，曷以傾桓楚之心乎？觀其遺文，足知若人之命代，必死而可作，余歸衆爲之〔三〕。宋孝武晚年，鳳德既衰，百姓失望，受臣下扇動，抑高尚之迹，涣汗設而不行者何〔四〕？豈非悖理而然乎？僞夏政虐淫刑，愈於商紂〔五〕，皇天降罰，不亦宜哉。王儉獻讜言於齊君〔六〕，明贍陳切對於隋后，竟全方外之節，諒道籍人弘者歟。琮上人福田論，理例宏博恢張，教義美矣。余綿鏡前哲垂文〔七〕，足爲後賢准的。望古追慨，因而編録焉。

贊曰：猗歟何君〔八〕，拔萃出群，危言輔政〔九〕，克著元勳。美哉王令，歸心至極，不憚威權，確乎秉直。遠公孤潔，不緇在涅〔一〇〕，書論既陳，桓楚屈節。孝武縱欲，赫連肆暴，拒諫淫刑，詳諸雅誥。王儉獻可，齊后是思，贍僧切對，隋君納之。洛濱高士，飛文擅美，見重當今，良有以矣。

集沙門不應拜俗等事卷第二故事下〔一一〕

【校注】

〔一〕「何」，資本、磧本、普本、南本、徑本、清本作「論」。迴天轉日，典出應劭風俗通義佚文：「延熹中，中常侍單超、左悺、徐璜、具瑗、唐衡，在帝左右，縱其姦慝，時人爲之語曰：『左迴天，徐轉日，具獨坐，唐應聲。』言其信用甚於轉圓也。」

〔二〕「而」，資本、磧本、普本、南本、徑本、清本作「然」，兩可。此句見論語子罕。

〔三〕歸衆，皈依僧。姚秦竺佛念譯出曜經卷一七：「夫人得善利，乃來自歸衆者，問曰：『無畏爲歸義，於大衆中有恐怖者，何以故説自歸於衆？』答曰：『或有大衆，已離五難無復恐懼。云何五難？一爲生難，二爲老難，三爲病難，四爲死難，五爲不樂衆難。離此五難乃可自歸。』云何名爲衆？諸有異衆外道裸形，從一至十乃至無數，如來聖衆在諸衆中爲尊最上。是故説，夫人得善利，乃來自歸衆，是故當晝夜，一心念衆也。」翻梵語卷一：「南無僧薩，應云南無僧伽薩茶，譯曰歸衆實也。」

〔四〕涣汗，語出周易涣：「九五，涣汗其大號。涣王居，无咎。」後喻帝王的聖旨、號令。宋書卷六〇范泰傳：「是以明詔爰發，已成涣汗，學制既下，遠近遵承。」

〔五〕「愈」，資本、磧本、普本、南本、徑本、清本作「逾」，兩可。

〔六〕讜言，直言、正直之言。慧琳音義云：「當朗反。聲類：『讜，善言也。』顧野王云：『讜，直言也。』」漢書卷一〇〇上叙傳上：「吾久不見班生，今日復聞讜言！」顔師古注：「讜言，善言也。」此句所指不明，待考。

〔七〕綿鏡，繼承。北齊玄極寺碑：「造一切經，永置玄極寺，俟來儁今英如説修□，□□□等藉序芳華，緜基海地，綿鏡相承，羽儀傳習。」

〔八〕猗歟，即猗與，表示讚美。詩經周頌潛：「猗與漆沮，潛有多魚。」鄭玄箋：「猗與，歎美之言也。」

〔九〕「輔」，資本、磧本、普本、南本、徑本、清本作「轉」。

〔一〇〕「緇」，原本作「澠」，資本、磧本、普本、南本、徑本、清本作「緇」。此句語出論語陽貨：「不曰堅乎，磨而不磷；不曰白乎，涅而不緇。」此句轉用「涅而不緇」。比喻品格高尚，不受壞的環境的影響。據此以改。

〔一一〕「等」，資本、磧本、南本無。

集沙門不應拜俗等事卷第三

弘福寺沙門釋彥悰纂録

聖朝議不拜篇第二上〔一〕

議不拜者，明沙門不應拜俗也。聖上情敦名教，令拜君親，慮爽通途，許開朝議〔二〕，致有謇諤之士人百獻籌〔三〕，社稷之臣争陳顯論焉。

【校注】

〔一〕「聖朝」，徑本、清本無，卷四同，不贅。「上」，磧本、普本、南本無。

〔二〕「議」，資本、磧本、普本、南本、徑本、清本、禪本無。

〔三〕謇諤，正直敢言。慧琳音義云：「居展反。周易：『謇，難也。』方言：『謇，吃也，楚語也。』郭璞云：『亦北方通語也。』聲類亦作譾字。下我各反。顧野王云：『諤，正直之言也。』廣雅：『諤，語也。』」隸釋綏民校尉熊君碑：「臨朝謇鄂，孔甫之操。」洪適釋：「以謇鄂爲謇諤。」後漢書卷六六陳蕃傳：「忠孝之美，德冠本朝；謇愕之操，華首彌固。」

集沙門不應拜俗等事卷第三

敕

今上制沙門等致拜君親敕一首〔一〕

表

大莊嚴寺僧威秀等上沙門不合拜俗表一首

啓

西明寺僧道宣等上雍州牧沛王賢論沙門不應拜俗事啓一首

西明寺僧道宣等上榮國夫人楊氏請論沙門不合拜俗事啓一首〔二〕

西明寺僧道宣等序佛教隆替事簡諸宰輔等狀一首〔三〕

狀

通簡群官明沙門不合致拜狀一首并啓〔四〕

議不拜〔五〕

中臺司禮太常伯隴西郡王博乂大夫孔志約等議狀一首〔六〕

右驍衛右監門右奉宸官府寺右四司請同司禮議狀〔七〕

司元太常伯竇德玄少常伯張山壽等議狀一首〔八〕

司戎少常伯護軍鄭欽泰員外郎秦懷恪等議狀一首〔九〕

司刑太常伯城陽縣開國侯劉祥道等議狀一首〔一〇〕

司宗寺右一司請同司刑議狀〔一一〕

【校注】

〔一〕「今上」，徑本、清本無。正文題名同，不贅。

〔二〕「西明寺僧道宣等」，原本無，據正文題名以補。「上」，徑本、清本作「又上」。「事」上，資本、磧本、普本、南本、徑本、清本有「等」字。

〔三〕此條，原本無，徑本、清本作「又序佛教隆替事簡諸宰輔等狀一首并啓」。此據正文題名補入。

〔四〕「狀一首并啓」，徑本、清本無。

〔五〕「議不拜」，徑本、清本作「議沙門不應拜俗狀」。卷内正文題作「議沙門不應拜俗狀合三十二首」。爲全書體例統一，正文中刪除。

〔六〕「乂」，底本作「叉」。博乂，舊唐書作「博叉」，新唐書作「博乂」，高祖兄李湛第二子。武德元年受封隴西王，歷宗正卿、禮部尚書，加特進。咸亨二年（六七一）薨。舊唐書卷六〇、新唐書卷七八有傳。又，龍朔二年二月甲子，改京諸司及百官名，禮部尚書改爲司禮太常伯。乂，才德出衆。尚書皋陶謨：「俊乂在官。」孔穎達疏：「乂訓爲治，故云治能。馬、王、鄭皆云才德過千人爲俊，百人爲乂。」今據舊唐書以改。下同，不贅。

〔七〕此條，正文既無題名，又不録文。

〔八〕「太」，原本作「大」，資本、磧本、南本、徑本、清本、禪本作「太」，普本作「少」。太常有兩種含義。一爲旌旗名，亦可作大常。尚書君牙：「厥有成績，紀于太常。」孔傳：「王之旌旗畫日月曰太常。」另一爲官職名。秦置奉常，漢景帝六年更名太常，掌宗廟禮儀，兼掌選試博士。歷代因之，則爲專掌祭祀禮樂之官。北魏稱太常卿，北齊稱太常寺卿，北周稱大宗伯，隋至清皆稱太常寺卿。此處當爲官職。故改。

〔九〕「少」，徑本、清本作「太」。

〔一〇〕「祥」，資本、磧本、普本、南本、徑本作「詳」。

〔一一〕此條，正文既無題名，又不録文。

今上制沙門等致拜君親敕一首〔一〕

敕旨：君親之義，在三之訓爲重；愛敬之道，凡百之行攸先。然釋、老二門，雖理絶常境，恭孝之躅〔二〕，事叶儒津。遂於尊極之地，不行跪拜之禮，因循自久，迄乎茲辰。宋朝暫革此風，少選還遵舊貫〔三〕。朕稟天經以揚孝，資地義而宣禮，獎以名教，被茲真俗。而瀨鄉之基〔四〕，克成天構；連河之化〔五〕，付以國王。裁制之由諒歸斯矣。今欲令道士、女官、僧尼，於君、皇后及皇太子、其父母所致拜〔六〕，或恐爽其恒情，宜付有司，詳議奏聞。

龍朔二年（六六二）四月十五日，光禄大夫右相太子賓客上柱國高陽郡開國公臣許敬宗宣〔七〕。

【校注】

〔一〕此文，又見廣弘明集卷二五。

〔二〕躅，足迹。漢書卷一〇〇上叙傳上：「伏周、孔之軌躅。」顔師古注引鄭氏曰：「躅，迹也。三輔謂牛蹄處爲躅。」

〔三〕少選，不久。吕氏春秋卷六音初：「二女愛而争搏之，覆以玉筐，少選，發而視之，燕遺二卵，北飛，遂不反。」高誘注：「少選，須臾。」

〔四〕「瀨」，清本作「厲」。「瀨」通「厲」。史記卷一一三南越列傳：「故歸義越侯二人爲戈船、下厲將軍。」裴駰集解引徐廣曰：「厲，一作瀨。」厲鄉爲老子出生地。史記卷六三老子韓非列傳：「老子者，楚苦縣厲鄉曲仁里人也。」括地志云：「苦縣在亳州谷陽縣界。有老子宅及廟，廟中有九井尚存，在今亳州真源縣也。」

〔五〕連河，即希連禪河，如來於此河畔菩提樹下成道。見集沙門不應拜俗等事序注。

〔六〕「官」，資本、磧本、普本、南本、徑本、清本作「冠」。女官、女冠義同，女道士也。隋書卷七禮儀志二：「大業中，煬帝因幸晉陽，遂祭恒岳。其禮頗採高祖拜岱宗儀，增置二壇，命道士女官數十人，於壝中設醮。」舊唐書卷一高祖本紀：「諸僧、尼、道士、女冠等，有精勤練行、守戒律者，并令大寺觀居住，給衣食，勿令乏短。」下同，不贅。

〔七〕「臣」，徑本、清本無。許敬宗，字延族，杭州新城人，隋禮部侍郎許善心之子。顯慶元年（六五六）加太子賓客。三年進封郡公，爲中書令。龍朔二年，改爲右相，加光禄大夫。咸亨三年去世（六七二），時年八十一。舊唐書卷八二、新唐書卷二二三上有傳。

大莊嚴寺僧威秀等上沙門不合拜俗表一首〔一〕

僧威秀等言〔二〕：伏奉明詔，令僧拜跪君父，義當依行，理无抗旨。但以儒、釋明教，咸陳正諫之文；列化恢張，俱進蒭蕘之道〔三〕。僧等荷國重恩，開以方外之禮；安居率土，得弘出俗之心。所以自古帝王，齊遵其度，敬其變俗之儀，全其抗禮之迹。遂使經教斯廣，代代漸多；宗匠攸遠，時時間發。自漢及隋，行人重阻，靈岫之風猶鬱〔四〕，仙苑之化尚疏。未若皇運肇興，隄封海外〔五〕，五竺與五嶽同鎮，神州將大夏齊文〔六〕。皇華之命載隆，輶軒之塗接軫〔七〕，莫不欽斯聖迹，興樹遺蹤，固得梵侶來儀，相從不絶。今若返拜君父，乖異群經，便發驚俗之譽，或陳輕毁之望。昔晉成幼冲，庾冰矯詔，桓楚飾詐，王謐抗言。及宋武晚年〔八〕，將隆虐政，制僧拜主，尋還停息。良由事非經國之典，理越天常之儀，雖曰流言，終纏顯議。況乃夏勃敕拜，納上天之怒；魏肅行誅，肆下癘之責〔九〕。斯途久列，備舉見聞。僧等奉佩慞惶，投庛失厝，恐絲綸一發〔一〇〕，萬國通行，必使環海望風〔一一〕，方弘失禮之譽，悠哉後代，或接効尤之傳。伏惟陛下，中興三寶，慈攝四生，親承付囑之旨，用勵學徒之寄。僧等内遵正教，固絶跪拜之容；外奉明詔，令從儒禮之敬。俯仰惟咎〔一二〕，慙懼實深，如不陳請，有乖臣子之喻；或掩佛化，便陷惘君之罪。謹列衆經不拜俗文，輕用上簡，伏願天慈，賜垂照覽。則朝議斯穆，終遵途於晉臣；委略常談，畢歸度於齊后。塵黷威嚴，惟深戰戢。謹言。龍朔二年（六六二）四月二十一日上。

時京邑僧等二百餘人，往蓬萊宫申表上請〔一三〕。左右相云〔一四〕：「敕令詳議，拜不未定，可待後集。」僧等乃退。於是大集西明，相與謀議，共陳啓狀，聞諸寮寀云〔一五〕。

【校注】

〔一〕此文，又見廣弘明集卷二五。

〔二〕僧威秀，生平不詳。宋高僧傳卷一七本傳，録其顯慶年間抗表陳詞事。

〔三〕蒭蕘，亦作芻蕘，割草采薪。孟子梁惠王下：「文王之囿方七十里，芻蕘者往焉，雉兔者往焉，與民同之。」趙岐注：「芻蕘者，取芻薪之賤人也。」此處比喻見解淺陋，爲自謙之詞。

〔四〕靈岫，即靈鷲山，位於中印度摩羯陀國首都王舍城之東，如來説法之地。此指代佛教。

〔五〕「隄」，南本、徑本、清本作「提」。隄封，同提封，疆域也。薛道衡老氏碑：「牂牁、夜郎之所，靡漢、桑乾之地，咸被聲教，并入提封。」

〔六〕五竺，即五天竺，東、西、南、北、中五方之天竺。大唐西域記卷二曰：「五印度之境，周九萬餘里，三垂大海，北背雪山。北廣南狹，形如半月。畫野區分，七十餘國。」大夏，古國名，音譯巴克特里亞，即希臘巴克特里亞王國。史記卷一二三大宛列傳：「大夏在大宛西南二千餘里嬀水南。其俗土著，有城屋，與大宛同俗。無大(王)〔君〕長，往往城邑置小長。其兵弱，畏戰。善賈市。及大月氏西徙，攻敗之，皆臣畜大夏。大夏民多，可百餘萬。其都曰藍市城，有市販賈諸物。其東南有身毒國。」魏書稱作吐呼羅，隋書、大唐西域記、舊唐書皆作吐火羅，在今阿富汗北部一帶。

〔七〕皇華，詩經小雅中的篇名。詩序謂：「皇皇者華，君遣使臣也。送之以禮樂，言遠而有光華也。」國語魯語下：「皇皇者華，君教使臣曰，『每懷靡及』，諏、謀、度、詢，必咨於周。」後因以「皇華」爲讚頌奉命出使或出使者的典故。輶軒，使臣乘坐的一種輕車。揚雄答劉歆書：「嘗聞先代輶軒之使，奏籍之書，皆藏於周、秦之室。」文選左思吴都賦：「輶軒蓼擾，彀騎煒煌。」李周翰注：「輶軒，輕車也。」此處代指使臣。

〔八〕「年」，廣弘明集卷二五作「季」，亦可通。

〔九〕夏勃，即赫連勃勃事，見卷二夏赫連勃勃令沙門致拜事一首注。魏燾，即北魏太武帝拓跋燾。法琳辯正論卷七引崔皓傳云：「魏太武帝大毀三寶，破壞寺塔，後數年間，通身發瘡，膿流遍體。群臣衆議，佛神所爲。」

〔一〇〕絲綸，語出禮記緇衣：「王言如絲，其出如綸。」孔穎達疏：「王言初出，微細如絲，及其出行於外，言更漸大，如似綸也。」此指帝王詔書。

〔一一〕「環」，資本、磧本、普本、南本、徑本、清本、廣弘明集卷二五作「寰」。環海、寰海意近，海内、全國也。下同，不贅。

〔一二〕「咎」，資本、磧本、普本、南本、徑本、清本、廣弘明集卷二五作「谷」，即進退維谷之意。兩可。

〔一三〕蓬萊宮，貞觀八年（六三四）爲高祖李淵避暑而建，初名永安宮，貞觀九年更名大明宮，龍朔二年（六六二）更名爲蓬萊宮。龍朔三年，高宗由太極宮遷入蓬萊宮居住聽政。神龍元年（七〇五），又恢復大明宮之名。唐末毁於兵火。

〔一四〕龍朔二年二月甲子，改京諸司及百官名，侍中爲左相，中書令爲右相。時，右相即許敬宗，見今上制沙門等致拜君親敕一首注。顯慶四年（六五九）十一月，以中書侍郎許圉師爲散騎常侍、檢校侍中。龍朔二年五月丙申，左侍極許圉師爲左相。

〔一五〕寮寀，又作寮采，指僚屬或同僚。顏之推顏氏家訓勉學：「孝元初出會稽，精選寮寀。」

西明寺僧道宣等上雍州牧沛王賢論沙門不應拜俗事啓一首〔一〕

僧道宣等啓：自金河徙轍，玉關揚化〔二〕，歷經英聖，載隆良輔，莫不拜首請道，歸向知津。故得列刹相望，仁祠棋布〔三〕，天人仰福田之路，幽明懷正道之儀〔四〕，清信之士林蒸，高尚之賓雲結〔五〕。是使教分三法，垂萬載之羽儀〔六〕；位開四部，布五乘之清範〔七〕。頃以法海宏曠，類聚難分，過犯滋彰，冒塵御覽〔八〕，下非常之詔，令拜君親；垂惻隱之懷，顯疏朝議。僧等荷斯明命，感悼涕零，良由行缺光時，遂令上霑憂被。且自法教東漸，亟涉窊隆〔九〕，三被屏除，五遭拜伏，俱非休明之代，并是暴虐之君。故使布令非經國之謨，乖常致良史之誚，事理難返，還襲舊津。伏惟大王，統維京甸，攝御機衡，道俗來蘇〔一〇〕，繁務攸靜。今法門擁閉，聲教莫傳，據此靜障拔難之秋，拯溺扶危之日，僧等叫閽難及〔一一〕，徒鶴望於九重；天陛罕登〔一二〕，終栖遑於百慮。所以干冒，陳款披露，冀得俯被鴻私〔一三〕，載垂提洽。是則遵崇付囑，清風被於九垓〔一四〕；正像更興，景福光於四海。不任窮塞之甚，具以啓聞。塵擾之深，惟知慙惕〔一五〕。謹啓。四月二十五日。

【校注】

〔一〕「賢」「事」，原本無，據徑本、清本、卷首目録以補。此文又見廣弘明集卷二五。

〔二〕「玉」，原本作「王」，資本、普本、南本、徑本、清本作「玉」，據此以改。道宣，俗姓錢氏，丹徒人。十六落髮，從智首法師受具戒，武德中充西明寺上座。貞觀中奉敕從於玄奘譯場，著述豐富，開南山律學一派。乾封二年寂，壽七十二。宋高僧傳卷一四有傳。金河，現名大黑河，在今内蒙古自治區境内，古爲北方交通要道，也常在這一帶用兵。玉關，即玉門關，漢武帝置，因西域輸入玉石時取道於此而得名。漢時爲通往西域各地的門户，故址在今甘肅敦煌西北小方盤城。上官儀王昭君詩：「玉關春色晚，金河路幾千。」

〔三〕刹，梵語刹摩省稱，音譯又作掣多羅、差多羅、紇差怛羅等，意譯曰土田、國、處。大乘義章卷一九曰：「刹者，是其天竺人語，此方無翻，蓋乃處處之别名也。約佛辨處，故云佛刹。」仁祠，亦佛寺也。後漢書卷四二楚王英傳：「楚王誦黄老之微言，尚浮屠之仁祠，絜齋三月，與神爲誓，何嫌何疑，當有悔吝？」釋門正統卷三曰：「精舍所踞，號曰仁祠。」

〔四〕正道，三乘所行之道。無量壽經卷下曰：「唯樂正道，無餘欣戚。」

〔五〕清信士，梵語優婆塞意譯，又譯信士，指受三歸五戒得清淨信心之男子也。

〔六〕三法，即教法、行法、證法。教法，釋迦一代所説之十二分教。行法，依教修行之四諦、十二因緣、六度等。證法，依行證果之菩提、涅槃二果。此三者，該收一切之佛法也。

〔七〕四部，即四部弟子，比丘、比丘尼、優婆塞、優婆夷。乘，載人使各到其果地之教法。五乘有六種説法，通常説法爲人乘、天乘、聲聞乘、緣覺乘、菩薩乘。

〔八〕「冒」，廣弘明集卷二五作「有」，亦可。

〔九〕窊隆，低昂、凹凸。文選馬融長笛賦：「波瀾鱗淪，窊隆詭戾。」李善注：「窊隆，高下貌。」張銑注：「窊隆詭戾，謂水流下上奇勢，迴戾不常之貌。」陶潛五月旦作和戴主簿：「遷化或夷險，肆志無窊隆。」此處意爲衰敗、興隆。

〔一〇〕來蘇，語本尚書仲虺之誥：「攸徂之民，室室相慶，曰：『徯予后，后來其蘇！』」孔傳：「湯所往之民皆喜曰：『待我君來，其可蘇息。』」意謂因其來而於困苦中獲得蘇息。

〔一一〕「叫」，廣弘明集卷二五作「叩」，亦可。

〔一二〕「陛」，資本、磧本、普本、南本、徑本、清本、廣弘明集卷二五作「階」。天陛、天階意近，天宮臺階也。

〔一三〕「冀」，原本作「異」，資本、磧本、普本、南本、徑本、清本、禪本作「冀」，據此以改。

〔一四〕九垓，中央至八極之地。國語鄭語：「王者居九畡之田，收經入以食兆民。」韋昭注：「九畡，九州之極數。」

〔一五〕慙惕，羞愧惶恐。隋書卷四八楊素傳：「晝夜迴徨，寢食慚惕，常懼朝露奄至，虛負聖慈。」

西明寺僧道宣等上榮國夫人楊氏請論沙門不合拜俗啓一首〔一〕

夫人，帝后之母也，敬崇正化〔二〕，大建福門，造像書經，架築相續，入出宮禁，榮問莫知〔三〕，僧等詣門致書云爾。

僧道宣等啓：自三寶東漸，六百餘年，四俗立歸戒之因，五衆開福田之務〔四〕，百王承至道之化，萬載扇惟聖之風，故得環海知歸，生靈迴向。然以慧日既隱，千載有餘，正行難登，嚴科易犯，遂有稊稗涉青田之穢〔五〕，少壯懷白首之徵，備列前經，聞于視聽。且聖人在隱，凡僧程器，後代住持，非斯誰顯？故金石泥素，表真像之容；法衣剔髮，擬全僧之相。依而信毁，報果兩分〔六〕，背此繕修，俱非正道。又僧之真僞，生熟難知，行德淺深，愚智齊惑。故經陳通供，如海之无窮；律制別科〔七〕，若涯之有際。宗途既列，名教是依，設出俗之威儀〔八〕，登趣真之圓德，固使天龍致敬〔九〕，幽顯歸心，弘護在懷，流功不絶。比以時經濁染，人涉凋訛〔一〇〕，竊服飾詐之徒，叨倖憑虛之侣，行無動於塵俗，道有翳於憲章。上聞御覽，布君親之拜，乃迴天睠，垂朝議之敕。

僧等内省慙懼，如灼如焚，相顧失守，莫知投厝。仰惟佛教通囑四部〔二〕，幽明敢懷。竊議夫人當斯遺寄，況復體兹正善，崇建爲心，垂範宮闈，成明道俗。今三寶淪溺，成濟在緣〔三〕，輒用諮陳，希垂救濟。如蒙拯拔，依舊住持，則付囑是歸，弘護斯在。輕以聞簡，追深悚息。謹啓。四月二十七日。

【校注】

〔一〕「拜俗」下，徑本、清本有「等事」。此文又見廣弘明集卷二五。

〔二〕「正」，原本作「王」，資本、磧本、普本、南本、徑本、清本作「正」，據此以改。楊氏，武則天母，與武士彠生三女：長適越王府功曹賀蘭越石，次則天，次適郭氏。永徽六年（六五五）則天立爲皇后，追贈士彠爲司徒、周忠孝王，封楊氏代國夫人。顯慶五年（六六〇）冬十月丙子，代國夫人楊氏改榮國夫人。咸亨二年（六七一），榮國夫人卒，則天出内大瑞錦，令武敏之造佛像追福。見舊唐書卷一八三武承嗣傳、新唐書卷二〇六武士彠傳。

〔三〕「知」，資本、磧本、普本、南本、徑本、清本、廣弘明集卷二五作「加」。據文意，「加」較爲妥當。

〔四〕五衆，佛教出家之五衆，即比丘、比丘尼、式叉摩那、沙彌、沙彌尼。

〔五〕稊稗，慧琳音義云：「弟西反。爾雅：『稊似稗，一名英。』説文：『從禾弟聲。』下蒲賣反。杜注左傳云：『稗似穀非穀也。』説文：『從禾卑聲。』」莊子知北遊：「東郭子問於莊子曰：『所謂道，惡乎在？』莊子曰：『在稊稗。』」

〔六〕報果，酬報善惡業因之苦樂結果也，又新譯家謂之異熟果。釋門歸敬儀曰：「形纏桎梏，報果不可頓銷。」

〔七〕「科」，原本作「利」，資本、磧本、普本、南本、徑本、清本作「科」，據此以改。律，梵語優婆羅叉意譯。大乘義章卷一曰：「律者，外國名優婆羅叉，此翻名律。解釋有二：一就教論，二就行辨。若當就教，詮量名律。若當就行，調伏名律。毗尼之教，詮此律行，故稱爲律。又生律行，故復名律。」

〔八〕「儀」，原本作「議」，磧本、清本、廣弘明集卷二五作「儀」。「議」同「儀」，儀型、法則。墨子非儒下：「博學不可使議世，勞思不可以補民。」孫詒讓閒詁引王念孫曰：「此言孔子博學而不可以爲法於世，非譏其儒學也……儀、議古字通。」威儀，指佛教行住坐臥應有的威德和儀則。據此以改。

〔九〕天龍，諸天與龍神，爲八部衆之二衆。天者，梵天、帝釋等。龍者，難陀、跋難陀等。

〔一〇〕凋訛，衰替訛亂。晉書卷二五輿服志：「禮業彫訛，人情馳爽，諸侯征伐，憲度淪亡。」

〔一一〕「囑」，廣弘明集卷二五作「屬」。囑、屬義同，託付、關照也。

〔一二〕「濟」，徑本作「深」。

西明寺僧道宣等序佛教隆替事簡諸宰輔等狀一首〔一〕

列子云：「周穆王時，西極有化人來，反山川，移城邑，千變萬化，不可窮極。穆王敬之若神，重之若聖。」〔二〕此則佛化之初及也。

朱士行、釋道安經録云：「秦始皇時，西域沙門十八人來化始皇[三]，始皇弗從，禁之。夜有金剛丈六人破獄出之，始皇稽首謝焉。」[四]漢書云：「武帝元狩（前一二二—前一一七）中，開西域，獲金人，率長丈餘，列之甘泉宫。帝以爲大神，燒香禮拜。後遣張騫往大夏尋之[五]，云有身毒國，即天竺也，彼謂浮圖即佛陁也。」[六]。此初知佛名相也[七]。成帝都水使者劉向云：「向檢藏書，往往見有佛經。」[八]此則周秦已行，始皇焚之不盡也。「哀帝元壽中（前二—前一），使景憲往大月氏國，因誦浮圖經，還。于時漢境稍行齋戒。」[九]據此，曾聞佛法，中途潛隱，重此中興也。

後漢明帝永平（一〇七—一一三）中，上夢金人飛行殿前，乃使秦景等往西域尋佛法[一〇]，遂獲三寶東傳。洛陽畫釋迦立像，是佛寶也；翻四十二章經，是法寶也；迦、竺來儀，是僧寶也。立寺於洛城西門，度人開化，自近之遠，展轉住持，終於漢祚[一一]。

【校注】

〔一〕此文，又見廣弘明集卷二五。

〔二〕引文見列子周穆王。周穆王時佛教已興之説法，見僧祐弘明論後序：「列子稱，周穆王時，西極有化人來……穆王敬之若神，事之若君。觀其靈迹，乃開士之化。大法萌兆已見周初，感應之漸非起漢世。」

〔三〕「始皇」，廣弘明集卷二五無。

〔四〕朱士行，潁川人，曹魏甘露五年（二六〇）發迹雍州，西渡流沙，至于闐求取梵本道行經，遣弟子不如檀送還洛陽。士行終於于闐，春秋八十。事迹見高僧傳卷四、出三藏記集卷一三。朱士行録始見歷代三寶紀。釋道安，俗姓衛氏，常山扶柳人。釋道安經録，又稱綜理衆經目録，已佚，出三藏記集有節録。秦始皇時佛教入華一説，見隋費長房歷代三寶紀卷一：「始皇時，有諸沙門釋利防等十八賢者，齎經來化。始皇弗從，遂禁利防等。夜有金剛丈六人來，破獄出之。始皇驚怖，稽首謝焉。」釋利防，後世文獻又作「室利房」。

〔五〕「大夏」，資本、磧本、普本、南本、徑本、清本、禪本作「大月氏」。

〔六〕此段文字，乃綴合漢書諸項信息而成，非直接録自漢書。獲金人事，見漢書霍去病傳、金日磾傳、匈奴傳。張騫事，見漢書張騫傳。二事綴合，見魏書卷一一四釋老志：「案漢武元狩中，遣霍去病討匈奴，至皋蘭，過居延，斬首大獲。昆邪王殺休屠王，將其衆五萬來降。獲其金人，帝以爲大神，列於甘泉宮。金人率長丈餘，不祭祀，但燒香禮拜而已。此則佛道流通之漸也。及開西域，遣張騫使大夏還，傳其旁有身毒國，一名天竺，始聞有浮屠之教。」

〔七〕「也」，廣弘明集卷二五作「云」。

〔八〕劉向，原名更生，字子政，建平元年（前六）卒，年七十二。事迹見漢書卷三六。劉向爲西漢著名經學家、目録學家，著有別録、新序、説苑、列女傳等。別録爲目録學著作。漢成帝時，劉向受命校理宮廷藏書，每校一書後寫簡明提要，由此彙編成別録。隋書經籍志著録爲二十卷，唐代佚失。劉向叙佛教事，今存文獻中，最早見於世説新語文學劉孝標注。其中云：「劉子政列仙傳曰：『歷觀百家之中，以相檢驗，得仙者百四十六人，其七十四人已在佛經，故撰得七十。可以多聞博識者遐觀焉。』如此，即漢成、哀之間，已有經矣。」宗炳明佛論云：「劉向列仙，叙七十四人在佛經。」南朝高明二法師答李交州淼難佛不見形事：「劉向列仙叙七十四人在佛經，學者之管窺於斯。」釋僧祐弘明論後序：「案漢元之世，劉向序仙云，七十四人出在佛經。故知經流中夏，其來已久。」顔氏家訓書證：「列仙傳劉向所造，而贊云七十四人出佛經；列女傳亦向所造，其子歆又作頌，終於趙悼后，而傳有更始韓夫人、明德馬后及梁夫人嫕：皆由後人所羼，非本文也。」今整理本列仙傳，無此語。

〔九〕節録自魏書卷一一四釋老志。其中云：「哀帝元壽元年，博士弟子秦景憲受大月氏王使伊存口授浮屠經。中土聞之，未之信了也。」前此有三國志魏書卷三〇東夷傳裴松之注引魏略西戎傳云：「昔漢哀帝元壽元年，博士弟子景盧受大月氏王使伊存口受浮屠經曰復立者其人也。浮屠所載臨蒲塞、桑門、伯聞、疏問、白疏閒、比丘、晨門，皆弟子號也。浮屠所載與中國老子經相出入，蓋以爲老子西出關，過西域之天竺，教胡。浮屠屬弟子别號，合有二十九，不能詳載，故略之如此。」又見歷代三寶紀卷二：「哀帝世，元壽年中，景憲使於大月支國，受得浮圖經。」

〔一〇〕秦景，漢書未載。其事始見於四十二章經序、牟子理惑論等。魏書卷一一四釋老志載，哀帝元壽元年博士弟子秦景憲出使大月氏，魏略西戎傳則作「景盧」。景憲、景盧二人有無關聯，待考。

〔一一〕後漢書卷八八西域傳：「世傳明帝夢見金人，長大，頂有光明，以問群臣。或曰：『西方有神，名曰佛，其形長丈六尺而黃金色。』帝於是遣使天竺問佛道法，遂於中國圖畫形像焉。」漢明帝感夢求法事，又見四十二章經序、牟子理惑論、老子化胡經、袁宏後漢紀、宗炳明佛論、僧祐出三藏記集、慧皎高僧傳、陶弘景真誥、酈道元水經注、楊衒之洛陽伽藍記、魏書卷一一四釋老志等。

魏氏一代，五主四十五年，隆敬漸深，不聞拜毀。吳氏江表四主五十九年，孫權創開佛法，感瑞立寺，名爲建初〔一〕。其後孫皓虐政，將事除屏，諸臣諫之乃止，召僧而受五戒〔二〕。蜀中二主四十三年，于時軍國謀猷，佛教无聞信毀。

晉司馬氏東西立政，一十二主一百五十六年〔三〕，中朝四帝崇信之極〔四〕，不聞異議。唯東晉成帝咸康六年（三四〇），丞相王導、太尉庾亮薨，後庾冰輔政，帝在幼冲，爲帝出詔，令僧致拜。時尚書令何充、尚書謝廣等建議不合拜〔五〕，往返三議，當時遂寢。爾後六十二年，安帝元興中〔六〕，太尉桓玄以震主之威，下書令拜，尚書令桓謙、中書王謐等抗諫，曰：「今沙門雖意深於敬，不以形屈爲禮，迹充率土，而趣超方内。是以外國之君，莫不降禮，如育王等禮比丘事〔七〕。良以道在則貴，不以人爲輕重。如魏文之軾干木，漢光之遇子陵等〔八〕。尋大法東流，爲日諒久，雖風移政易，而弘之不異，豈不以獨絶之化有日用於陶漸，清約之風無害於隆平者乎？」玄又致書盧山遠法師，序老子均王侯於三大。遠答以方外之儀，不隸諸華之禮，乃著沙門不敬王者論五篇，其事由息。及安帝返政，還崇信奉，終於恭帝。

有宋劉氏，八君五紀，雖孝武太明六年蹔制拜君〔九〕，尋依先政。

齊梁陳氏，三代一百一十餘年，隆敬盡一，信重逾深。

【校注】

〔一〕建初寺，南朝寺考：「建初寺，在古宫城南七里。吴大帝赤烏十年，天竺康僧會初達建業，營立茅茨，設像行道。大帝爲會建塔於此，以金陵始有佛寺，故號建初寺。并名其地爲佛陀里。寺前立大市，又稱大市寺焉。晉咸和中，蘇峻亂，塔焚，司空何充復爲修造。平西將軍趙誘，又於寺東立小塔。宋元嘉中有鳳翔集此山，因建鳳凰臺於寺側。南朝高僧如支曇籥、帛尸黎密、道儒、僧祐皆居此寺。又有璚法師，護持像法，汲引人倫，既卒，陳江總爲之作碑。逮唐貞觀初，嬾融和尚亦卒於是。晉改爲建寧寺。至唐改爲尼寺。」孫權建寺、孫皓除屏事，并見高僧傳卷一康僧會傳。

〔二〕五戒，即不殺生、不偷盜、不邪淫、不妄語、不飲酒。此五條戒律爲在家之優婆塞、優婆夷奉持。

〔三〕西晉四主，東晉十一主，實際爲十五主。

〔四〕中朝，東晉對建都中原的西晉的稱謂。晉書卷八二王隱傳：「時著作郎虞預私撰晉書，而生長東南，不知中朝事，數訪於隱。」中朝四帝，即晉武帝、晉惠帝、晉懷帝、晉愍帝。

〔五〕「建議」，廣弘明集卷二五作「議」。

〔六〕「興」，原本作「初」，磧本、普本、南本、徑本、清本作「興」。晉安帝元興年間，爲西曆公元四〇二至四〇四年。據此以改。

〔七〕育王，即阿育王，梵語音譯，又譯阿恕伽、阿輸迦，意譯無憂。印度孔雀王朝旃陀掘多大王之孫，公元前二百七十年統一全印度，保護佛教，使之宣布各地。國都爲華氏城，王權所及之範圍，北至雪山，南及摩奈索，東由頻伽羅灣，西及亞剌比亞海。阿恕伽王禮拜優波毱多尊，見付法藏因緣傳卷三。

〔八〕魏文侯軾段干木閭事，見史記卷四四魏世家、吕氏春秋卷一五慎大覽、説苑卷八、皇甫謐高士傳等。漢光武帝禮遇嚴子陵，見後漢書卷八三嚴光傳。

〔九〕「雖」，廣弘明集卷二五無。「太明六年」，即「大明六年」，公元四六二年。

中原魏氏，十有餘君一百五十五年，佛法大行〔一〕，備見魏收良史。唯大武真君七年（四四六）〔二〕，聽讒滅法，經於五載，感癘而崩。還興佛法，終於静帝。自晉失御中原，江表稱帝，國分十六，謂五涼、四燕、三秦、二趙、夏、蜀是也〔三〕。斯諸僞政，信法不虧。唯赫連弗弗據有夏州〔四〕，兇暴無厭，以煞爲樂，佩像背上，令僧禮之。後爲震死，尋爲北代所吞，妻子形刻〔五〕，具如蕭子顯齊書〔六〕。

高齊在鄴，六帝二十八年〔七〕，信重逾前，國無兩事。宇文周氏，五帝二十五年〔八〕，初武帝信重佛法〔九〕，後納張賓之議〔一〇〕，便受道法，將除佛教，有安法師著二教論以抗之〔一一〕。論云：「九流之教，教止其身〔一二〕，名爲外教；三乘之教，教静心惑，名爲内教。老非教主，易謙所攝。」帝聞之，存廢理乖，遂雙除屏，不盈五載，身殁政移。

【校注】

〔一〕北魏自昭成皇帝拓跋什翼犍建國（三三八），至孝武帝元修永熙三年（五三四），共十五主一百九十七年。自道武帝拓跋珪登國元年（三八六），至孝武帝元修永熙三年（五三四），共十四主一百四十九年。

〔二〕「大武」，資本、磧本、普本、南本、徑本、清本、廣弘明集卷二五作「太武」。太武帝拓跋燾，字佛狸伐，於太平真君七年（四四六）下詔滅佛。見魏書卷一一四釋老志。

〔三〕「也」，資本、磧本、普本、南本、徑本、清本無。

〔四〕「弗弗」，資本、廣弘明集卷二五作「佛佛」，磧本、普本、南本、徑本、清本作「勃勃」，均可。

〔五〕「形」，資本、磧本、普本、南本、徑本、清本作「刑」。「形」通「刑」，刑罰。荀子成相：「衆人貳之，讒夫棄之，形是詰。」楊倞注：「或曰：形，當作『刑』。」王先謙集解引郝懿行曰：「形與刑古字通。」下同，不贅。

〔六〕「具」，磧本、普本、南本、徑本、清本作「其」。

〔七〕北齊自文宣帝高洋天保元年（五五〇），至幼主高恒承光元年（五七七），共七主二十八年。其中，安德王高延宗爲文宣帝高洋之侄，武平七年（五七六）十二月被部下擁立爲帝，改元德昌，同年戰敗被俘，次年賜死。

故爲六主二十八年。

〔八〕北周自世宗宇文毓武成元年（五五九），至静帝宇文衍大定元年（五八一），共四主二十三年。自五五七年，宇文護廢西魏恭帝，擁立宇文泰嫡子宇文覺爲周天王開始，則是五主二十五年。

〔九〕北周武帝宇文邕，字禰羅突，太祖宇文泰第四子，在位十八年（五六一—五七八），建德三年（五七四）下詔禁斷佛道二教。見周書卷五—六、北史卷一〇。

〔一〇〕張賓，北朝道士。北史卷八九來和傳：「道士張賓、焦子順、雁門人董子華等，此三人當文帝龍潛時，并私謂帝曰：『公當爲天子，善自愛。』及踐位，以賓爲華州刺史，子順爲開府，子華爲上儀同。」隋書卷三四經籍志三：「曆術一卷，華州刺史張賓撰。」「七曜曆經四卷，張賓撰。」

〔一一〕安法師，即北周京師大中興寺釋道安，俗姓姚，馮翊胡城人。天和四年五月十日，周武帝大集群臣，論辯三教，道安作二教論，取擬武帝。詳三教之極，文成一卷，篇分十二。見録廣弘明集。後卒於開皇末岁。續高僧傳卷二三有傳。

〔一二〕「其」，資本、磧本、普本、南本、徑本、清本作「修」。

隋氏承運，二帝三十七年〔一〕。文帝崇信，載興佛法，海内置塔百有餘州，皆發休瑞，具如圖傳〔二〕。煬帝嗣録〔三〕，改革前朝，雖令致敬，僧竟不屈。自大化東漸，六百餘年，三被誅除，五令致拜，既乖經國之典，又非休明之政。剗斮之虐被於亂朝〔四〕，抑挫之儀揚於絶代，故使事理乖常，尋依舊轍。良以三寶爲歸戒之宗，五衆居福田之位，雖信毁交質〔五〕，殃咎推移，斯自人有窊隆，據道曾无興廢。所以十餘大聖，出賢劫之大期〔六〕，壽六萬年，住釋門之正法。況乃十六尊者作化於三洲〔七〕，九億應供護持於四部〔八〕。據斯以述，曆數未終，焉得情斷，同符儒典？且易之蠱爻不事王侯〔九〕，禮之儒行不臣天子〔一〇〕。在俗四位尚有不屈之人〔一一〕，況棄俗從道而更責同臣妾之禮〔一二〕。又昊天上帝，嶽瀆靈祇，君人之主，莫不祭饗而下拜。今僧受佛戒，形具佛儀，天龍八部奉其道而伏其容〔一三〕，莫不拜伏於僧者也。故得冥祐顯徵〔一四〕，祥瑞雜沓，聞之前傳，豈復同符老氏均王侯於三大者哉！故沙門之宅生也，財色弗顧，榮禄弗縻，觀時俗若浮雲，達形命如陽焰〔一五〕，是故號爲出家人也。故出家不存家人之禮，出俗无霑處俗之儀，其道顯然，百代不易之令典者也。其流極廣，故略述之。

【校注】

〔一〕隋代三帝，文帝、煬帝、恭帝。恭帝楊侑爲李淵擁立之傀儡，隋煬帝死於江都後，即被廢黜。次年病死，號恭皇帝。

〔二〕隋文帝楊堅，小名那羅延，弘農華陰人，在位二十四年（五八一—六〇五）。見隋書卷一—二、北史卷一一。仁壽年間，文帝令天下起塔供養舍利。續高僧傳卷二八釋道密傳：「仁壽元年，帝及后宫同感舍利并放光明，砧鎚試之，宛然無損，遂散於州郡，前後建塔百有餘所，隨有塔下皆圖神尼，多有靈相。」王劭撰舍利感應記三卷，已佚。廣弘明集卷一七録有分送舍利相關文獻。

〔三〕煬帝楊廣，一名英，高祖第二子，在位十四年（六〇五—六一八）。見隋書卷三、北史卷一二。

〔四〕刳斮，猶斬殺。宋書卷七四沈攸之傳：「（順帝）遣攸之長子司徒左長史元琰齎廢帝刳斮之具以示攸之。」

〔五〕「質」，廣弘明集卷二五作「貿」。交質，古代列國互相派人爲質，作爲守信的保證。左傳隱公三年：「故周鄭交質，王子狐爲質於鄭，鄭公子忽爲質於周。」交貿，即交易。南朝梁簡文帝移市教：「日中總滙，交貿遷移。」此處，與下文「推移」義近，意爲互相詢問。宋岳珂桯史選人戲語：「一日爲古冠服數人游於庭，自稱孔門弟子，交質以姓氏。」

〔六〕「十」，資本、磧本、普本、南本、徑本、清本、廣弘明集卷二五作「千」。賢劫，現在之住劫，亦名善劫。大悲經卷三：「阿難！何故名爲賢劫？阿難！此三千大千世界劫欲成時盡爲一水。時浄居天以天眼觀見此世界唯一大水，見有千枚諸妙蓮華，一一蓮華各有千葉，金色、金光大明普照，香氣芬薰甚可愛樂。彼浄居天因見此已，心生歡喜，踊躍無量，而讚歎言：『奇哉奇哉！希有希有！如此劫中當有千佛出興於世。』以是因緣，遂名此劫號之爲賢。」據此可知，「千餘」爲妥。

〔七〕賢劫十六尊者，即賢劫十六菩薩。今存失譯人名賢劫十六尊，説賢劫千佛中上首十六尊之秘印密咒。

〔八〕應供，梵語阿羅訶意譯。斷一切之惡，應受人天之供養者。大乘義章卷二〇：「外國名爲阿羅訶也，此云應供。如來諸過悉已斷盡，福田清浄，應受物供，故名應供。」

〔九〕「爻」，資本、磧本、普本、南本、徑本、清本作「卦」。周易蠱：「上九，不事王侯，高尚其事。」

〔一〇〕禮記儒行：「儒有上不臣天子，下不事諸侯；慎静而尚寬，强毅以與人，博學以知服；近文章，砥厲廉隅；雖分國如錙銖，不臣不仕。其規爲有如此者。」

〔一一〕四位，個人修養的四個方面。逸周書寶典：「何脩非躬？躬有四位九德……四位：一曰定，二曰正，三曰静，四曰敬。」

〔一二〕「更」，資本、磧本、普本、南本、徑本、清本作「便」。

〔一三〕「伏」，廣弘明集卷二五作「仰」。天龍八部，天、龍爲八部衆中之二衆，八部之中以此爲上首，故標舉曰天龍八部。八部者，天、龍、夜叉、乾闥婆、阿修羅、迦樓羅、緊那羅、摩睺羅伽也。法華經卷四提婆達多品曰：「天龍八部、人與非人，皆遥見彼龍女成佛。」

〔一四〕「祜」，資本、磧本、普本、徑本、廣弘明集卷二五作「祐」。冥祐，神靈的保祐。北齊書卷二〇慕容儼傳：「城中先有神祠一所，俗號城隍神，公私每有祈禱。於是順士卒之心，乃相率祈請，冀獲冥祐。」故，「祐」較爲妥。

〔一五〕陽焰，大乘十喻之一，又作飈焰、焰、陽光，爲春初之原野日光映浮塵而四散者也。大智度論卷六曰：「如炎者，炎以日光風動塵故，曠野中見如野馬，無智人初見謂之爲水。」

今列佛經論明沙門不敬俗者。

梵網經下卷云：「出家法〔一〕，不禮拜國王、父母、六親，亦不敬事鬼神。」〔二〕

涅槃經第六卷云：「出家人不禮敬在家人〔三〕。」

四分律云：「佛令諸比丘長幼相次禮拜，不應禮拜一切白衣。」〔四〕佛本行經第五十三卷云：「輸頭檀王與諸眷屬、百官次第禮佛已。佛言：『王今可禮優波離等諸比丘。』王聞佛教，即從座起，頂禮五百比丘新出家者，次第而禮。」〔五〕薩遮尼乾經云：「若謗聲聞、辟支佛法及大乘法，毁呰留難者，犯根本罪；今僧依大小乘經，不拜君親，是奉佛教。今乃全違佛教，拜跪俗人，即不信佛語，犯根本罪也〔六〕。又謗无善惡業報，不畏後代，自作教人，堅住不捨，是名根本重罪。大王若犯此罪，不自悔者，燒滅善根，受无間苦。以王行此不善重業，故梵行羅漢、諸仙聖人出國而去，諸天悲泣，諸善鬼神不護其國，大臣輔相諍競相害，四方賊起，天王不下，龍王隱伏，水旱不調，死亡無數。時人不知是過而怨諸天，訴諸鬼神。是故行法行王，爲救此苦，不行此過。」〔七〕廣如經說，更有諸論，文多不載。

僧道宣等白朝宰群公：伏見詔書，令僧致敬君父，事理深遠，非淺情能測。夫以出家之迹，列聖齊規；真俗之科，百王同軌。干木在魏，高抗而謁文侯；子陵居漢，長揖而尋光武。彼稱小道，尚懷高蹈之門，豈此沙門不乘閑放之美〔八〕，但以三寶嚮位，用敷歸敬之儀，五衆陳誠，載啓福田之道。今削同儒禮〔九〕，則佛非出俗之人；下拜君父，則僧非可敬之色。是則三寶通廢，歸戒絶於人倫；儒道是師，孔經尊於釋典。在昔晉宋，備有前規，八座詳議，足爲龜鏡。僧等荷國重寄，開放出家，奉法行道，仰承聖則，忽令致拜，有累深經，俯仰栖遑，罔知投庇。謹列内經及以故事，具舉如前，用簡朝議，請垂詳採。敬白。

【校注】

〔一〕「出家」，磧本、南本、清本、廣弘明集卷二五作「出家人」。

〔二〕梵網經，梵網經盧舍那佛説菩薩心地戒品第十之略稱，與華嚴經同部，鳩摩羅什譯。菩薩戒義疏卷上解題曰：「此經題名梵網，上卷文言，佛觀大梵天王因陀羅網千重文綵不相障閡，爲説無量世界猶如網目，一一世界不同。諸佛教門亦復如是，莊嚴梵身無所障閡，從譬立名，總喻一部所證，參差不同，如梵王網也。」梵網經卷下云：「出家人法，不向國王禮拜、不向父母禮拜，六親不敬、鬼神不禮，但解師語。」

〔三〕「在家人」之「人」，資本、普本、徑本無。涅槃經，有小乘、大乘之分。小乘之涅槃經，説八相成道化身之釋迦，於拘尸那城入涅槃前法之狀者，是化身佛之實録也。大乘之涅槃經，説佛之涅槃，非灰身滅智，佛今雖現入滅之相，然佛身常住不滅。涅槃經翻譯者衆多，以曇無讖譯大般涅槃經四十卷流通最廣，此爲大乘涅槃經。大般涅槃經卷六如來性品：「若是年少護持禁戒，從諸宿舊破戒人邊諮受未聞，復應禮不？若出家人，從在家人諮受未聞，復當禮不？然出家人不應禮敬在家人也。」

〔四〕四分律，四律之一，曇無德部之律藏也，六十卷。姚秦佛陀耶舍、竺佛念共譯。佛滅後百年，法正尊者於上座部之律藏中契同己見者，采集成文，隨説所止，而爲一分，四度完結，故稱爲四分律。蓋四分之名，非依義而判段章之名，乃四度結集之，分之爲四夾，故名四分也。四分律卷五〇房舍揵度初：「時諸比丘聞佛教，諸比丘長幼相次恭敬上座，彼禮拜白衣言：『汝生年長我。』佛言：『不應禮白衣，汝等應禮、不應禮，一切女人不應禮。』」

〔五〕所引經文出自闍那崛多譯佛本行集經卷五三優波離因緣品，文長不贅。佛本行集經，詳悉佛一代化迹之本紀也。經末曰：「或問曰：當何名此經？答曰：摩訶僧祇師名爲大事，薩婆多師名此經爲大莊嚴，迦葉維師名爲佛生因緣，曇無德師名爲釋迦牟尼佛本行，彌沙塞師名爲毗尼藏根本。」輸頭檀王，即浄飯王。優波離，梵語音譯，又作優婆利、鄔波離、優婆離、憂波利，悉達太子執事之人。注維摩詰經卷三曰：「肇曰：優波離，秦言上首，弟子中持律第一。」本書下文左驍衛長史王玄策騎曹蕭灌等議狀一首：「僧優波離者本王家僕隸。」

〔六〕「也」，資本、磧本、普本、南本、徑本、清本、廣弘明集無。

〔七〕見大薩遮尼乾子所説經卷四王論品第五之二，文字多有删減。薩遮尼乾經，四分律行事鈔資持記卷上釋云：「薩遮尼犍即外道名，以爲經題。廣如第二，今略引之。彼明佛在鬱闍延城，時有大薩遮尼犍子，與八十八千萬尼犍子遊行諸國，教化衆生（此并大權示化）。次至鬱闍城。時國主嚴熾王問尼犍子：『如來相好莊嚴之身，以何爲本，從何爲始？』尼犍答言：『一切功德助道之行，舉要言之，以戒爲本，持戒爲始。』續云，若不持戒等，如鈔所引。」

〔八〕「乘」，廣弘明集卷二五作「垂」，亦可。

〔九〕「削」，禪本作「則」。

通簡群官明沙門不合致拜狀一首并啓〔一〕

至五月十五日，大集文武官寮九品以上，并州縣官等千有餘人，揔坐中臺都堂〔二〕，將議其事。時京邑西明寺沙門道宣、大莊嚴寺沙門威秀、大慈恩寺沙門靈會、弘福寺沙門會隱等三百餘人〔三〕，并將經文及以前狀陳其故事，以申厥理。時司禮太常伯隴西郡王博乂，謂諸沙門曰：「敕令俗官詳議，師等可退。」時群議紛紜，不能畫一〔四〕。隴西王曰：「佛法傳通，帝代既遠，下敕令拜君親，又許朝議，今衆人立理，未可通遵。」司禮既曰：「職司可先建議，同者署名，不同則止。」時司禮大夫孔志約執筆述狀如後〔五〕，令主事大讀訖，遂依位署，人將太半。左肅機崔餘慶曰〔六〕：「敕令司別立議〔七〕，未可輒承司禮，請散，可各隨別狀送臺。」時所送議文，抑揚駮雜〔八〕，今謹依所司上下，區以別之，先列不拜之文，次陳兼拜之狀，後述致拜之議，善惡咸録，件之如左焉。

【校注】

〔一〕題名，原本無，據卷首目録增補。

〔二〕龍朔二年二月甲子，改京諸司及百官名，尚書省爲中臺。

〔三〕靈會，生平不詳。據藏内文獻可知，靈會參加貞觀年間玄奘譯經僧團，任筆受。儀鳳三年（六七八），爲大慈恩寺主。會隱，籍貫、姓氏不詳，曾駐錫長安弘福寺，宋高僧傳卷四有傳。顯慶三年（六五八）四月，與神泰入内殿參加佛道論衡，會隱竪五蘊義。同年六月，西明寺成，百福殿佛道講論，會隱竪四無畏義。龍朔二年（六六二）五月，議沙門是否敬拜君親事，會隱抗辯。會隱亦嘗預玄奘譯經事。麟德二年（六六五），會隱與西明寺玄則等十一人，於一切經中略出精義玄文三十卷，號禪林要鈔，又稱禪林妙記，書成奏呈，敕藏秘閣。

〔四〕「晝」，資本、磧本、普本、南本、徑本、清本作「盡」。

〔五〕孔志約，兩唐書無傳。據兩唐書記載，爲經學家孔穎達之子，嘗任太常博士、符璽郎、内直丞、禮部郎中兼太子洗馬、弘文館大學士等職。參與撰修尚書正義二十卷、永徽五禮一百三十卷、姓氏譜二百卷、新修本草并圖五十五卷。

〔六〕崔餘慶，生平不詳。唐尚書省郎官石柱題名考卷六司封員外郎：「崔餘慶。新表博陵二房崔氏：挺後、鳳泉令壽子餘慶，兵部尚書。舊崔敦禮傳：顯慶元年，敕召敦禮子定襄都督府司馬餘慶侍疾。餘慶官至兵部尚書。新傳：弟餘慶，爲定襄都督府司馬，召使侍兄疾。位至兵部尚書。」新唐書卷二一九北狄傳：「明年（顯慶六年），詔尚書右丞崔餘慶持節總護定襄等三都督討之，奚懼乞降，斬其王匹帝。」唐大詔令集卷三四册冀王輪文：「維總章二年……皇帝使銀青光禄大夫守司戎太常伯上騎都尉崔餘慶副使中御大監上柱國靈丘縣開國侯万俟肅持節册命曰。」左肅機，即尚書左丞，龍朔二年改。

〔七〕「司」上，資本、磧本、普本、南本、徑本、清本有「所司」。

〔八〕駁雜，混雜不純。桓譚新論：「王道純粹，其德如彼；霸道駁雜，其功如此。」

中臺司禮太常伯隴西郡王博乂大夫孔志約等議狀一首〔一〕

竊以凡百在位，雖存敬上之道，當其爲師，尚有不臣之義〔二〕。況佛之垂法，事超俗表，剔髮同於毁傷，擁錫異乎簪紱〔三〕。出家非色養之境，離塵豈榮名之地〔四〕。功深濟度，道極崇高，何必破彼玄門，牽斯儒轍，披釋服而爲孔拜，處俗塗而當法禮，存其教而毁其道，求其福而屈其身。再三研覈，謂乖通理。又道之爲教，雖全髮膚，出家超俗，其歸一揆。加以遠標天構，大啓皇基，義藉尊嚴，式符高尚，并仍舊貫，无點彝章〔五〕。如必改作，恐非稽古。雖君親崇敬，用軫宸衷〔六〕，道法難虧，還留睿想。既奉詢蒭之詔，敢罄塵嶽之誠。懼不愜允，追深戰惕。謹議。

【校注】

〔一〕「隴西郡」，原本作「隴西」，據卷首目録以補。此文，又見廣弘明集卷二五。

〔二〕「義」，資本、磧本、普本、南本、徑本、清本作「敬」。

〔三〕錫，錫杖之略。錫杖，梵語喫棄羅意譯，又譯爲聲杖、鳴杖。錫者，取振時作錫之聲。根本説一切有部毗奈耶雜事卷三四曰：「苾芻白佛，佛言：『苾芻不應呵呵作聲入他人舍。』佛制不聽，遂拳打門扇作聲而入，家人怪問：『何故打破我門？』默爾無對，佛言：『不應打門，可作錫杖。』苾芻不解，佛言：『杖頭安鐶圓如盞口，安小鐶子摇動作聲而爲警覺。』狗便出吠，用錫杖打，佛言：『不應以杖打狗，應舉怖之。』時有惡狗怖時瞋劇，佛言：『取一抄飯擲地令食。』至不信家，久摇錫時，遂生疲倦，而彼家人竟無出問，佛言：『不應多時摇動，可二三度摇，無人問時即須行去。』」

〔四〕「榮」，資本、磧本、廣弘明集卷二五作「策」。榮名，令名、美名。戰國策齊策四：「且吾聞效小節者不能行大威，惡小恥者不能立榮名。」策名，即策名委質。春秋左傳僖公二十三年：「策名委質，貳乃辟也。」杜預注：「名書於所臣之策。」孔穎達疏：「古之仕者於所臣之人書己名於策，以明繫屬之也。」後用以指因仕宦而獻身於朝廷之事。據此，「策名」較爲妥當。

〔五〕彝章，常典、舊典。任昉爲范尚書讓吏部封侯第一表：「矜臣所乞，特迴寵命，則彝章載穆，微物知免。」

〔六〕「宸」，資本、磧本、普本、南本、徑本、清本、廣弘明集卷二五作「神」。宸衷，帝王的心意。沈約瑞石像銘：「泛彼遼碣，瑞我國東。有符皇德，乃眷宸衷。就言鷲室，棲誠梵宮。」神衷，神明的内心，常用以稱頌帝王的意旨。梁簡文帝上皇太子玄圃園講頌啓：「從容雅論，實會神衷。」宸衷、神衷，均可通。

右驍衛右監門右奉宸官府寺右四司請同司禮議狀〔一〕

【校注】

〔一〕此條，原本無，據卷首目録以補。龍朔二年二月甲子，改百司及官名。左右驍衛府，除府字。左右監門府，改曰左右監門衛。左右千牛府，改曰左右奉宸衛。

司元太常伯竇德玄少常伯張仙壽等議狀一首〔一〕

肖形二氣〔二〕，嚴父稱莫大之尊〔三〕；資用五材，元后標則天之貴〔四〕。至於擎跪曲拳之禮，陶化之侶同遵；服勤就養之方，懷生之倫共紀〔五〕。凡在君父，理絶名言。而老、釋二門，出塵遺俗；虚无一旨，離有會空。瑞見毗耶，闡慈悲之偈〔六〕；氣浮函谷，開道德之篇。處木鴈之間，養生在慮〔七〕；罷色聲之相，寂滅爲心。執禮蹈儀者，靡窮其要妙；懷忠履孝者，未酌其波瀾。理存太極之先，事出生靈之表。故尊其道則異其服，重其教則變其禮。爰自近古，迄乎末葉，雖沿革暫乖，而斯道无墜。洎哀纏雙樹，慟結三號〔八〕，防後進之虧風，約儒宗以控法。故當輔成舊教，豈應裁制新儀。誠宜屈宸扆之嚴，申方外之旨，委尊親之重，縱環中之遊。愚管斟量，尊故爲允〔九〕。謹議。

【校注】

〔一〕題名，廣弘明集卷二五作「司元議一首」。竇德玄，起家唐高祖丞相府千牛，太宗時不甚顯，高宗朝任殿中少監、御史大夫、司元太常伯，麟德元年（六六四）八月檢校左相，進爵鉅鹿男。乾封元年（六六六）卒，年六十九，贈光禄大夫。新唐書卷九五有傳。張仙壽，生平不詳。司元太常伯即户部尚書，司元少常伯即户部侍郎，龍朔二年改。

〔二〕「肖」，資本、磧本、普本、南本、徑本、清本、禪本作「宵」。「宵」通「肖」，相似，類似。

〔三〕孝經聖治章：「子曰：天地之性，人爲貴。人之行，莫大於孝。孝莫大於嚴父，嚴父莫大於配天，則周公其人也。」

〔四〕尚書周書泰誓上：「王曰：嗟！我友邦冢君，越我御事庶士，明聽誓。惟天地萬物父母，惟人萬物之靈。亶聰明，作元后，元后作民父母。」

〔五〕「倫」，資本作「論」。「論」通「倫」，類也。

〔六〕毗耶，梵語音譯，毗耶離城爲維摩居士之居處。肇論涅槃無名論曰：「釋迦掩室於摩竭，浄名杜口於毗耶。」

〔七〕木鴈，即木雁，見莊子山木。其中云，大樹因不材而免伐，雁以不鳴而享客。莊子於此得出「周將處乎材與不材之間」的養生觀。後因以「木雁」比喻有才與無才。

〔八〕三號，三次號哭。禮記喪大記：「北面三號，捲衣投於前。」孔穎達疏：「三號，號呼之聲三徧也。」

〔九〕「尊」，資本、磧本、普本、南本、徑本、清本、廣弘明集卷二五作「遵」。尊、遵同，遵行、遵從也。墨子備城門：「守者必善，而君尊用之，然後可以守也。」俞樾諸子平議墨子三：「尊當爲遵，古字通也。」下同，不贅。

司戎少常伯護軍鄭欽泰員外郎秦懷恪等議狀一首〔一〕

臣聞三災變火〔二〕，六度逾凝，二字爲經〔三〕，百代攸緬〔四〕。是以白毫著相，闡一乘於萬劫〔五〕；紫氣浮影，混萬殊於一致〔六〕。爰有儒津，復軔殊軫，秀天地陰陽之稟，禮君臣父子之穆。故知循名責實，矩迹端形，則教先於闕里〔七〕；齋心力行〔八〕，修來悔往，則化漸於連河〔九〕。釋爲内防，雅有制於魏闕；儒爲外檢，不能括其靈臺〔一〇〕。别有玄宗素範，振蕩風物，翾鵬逸鷃，促椿遼菌〔一一〕，无爲無事，何得何失。然則道佛二教，俱爲三寶。佛以佛、法、僧爲旨，道以道、經、師爲義〔一二〕。豈直攝生有託，陶性通資，信亦爲政是基，裨聲濃化。而比丘未喻，先生多僻，恃出俗而浮逸，以矜傲爲誇誕。處疋夫之賤，直形骸於萬乘；忘子育之恩，不降屈於三大。固君父所宜革，乃臣子所知非，遂降綸璽，是改其弊〔一三〕。雖履孝居忠，昌言改轍，而稽古愛道，參酌群情。懷響者谷不銷聲，撫塵者山无隔細，必備輿人之頌〔一四〕，以貢蒭蕘之説。

【校注】

〔一〕「少常」，資本、磧本、普本、南本、徑本、清本、禪本作「太常」。題名，廣弘明集卷二五作「司戎議一首」。鄭欽泰，兩唐書無傳。貞觀年間，鄭欽泰爲萬年令。顯慶二年十月，少府少監鄭欽泰奉命往許、汝州省録囚徒，并搜訪孝義及經學之士。麟德元年十二月，坐與上官儀交結，左肅機（尚書左丞）鄭欽泰流貶嶺南。見續高僧傳卷二六、册府元龜卷一六一及卷九三三、資治通鑑卷二〇一。秦懷恪，兩唐書無傳。咸亨二年，婺州司馬秦懷恪坐贓，斬之。見册府元龜卷一五二。司戎少常伯即兵部侍郎，司戎員外郎即兵部員外郎。

〔二〕三災，佛教謂劫末所起的三種災害。刀兵、疫癘、饑饉爲小三災，起於住劫中減劫之末；火、風、水爲大三災，起於壞劫之末。見倶舍論分別世品。泛指災難。

〔三〕二字，即半字、滿字。半字者，悉曇章爲生字之根本，而文字不具足者。滿字者，餘章之文字語法具足者。半滿二字喻佛教則有半滿教，半字教指小乘，滿字教指大乘。

〔四〕「代」，資本、磧本、普本、南本、徑本、清本、禪本、廣弘明集卷二五作「成」。

〔五〕「萬」，原本作「方」，資本、磧本、普本、南本、徑本、清本、廣弘明集卷二五作「萬」，據此以改。白毫，即白毫相。世尊眉間有白色之毫相，右旋宛轉，如日正中，放之則有光明。初生時長五尺，成道時有一丈五尺。

〔六〕紫氣，紫色雲氣，祥瑞之氣也。此指老子出關預兆。史記卷六三老子韓非列傳司馬貞索隱引劉向列仙傳：「老子西遊，關令尹喜望見有紫氣浮關，而老子果乘青牛而過也。」

〔七〕闕里，孔子故里。在今山東曲阜城内闕里街。因有兩石闕，故名。孔子家語七十二弟子解：「顔由，顔回父，字季路。孔子始教學于闕里而受學，少孔子六歲。」

〔八〕「齋」，清本作「齊」。「齊」同「齋」。齋心，祛除雜念，使心神凝寂。列子黄帝：「退而閒居大庭之館，齋心服形。」

〔九〕連河，即希連禪河，如來於此河畔菩提樹下成道。見集沙門不應拜俗等事序注。

〔一〇〕靈臺，指心。莊子庚桑楚：「不可内於靈臺。」郭象注：「靈臺者，心也。」

〔一一〕鵬、鷃、椿、菌，見莊子逍遥遊。

〔一二〕太上洞玄靈寶智意本願大戒上品經：「三寶者，謂道、經、師也。能養生教善，行爲人範，是名法師也。」

〔一三〕「改」，資本、磧本、普本、南本、徑本、清本作「攻」。

〔一四〕語出國語晉語三：「惠公入而背外内之賂。輿人誦之。」韦昭注：「輿，衆也。」輿人，衆人也。

何則？柱史西浮，千有餘祀，法流東漸，六百許年，雖歷變市朝，而事无損益。唯庾冰責沙門之拜，桓玄議比丘之禮，幸有何充進奏，慧遠陳書，事竟不行，道終不墜。是以大易經綸三聖〔一〕，蠱象不事王侯，大禮充仞兩儀，儒行不臣天子，亦有嚴陵踞謁光武，亞夫長揖漢文。介胄豈曰觸鱗，故人不爲嬰網〔二〕；惟舊詎先師道，法侶何後戎照。上則九天真皇、十地菩薩〔三〕，下則南山四皓、淮南八公〔四〕。或順風而禮謁，或御氣而遊處，一以貫之，靡得而屈。十室忠信〔五〕，亦豈无其人哉？五刑之設，闕三木者不拜〔六〕，豈五德之具，居三服者拜之？罪之不責恭肅〔七〕，德之誠足容養。然則含識之類〔八〕，懷生之流，莫不致身以輸忠，彼則不臣王者；莫不竭力而遵孝，彼則不敬其親。雖約弛三章，律輕三尺〔九〕，有一於此，三千其大〔一〇〕，而不被以嚴誅，寘於巨責者〔一一〕，豈不以道、釋與堯、孔殊制，傷毀與禮教正乖，蓮華非結綬之色，貝葉異削珪之旨？人以束帶爲彝章，道則冠而不帶；人以束髮爲華飾，釋則落而不容。去國不爲不忠，出家不爲不孝〔一二〕。出塵滓割愛於君親，奪嗜欲棄情於妻子，理乃區分於物類，不可涯檢於常塗。生莫重於父母，子則不謝；施莫厚於天地，物則不答。君親之恩，事絶名象，豈稽首拜首可酬萬分之一者歟？出家之於君父，豈曰全无輸報？一念必以人王爲願首〔一三〕，四諦則於父母爲弘益〔一四〕，方祛塵劫，永離死生，豈與夫屈膝爲盡忠，色養爲純孝而已矣？必包之俗境，處之儒肆，屈其容，降其禮，則不孝莫過於絶嗣，何不制以婚姻？不忠莫大於不臣，何不令稱臣妾？以袈裟爲朝服，稱貧道而趨拜，儀範兩失，名稱兼舛。深恐一跪之益不加萬乘之尊〔一五〕，一拜之勞式彰三服之墜，則所不可而豈然乎？王者无父事三老，無兄事五更〔一六〕。君人之尊，亦有所敬。法服之敬，不敬其人。若屈其數，則卑其道。數而可卑，道則云缺矣〔一七〕。豈若存敬於己，存道於物？敬存則己適，道在則物尊，尊道所以敬於物，敬於物所以尊於己也。況復形猶身也，道若影焉。身既如聲，道亦如響。形動則影隨，聲揚則響應；道崇則身寵，身替則道息。豈可使居身之道，屈於道外之身？豈可使方外之人，存於身中之敬？又彼守一居道〔一八〕，不雜塵俗〔一九〕，若可拜之，是謂俗道而可俗〔二〇〕。俗又參道，則一當有二。而道不專行矣，安可以區道俗之常域〔二一〕，保專一之至誠哉？據僧祇律，敬袈裟如敬佛塔，謂袈裟爲福田衣。衣名銷瘦，取能銷瘦煩惱〔二二〕；鎧名忍辱，取能降伏魔軍。亦喻蓮花不染泥滓，亦爲諸佛之所幢相，則袈裟之爲義其至矣。

【校注】

〔一〕此或即易歷三聖之説，伏羲畫卦、文王繫辭、孔子作十翼。

〔二〕「嬰」，廣弘明集卷二五作「纓」。嬰、纓通，纏繞也。陸機擬青青陵上柏詩：「飛閣纓虹帶，曾臺冒雲冠。」文選謝靈運述祖德詩之一：「兼抱濟物性，而不纓垢氣。」李善注：「纓，繞也。」纓網，喻世俗束縛。白居易題贈鄭秘書徵君石溝溪隱居：「終當解纓網，卜築來相從。」

〔三〕九天，道教有多種説法。十地，又作十住，菩薩所證之地，亦有多種説法。

〔四〕南山四皓，即商山四皓。後漢書卷三五鄭玄傳：「南山四皓有園公、夏黄公，潛光隱耀，世加其高，皆悉稱公。」資治通鑑卷一二「漢高帝十一年」云「太子客東園公、綺里季、夏黄公、角里先生」，胡三省注：「此所謂四皓也，避秦地亂，隱於商山。」淮南八公，漢淮南王劉安門客，有蘇非、李尚、左吳、田由、雷被、毛被、伍被、晉昌八人，合稱八公。他們奉劉安之招，和諸儒大山、小山相與論説，著淮南子。見漢高誘淮南子注序。魏、晉以來，神仙傳、録異記等道家著作以劉安好方技，遂附會八公爲神仙。

〔五〕語出論語公冶長：「十室之邑，必有忠信如丘者焉，不如丘之好學也。」

〔六〕三木，加在犯人頸、手、足上的三件刑具。漢書卷六二司馬遷傳：「魏其，大將也，衣赭，關三木。」顏師古注：「三木，在頸及手、足。」後漢書卷二四馬援傳：「可有子抱三木，而跳梁妄作，自同分羹之事乎？」李賢注：

注：「三木者，桎、梏及械也。」

〔七〕「肅」，資本、磧本、普本、南本、徑本、清本作「宿」。

〔八〕含識，含有心識者，即有情也。四分律行事鈔資持記卷上曰：「心依色中，名爲含識，總攝六道有情之衆。」

〔九〕三尺律，法律。漢書卷八三朱博傳：「如太守漢吏，奉三尺律令以從事耳，亡奈生所言聖人道何也！」

〔一〇〕三千，即三千威儀，具足戒二百五十戒的細行，三千者顯數之多。

〔一一〕「巨」，資本、磧本、普本、南本、徑本、清本作「臣」。

〔一二〕「出」，資本、磧本、普本、南本、徑本、清本、廣弘明集卷二五作「辭」，亦可通。

〔一三〕「王」，資本、磧本、普本、南本、徑本、清本作「天」。

〔一四〕四諦，又云四聖諦、四真諦，聖者所見之真理。一、苦諦，二、集諦，三、滅諦，四、道諦。

〔一五〕「加」，禪本作「弘」。

〔一六〕「更」，原本作「經」，資本、磧本、普本、南本、徑本、清本、廣弘明集卷二五作「更」。應劭漢官儀云：「天子無父，父事三老，兄事五更。」禮記文王世子：「適東序，釋奠於先老。遂設三老、五更、群老之席位焉。」鄭玄注：「三老五更各一人也，皆年老更事致仕者也。天子以父兄養之，示天下之孝悌也。名以三五者，取象三辰五星，天所因以照明天下者。」禮記樂記：「食三老五更於大學。」鄭玄注：「三老五更，互言之耳，皆老人更知三德五事者也。」孔穎達疏：「三德謂正直、剛、柔。五事謂貌、言、視、聽、思也。」據此以改。

〔一七〕「云」，禪本作「亡」。

〔一八〕「彼」，資本、磧本、普本、南本、徑本、清本、禪本作「被」。「被」通「彼」。荀子宥坐：「鄉者賜觀於太廟之北堂，吾亦未輟，還復瞻被九蓋皆繼，被有説邪？」楊倞注：「被，皆當爲『彼』。」

〔一九〕「雜」，資本、磧本、普本、南本、徑本、清本、廣弘明集卷二五作「離」。

〔二〇〕「俗道」，資本、磧本、普本、南本、徑本、清本、禪本、廣弘明集卷二五有「俗之道」。

〔二一〕「俗」，資本、磧本、普本、南本、徑本、清本無。

〔二二〕翻譯名義集卷七「袈裟」條云：「真諦雜記云：袈裟是外國三衣之名，名含多義。或名離塵服，由斷六塵故；或名消瘦服，由割煩惱故；或名蓮華服，服者離著故；或名間色服，以三如法色所成故。」

夫若損茲佛塔，壞彼幢相，將輕忍辱，更貶福田，甚用危疑，終迷去取。解服而拜〔一〕，則越俗非章甫之儀；整服而趨，則緇衣異朝宗之典。故禪幽舍衛之境〔二〕，步屏高門之地，理絶朝請，事乖榮謁。豈不謂我崇其道，所以彼請其來，請而卑之，復何爲者？廬山爲道德所居，不在搜簡之例；甘棠爲聽訟所息，式致勿翦之恩〔三〕。山與樹之无心，且以德而存物；法與道之有裕，豈崇道而遺人？語曰人能弘道，則道亦須人而行也。王人雖微，位在諸侯之上，行道之輩焉復可卑其禮？若謂兩爲欺詭，則可一而寢之〔四〕。寢之之道，則芟薙之之謂〔五〕。是則所奪者多，何止降屈而已。若謂兩爲濃助，則宜崇之。崇之之道，則尊貴之之謂。豈可尊貴其道，而使其恭敬哉？假以金翠爲真儀，不以金翠而增肅；假以蒭狗而尊像，不以蒭狗而加輕〔六〕。肅敬終寄於道，輕重不係於物，物之不能遷道，亦猶道之恒隨於物矣。沙門横服於己〔七〕，資法服而爲貴，莫不敬其法服，而豈係於人乎？不拜之典，義高經律。法付國王，事資持護。法爲常也，常行不易。一隅可革〔八〕，千門或爽。通有護法之資，塞有墜法之慮。與其墜之，曷若護之？何必屈折於僧容，盤辟於法服〔九〕，使萬國歸依者居蔕芬於其間哉〔一〇〕？語曰「因人所利而利之」〔一一〕。則利之之術，亦可因其精詣而爲利矣。

【校注】

〔一〕「服」，廣弘明集卷二五作「衣」，亦可。

〔二〕舍衛，梵語音譯，本爲城名，後爲國號。其國本名爲憍薩羅國，爲別於南方之憍薩羅國，故以城名爲國號。又譯室羅伐、室羅伐悉底，別名曰舍婆提城、尸羅跋提、捨羅婆悉帝夜城。佛在世時，波斯匿王居於此。城内有祇園精舍。其地即今印度西北部拉普。玄應音義卷三曰：「舍衛國，云無物不有國，或言舍婆提城，或言舍羅婆悉帝夜城，并訛也。正言室羅伐國，此譯云聞者城，法鏡經云聞物國。善見律云：舍衛者是人名。昔有人居住此地，往古有王，見此地好，故乞立爲國。以此人名，號舍衛國。一名多有國，諸國珍奇皆歸此國也。」

〔三〕「恩」，廣弘明集卷二五作「思」。詩經召南甘棠：「蔽芾甘棠，勿翦勿伐，召伯所茇。」毛詩序云：「甘棠，美召伯也。召伯之教，明於南國。」鄭箋云：「召伯聽男女之訟，不重煩勞百姓，止舍小棠之下而聽斷焉。國人被其德，説其化，思其人，敬其樹。」

〔四〕「一」，資本、磧本、普本、南本、徑本、清本作「以」。

〔五〕芟薙，刈除。李涪刊誤卷上：「春則掃除枯朽，秋則芟薙繁蕪。」此處意爲廢除。

〔六〕蒭狗，即芻狗。蒭同芻。古代祭祀時用草紮成的狗。老子第五章：「天地不仁，以萬物爲芻狗；聖人不仁，以百姓爲芻狗。」唐玄宗注：「芻狗者，結草爲狗也。犬以守禦，則有弊蓋之恩。今芻狗徒有狗形，而無警吠之用，故無情於仁愛也。」此句用莊子天運：「夫芻狗之未陳也，盛以篋衍，巾以文繡，尸祝齊戒以將之。及其已陳也，行者踐其首脊，蘇者取而爨之而已。」

〔七〕横服，横披袈裟。桓玄重答王謐：「今若千載之末，淳風轉薄，横服之徒多非其人者。」

〔八〕「革」，資本、磧本、普本、南本、徑本、清本作「隔」。

〔九〕盤辟，盤旋進退。古代行禮時的動作儀態。漢書卷八八儒林傳：「魯徐生善爲頌。」顏師古注引三國魏蘇林語曰：「徐氏後有張氏，不知經，但能盤辟爲禮容。」

〔一〇〕「芬」，資本、磧本、普本、南本、徑本、清本、廣弘明集卷二五作「芥」。蔕芬，慧琳音義云：「丁計反。聲類：『蔕，果鼻也。』下芳文反。方言：『芬，香也。』」

〔一一〕「因人」，資本、磧本、普本、南本、徑本、清本作「人因」。

洎乎日光上照，皇運攸宗，海接天潢〔一〕，枝連寶構，藉无上之道，闡无疆之業。别氏他族，敬猶崇往，神基靈派，道豈撝今〔二〕？此爲甚不可一也。月氏東國〔三〕，寶祚斯俟，定水玄波〔四〕，法雲彩潤〔五〕，高解脱之慶，演常住之福。王前帝昔，尚或攸遵，主聖臣忠〔六〕，胡寧此變？臣愚千慮，萬不一得，儻緣斯創造，无益將來，於恒河沙劫有毫釐之累，雖率土碎首，群生粉骨，何以塞有隱之責，蠲不忠之罪？此爲甚不可二也。

【校注】

〔一〕「潢」，禪本作「横」。

〔二〕「撝」，資本、磧本、普本、南本、徑本、清本、禪本作「僞」。

〔三〕月氏，國名，在印度之西。史記卷一二三大宛列傳曰：「大月氏在大宛西可二三千里，居嬀水北。其南則大夏，西則安息，北則康居。……始月氏居敦煌、祁連閒，及爲匈奴所敗，乃遠去，過宛，西擊大夏而臣之，遂都嬀水北，爲王庭。其餘小衆不能去者，保南山羌，號小月氏。」漢書卷九六上西域傳上曰：「大月氏國，治監氏城，去長安萬一千六百里。」玄應音義卷四曰：「月支，薄佉羅國應是也，在雪山之西北也，或云月氏。」

〔四〕定水，佛教譬喻。定心湛然，譬如止水。維摩詰所説經卷二：「八解之浴池，定水湛然滿，布以七净華，浴此無垢人。」注維摩詰經卷七：「定水湛然滿。生曰：止則能鑒，水之義也。既定意足，湛然滿矣。」

〔五〕法雲，喻佛法之涵蓋一切。華嚴經卷一曰：「不壞法雲，遍覆一切。」

〔六〕「忠」，資本、磧本、普本、南本、徑本、清本、廣弘明集卷二五作「良」。

臣所以汲汲其事，區區其誠，搔首捫心〔一〕，隳肝瀝膽〔二〕，伏願聖朝重興至教，恒春奈苑〔三〕，永轉法輪。心歡鈒其人百〔四〕，祚遠光於帝萬〔五〕，則雖死猶生，朝夕可矣。竊惟詔旨微婉，義難適莫。天情晝一〔六〕，則可使由之；叡想傍求〔七〕，則誰不竭慮？臣以庸昧，何足寓言？以兩教爲无，則崇於聖運，聖而崇之，則非无矣。以兩教爲有，則筆削明時〔八〕，時而削之，恐非有矣。斯所以岐路徘徊，兩端交戰，道宜存迹，理未厭心。管豈窺天，蛙焉測海，理絶庶幾之外，事超智識之表〔九〕。自懷鉛閣筆〔一〇〕，扣寂銷聲，而欲鳥處程言，竽中竊吹，將聾聽而齊俗，與瞽視而均叟，雖有罄於心靈，終不詣於聞見也。直以八風迴扇，萬籟咸貢其音；兩曜昇暉，千形不匿其影。茲焉企景，是庶轉規〔一一〕，就日心葵，輸涓驛露。而靦顔漿夏〔一二〕，履薄冰春，兢惕已甚，赧畏交集。謹議。

【校注】

〔一〕搔首，焦急貌。詩經邶風靜女：「愛而不見，搔首踟躕。」捫心，反省貌。北齊顔之推神仙詩：「鏡中不相識，捫心徒自憐。」

〔二〕隳肝瀝膽，謂剖開肝膽以示真誠。比喻盡心竭力。元稹上門下裴相公書：「則宰物者雖朝許之以綸誥，暮許之以專席，厚則厚矣，遽責其隳肝瀝膽，同厮養之用力，亦難哉！」

〔三〕奈苑，即鹿野苑，佛陀初轉法輪處。慧琳音義卷四九：「奈苑。上奴大反，即天竺波羅奈國也。下宛遠反，即此國中有鹿野苑。綴序文者略去繁言，故云奈苑也。」止觀輔行傳弘決卷一：「鹿群所居，故名鹿苑。佛初於此時轉法輪，是故云始。從樹爲名，亦名奈苑。二仙所住，亦曰仙苑。」

〔四〕「鈒」，資本、磧本、普本、南本、徑本、清本、禪本、廣弘明集卷二五作「録」。

〔五〕「萬」，資本、徑本、清本、禪本作「業」，可通。

〔六〕「晝」，資本、磧本、普本、南本、徑本、清本作「盡」，廣弘明集作「畫」。

〔七〕叡想，皇帝的思慮。隋柳䛒奉和晚日楊子江應制：「日斜歡未畢，睿想良非一。」

〔八〕「明時」上，廣弘明集卷二五有「於」，亦可。

〔九〕庶幾，差不多、近似。周易繫辭下：「顏氏之子，其殆庶幾乎！」智識，智力、識見。韓非子解老：「故視强則目不明，聽甚則耳不聰，思慮過度則智識亂。」

〔一〇〕懷鉛，謂從事著述。沈約到著作省謝表：「臣藝不博古，學謝專家，乏懷鉛之志，慙夢膓之術。」

〔一一〕轉規，轉動圓形器物。喻一往無阻或毫無阻難。後漢書卷二四馬援傳：「謀如涌泉，埶如轉規。」李賢注：「規，員也。孫子曰：『戰如轉員石於萬仞之山者，埶也。』」

〔一二〕靦顏，即厚顏。晉書卷六七郗鑒傳：「丈夫既潔身北面，義同在三，豈可偷生屈節，靦顏天壤邪！」

司刑太常伯城陽縣開國侯劉祥道等議狀一首〔一〕

竊以朝庭之叙，肅敬爲先；生育之恩，色養爲重。釋、老二教，今悉反之，抗禮於帝王，受敬於父母，而優容自昔，迄乎今代，源其深致，蓋有以然。諒由剔髮有異於冠冕，袈裟无取於章服。出家之人，敬法捨俗〔二〕，豈拘朝庭之禮〔三〕？至於玄教清虚，道風遐曠，高尚其事，不屈王侯，帝王有所不臣〔四〕，蓋此之謂。國家既存其道，所以不屈其身。望准前章，無違舊貫。謹議。

【校注】

〔一〕題名，廣弘明集卷二五作「司刑太常伯劉祥道」。劉祥道，字同壽，魏州觀城人。樂平男吏部侍郎劉林甫之子。祥道少襲父爵。永徽初，歷中書舍人、御史中丞、吏部侍郎。顯慶二年（六五七），遷黄門侍郎，仍知吏部選事。尋以修禮功，進封陽城縣侯。四年（六五九），遷刑部尚書。龍朔三年（六六三），兼檢校雍州長史，俄遷右相。乾封元年（六六六）卒，年七十一，贈幽州都督，謚曰宣。舊唐書卷八一、新唐書卷一〇六有傳。司刑太常，即刑部尚書。

〔二〕「出家之人敬法」，廣弘明集卷二五作「出家故無家人之敬」。

〔三〕「庭」，徑本、廣弘明集卷二五作「廷」。朝庭、朝廷，義同。

〔四〕「王」，資本、磧本、普本、南本、徑本、清本作「主」。

司宗寺右一司請同司刑議狀〔一〕

【校注】

〔一〕此條，原本無，據卷首目録以補。龍朔二年二月甲子，改百司及官名。宗正寺，改曰司宗寺。

集沙門不應拜俗等事卷第三議不拜上〔一〕

【校注】

〔一〕「議不拜上」，資本、磧本、普本、南本無。

集沙門不應拜俗等事卷第四

弘福寺沙門釋彦悰纂録

聖朝議不拜篇第二下

議

中御府少監護軍高藥尚等議狀一首

内侍監給事王泉博士胡玄亮等議狀一首〔一〕

奉常寺丞劉慶道主簿郝處傑等議狀一首

詳刑寺承王千石司直張道遜等議狀一首〔二〕

司稼寺卿梁孝仁太倉署令趙行本等議狀一首

外府寺卿韋思齊主簿賈舉等議狀一首

繕工監大監劉審禮監作上官突厥等議狀一首〔三〕

司成館大司成令狐德棻等議狀一首

司成守宣業范義頵等議狀一首〔四〕

左衛大將軍張延師等議狀一首

右衛長史崔修業等議狀一首

左驍衛長史王玄策騎曹蕭灌等議狀一首

右武衛長史孝昌縣公徐慶等議狀一首〔五〕

右威衛將軍李晦等議狀一首

左戎衛大將軍懷寧縣公杜君綽等議狀一首〔六〕

左金吾衛將軍上柱國開國侯權善才等議狀一首

右奉宸衛將軍辛弘亮等議狀一首〔七〕

右春坊主事謝壽等議狀一首

馭僕寺大夫王思泰丞牛玄璋等議狀一首

萬年縣令源誠心等議狀一首

長安縣承王方則崔道默等議狀一首〔八〕

沛王府長史皇甫公義文學陳至德等議狀一首

周王府長史源直心參軍元思敬等議狀一首

【校注】

〔一〕「王」，磧本、南本作「玉」。正文題名同，不贅。

〔二〕「承」，磧本、清本作「丞」。「司直」，原本無，據卷内正文題名以補。

〔三〕「大」，徑本、清本作「太」。

〔四〕「司成守」，徑本、清本作「司成寺館守」。

〔五〕「右」，資本、磧本、普本、南本、徑本、清本作「左」。

〔六〕「左」，資本、磧本、普本、南本作「右」。

〔七〕「右」，資本、磧本、普本、南本作「左」。

〔八〕「承」，磧本、清本作「丞」。

中御府少監護軍高藥尚等議狀一首〔一〕

法本沖寂〔二〕，非有名言；至道希夷，故无聲教。三千大千之境，小智未能揆其原；恍兮惚兮之中〔三〕，巨賢无以究其理。但釋、老二氏，挺大聖之姿，慧光塵外，超然物表。短三衣之拂石〔四〕，促四海之傾毛，談寂滅之宗，説有无之教。門開方便，演十二之因緣〔五〕；導誘多途〔六〕，述五千之廣説。敬順則逍遥六度，忽怠則苦海長流。故去髭髮而就桑門，釋素衣而紐緇服〔七〕，冀登彼岸，出此愛津〔八〕，父母貴其容，王侯重其戒。此即君親道隔，去俗絶塵，三百之禮不拘，五侯之位无羡〔九〕，未可敦兹俗訓，勵以風儀，拜首私庭，稽顙公室〔一〇〕。請循舊貫，於愚爲允。謹議。

【校注】

〔一〕「護軍」，原本無，據徑本、清本、卷首目録以補。高藥尚，兩唐書無傳。中御府，即殿中省，龍朔二年改。中御府少監二員，從四品上。

〔二〕冲寂，淡泊清静。魏書卷七二陽固傳：「除紛競而靖默兮，守冲寂以無爲。」

〔三〕恍兮惚兮，語出老子第二十一章。

〔四〕三衣，即袈裟。此或指天衣拂石。菩薩瓔珞本業經卷下：「一切菩薩行道劫數久近者，譬如一里二里乃至十里石，方廣亦然。以天衣重三銖，人中日月歲數，三年一拂此石乃盡，名一小劫。」徐陵天台山徐則法師碑：「夫海水揚塵，幾千年而可見；天衣拂石，幾萬年而應平。」亦見長阿含經卷三樓炭經，雲笈七籤卷二所引老君戒文、靈寶齋戒威儀經等。

〔五〕十二因緣，又名十二有支、十二緣起，佛教用以説明有情流轉生死的理論。十二因緣爲無明、行、識、名色、六入、觸、受、愛、取、有、生、老死。十二因緣包括三世起惑、造業、受生等一切因果，周而復始，至於無窮。

〔六〕「導」，資本、磧本、普本、南本作「遵」，徑本、清本作「道」。

〔七〕「紐」，磧本、南本、徑本、清本、慧琳音義、可洪音義作「紉」。紐，繫束、活結。禮記喪大記：「小斂、大斂，祭服不倒皆左衽，結絞不紐。」孔穎達疏：「『結絞不紐』者，生時帶并爲屈紐，使易抽解，若死則無復解義，故絞束畢結不爲紐也。」紉，縫綴。慧琳音義云：「顧野王云：『紉，繩縷也。』郭璞注方言：『今亦作線貫針爲紉。』廣雅：『紉，裂也。』説文：『從糸刃聲。』」紐、紉，兩可。桑門，梵語音譯，有勞劬修佛道、勤修息煩惱之義，出家者之總名。注維摩詰經卷二曰：「肇曰：沙門，出家之都名也。秦言義訓勤行，勤行趣涅槃也。」

〔八〕愛津，即愛河。愛欲溺人，譬之爲河。又貪愛之心，執著於物而不離，如水浸染於物，故以河水譬之。八十華嚴卷二六曰：「隨生死流，入大愛河。」

〔九〕禮記中庸：「優優大哉！禮儀三百，威儀三千。」五侯，指公、侯、伯、子、男五等諸侯。

〔一〇〕稽顙，古代一種跪拜禮。慧琳音義云：「上溪禮反。考聲云：『拜而首至地，又至手也。』……下桑朗反。方言：『顙，額也。』何休注公羊云：『稽顙，謂叩頭於地也。』」儀禮士喪禮：「弔者致命，主人哭拜，稽顙成踊。」此表示極度的虔誠。

内侍監給事王泉博士胡玄亮等議狀一首〔一〕

竊以耆山闡化〔二〕，泛幽津而鼓檝；碧落垂訓〔三〕，趣真境而揚言。德揔四天〔四〕，挺教殊乎俗檢；義均一指〔五〕，資敬異乎常倫。故致禮堅林〔六〕，至理與恒情別統；屈身河上〔七〕，玄功共即事已乖。是知緇服黄冠，非闕庭之飾；禪林洞府，豈臣子之榮。至於功深利益，道備弘誘，列三乘之旨，則理極四生；示五千之文，則言包萬象。執慧刀而割煩惱〔八〕，棄有欲而習无爲，存殁仰其舟航，動植資其含養，性相非研機所盡，希夷豈探賾所窮〔九〕。況乃轉法輪以翼帝功，則功濟塵劫〔一〇〕；浮真氣而基聖道，則道冠混元〔一一〕。蕩乎大乎，固无得而稱矣。今欲將同名教〔一二〕，令依俗禮，綸言既降，誰不曰宜？竊恐高尚之風，因斯遂往，玄妙之理，流宕忘歸〔一三〕。伏惟陛下，愛敬隆於百王，德教敷於四海，凝神體物，弘道爲心。何必約此二門，混同真俗之路；限兹兩教，亂彼默語之途〔一四〕？戒律既異於恒科，跪拜豈通於常禮？因循之迹，請依恒軌。謹議。

【校注】

〔一〕王泉、胡玄亮，兩唐書無傳。内侍監即内侍省。内給事八人，從五品下。内侍監掖廷局宮教博士二人，從九品下。

〔二〕耆山，耆闍崛山之略。見集沙門不應拜俗等事序「崛岫」注。

〔三〕碧落，道教語，天界也。度人經注：「東方第一天，有碧霞遍滿，是云碧落。」

〔四〕四天，佛教之四大洲。金輪聖王領四大洲。法華經卷一序品曰：「威德自在，各領四天下。」四大洲爲南贍部洲、東勝神洲、西牛貨洲、北瞿盧洲。

〔五〕一指，語出莊子齊物論：「天地一指也，萬物一馬也。可乎可，不可乎不可。」成玄英疏云：「天地雖大，一指可以蔽之；萬物雖多，一馬可以理盡。何以知其然邪？今以彼我是非反覆相喻，則所是者非是，所非者非非。故知二儀萬物，無是無非者也。」意爲齊是非、等物我。

〔六〕堅林，即堅固林，娑羅樹之意譯。此樹冬夏不凋，故以意譯。釋迦牟尼涅槃之地。此指佛教。

〔七〕河上，即河上公。神仙傳載，漢文帝時，河上公結草爲庵，於河上之濱，解老子道德經義旨。此指道教。

〔八〕慧刀，與慧劍同義。以智慧能斷煩惱，故名。釋義楚釋氏六帖卷五曰：「寶積經云：『文殊執劍，馳往佛所。佛言：殺貪嗔癡身，令諸衆生悟慧劍法門，破煩惱賊人。』」

〔九〕性相，性者法之自體，在内不可改易也；相者相貌，現於外可分别也。大智度論卷三一曰：「性言其體，相言可識。」希夷，語出老子第十四章：「視之不見名曰夷，聽之不聞名曰希，搏之不得名曰微。」此喻道所處之狀態虚無縹緲、不可感覺。

〔一〇〕法輪，佛之教法，迴轉一切衆生界，摧破諸煩惱，故譬之曰法輪。講説教法，是轉自心之法而移他之心，恰如轉車輪也，故稱轉法輪。止觀輔行傳弘決卷一：「輪具二義：一者轉義，二摧碾義。以四諦輪轉度與他摧彼結惑，如王輪寶能壞能安。」塵劫，即塵點劫，喻時間久遠。

〔一一〕混元，指天地元氣，亦指天地。阮籍詠懷之四十：「混元生兩儀，四象運衡璣。」

〔一二〕「將」，資本、磧本、普本、南本、徑本、清本作「獎」。

〔一三〕流宕，不受約束貌。後漢書卷八二上方術傳序：「意者多迷其統，取遺頗偏，甚有雖流宕過誕亦失也。」

〔一四〕默語，語本周易繫辭上：「君子之道，或出或處，或默或語。」

奉常寺承劉慶道主簿郝處傑等議狀一首〔一〕

夫孝養所以事親，髮膚爲立孝之始；敬忠所以奉上，跪拜申資敬之容。此固仰究天經，俯窮人理。至夫真如寂滅，言行俱盡〔二〕；玄妙希夷，窅冥難測〔三〕。陛下恢弘正道，闡闢妙門，興彼法徒，膺茲冥祐。然而教非域中之政，形乃方外之儀，衣異國容，身無首飾，何以參搢紳於下拜，廁笄總而長跪。愚謂紹法象賢，可以朝不屈節；毁形自絶，可以家無隆禮〔四〕。且同巢、許之流，有益勳、華之盛〔五〕，付囑之託，因循爲善。既奉明敕，敢陳正議。謹議。

【校注】

〔一〕「承」，磧本、清本作「丞」。「承」同「丞」。春秋左傳哀公十八年：「使帥師而行，請承。」楊伯峻注：「請王任命輔佐者。」劉慶道、郝處傑，兩唐書無傳。唐尚書省郎官石柱題名考卷一二户部員外郎有「劉慶道」。奉常寺即太常寺。丞二人，從五品下。主簿二人，從七品上。

〔二〕真如，梵語部多多他多意譯。有兩種含義。其一，真者真實之義，如者如常之義，諸法之體性離虚妄而真實，常住而不變不改，故云。成唯識論卷二曰：「真謂真實，顯非虚妄。如謂如常，表無變易。謂此真實，於一切法，常如其性，故曰真如。」其二，謂自性清淨心，與佛性、法身、如來藏、實相、法界、法性、圓成實性等同體異名也。此處爲第一意，指諸法體性。

〔三〕「窅」，慧琳音義作「窈」。窅冥，幽暗貌。陸賈新語資質：「（楩枏豫章）仆於嵬崔之山，頓於窅冥之溪。」窈冥，深遠渺茫貌。鶡冠子能天：「觀乎孰莫，聽乎無罔，極乎無係，論乎窈冥，湛不亂紛。」窅冥、窈冥義近，兩可。玄妙，道家道教之道。老子第一章：「玄之又玄，衆妙之門。」

〔四〕「隆」，金本、資本、磧本、普本、南本、徑本、清本、禪本作「降」。

〔五〕巢、許，巢父和許由的并稱。蔡邕郭有道碑文：「將蹈鴻涯之遐迹，紹巢許之絶軌。」勳、華，堯、舜的并稱。勳，放勳，堯名；華，重華，舜名。馬融忠經序：「皇上含庖軒之姿，韞勳華之德。」

詳刑寺承王千石司直張道遜等議狀一首〔一〕

竊惟君臣契重，忠孝之義本隆；父子恩深，愛敬之情攸切。存日用之理，荷生成之大，受其蔭者豈有忘其德，飡其惠者寧有闕其禮。斯固在三隆訓，晝一垂範〔二〕，乃理叶神衷，義符聖詔。然而域内之法，與老、釋殊制；方外之軌，共堯、孔異轍。筌蹄不能喻〔三〕，性相兩亡；小大所不拘，天地齊一。不以色養爲孝，不以棄親爲疑。神道經久，此而莫止，尋其要旨，亦有助化。故詭服无點彝章，毀形不傷教義，超爾出塵之表〔四〕，分然不羈之賓〔五〕，冲而无替，嶷爾圓湛〔六〕。雖因果難了〔七〕，至理窅冥，若存若亡，因循自昔。往者釋遠著論，晉庾息談，興其慢也〔八〕，寧崇其敬。今若尊其道而毀其法，要其福而屈其身，是使鳴錫趨劍珮之容，捧鑪端簪笏之禮，緇素并列，敬施雙行〔九〕。斯則袈裟忸金翅之威，鉢盂慙呪龍之術〔一〇〕，其爲教也，安所施乎？遜等預忝蒭蕘，言非可擇，輒申愚管，伏深戰懼。謹議。

【校注】

〔一〕「承」，原本作「丞」，據卷首目録以改。王千石、張道遜，兩唐書無傳。法苑珠林卷四九引冥報拾遺「王千石有墳墓之感」云，貞觀六年（六三五）父憂，王千石居喪過禮，廬於墓左，負土成墳，夜中常誦佛經，宵分不寢，異香延及數里。未知兩王千石是否爲同一人。詳刑寺即大理寺。丞六人，從六品上。司直六人，從六品上。

〔二〕「晝」，資本、磧本、普本、南本、徑本、清本、禪本作「盡」。

〔三〕筌蹄，筌，捕魚竹器；蹄，捕兔網。筌蹄，比喻達到目的的手段或工具。莊子外物：「筌者所以在魚，得魚而忘筌；蹄者所以在兔，得兔而忘蹄。」

〔四〕「爾」，金本、資本、磧本、普本、南本、徑本、清本、禪本無。

〔五〕「分」，資本、磧本、普本、南本、徑本、清本作「紛」。

〔六〕嶷爾，嶷然，屹立不動貌。司馬光殿前都指揮使節度使加宣徽院使制：「嶷爾深念，則物莫能窺；截然長馳，則敵不及避。」

〔七〕因果，因者能生，果者所生。有因則必有果，有果則必有因，此即因果之理。佛教以之通三世，説善惡應報之義。

〔八〕「興」，資本、磧本、普本、南本、徑本、清本作「與」。

〔九〕「施」，資本、磧本、普本、南本、徑本、清本作「弛」。

〔一〇〕金翅，金翅鳥王，用以譬佛。大智度論卷二七曰：「譬如金翅鳥王，普觀諸龍命應盡者，以翅搏海，令水兩闢，取而食之。佛亦如是，以佛眼觀十方世界五道衆生……以此二事，除三障礙而爲説法。」呪龍術，見佛本行集經迦葉三兄弟品如來擊鉢降服毒龍事。又，高僧傳卷一〇涉公傳曰：「以苻堅建元十二年（三七六）至長安。能以秘呪，呪下神龍，每旱，堅常請之呪龍，俄而龍下鉢中，天輒大雨。堅及群臣親就鉢中觀之，咸歎其異。堅奉爲國神，士庶皆投身接足，自是無復炎旱之憂。」

司稼寺卿梁孝仁太倉署令趙行本等議狀一首〔一〕

佛道之興，其來尚矣〔二〕。自白光東照，紫氣西浮，莫不遵彼五千，崇茲二教，无爲寂滅，同樹勝因。而僧尼、道士、女官，趍承訓典，其爲教也，裨濟實多。歷覽前修，非无去取，所以同遵不拜，良或可觀。至如道之爲宗，皇基由漸〔三〕，尊嚴之切，有異恒倫，豈可改作別儀，俯隨常俗，因循不拜，理謂爲允。謹議。

【校注】

〔一〕「太倉署令趙行本」，原本無，據徑本、清本、卷首目録以補。梁孝仁、趙行本，兩唐書無傳。吴玉貴唐書輯校卷四「司稼卿梁孝仁，高宗時監造蓬萊宮」注云：「司稼卿梁孝仁，唐會要卷三〇同。册府元龜卷八三二『司稼卿』作『司稼少卿』。新唐書契苾何力傳『梁孝仁』作『梁脩仁』。」司稼寺即司農寺。卿一人，從三品。少卿二人，從四品上。掌倉儲委積之事。總上林、太倉、鉤盾、䆃官四署及諸倉、司竹、諸湯、宮苑、鹽池、諸屯等監。太倉令，似非常設官。

〔二〕「其」，金本、磧本作「東」。

〔三〕貞觀十一年，唐太宗令道士在僧前詔：「今鼎祚克昌，既憑上德之慶。天下大定，亦賴無爲之功。」同年沙門智實上表云：「伏見詔書，國家本系出自柱下，尊祖之風形于前典，頒告天下，無德而稱。」法苑珠林卷一〇〇興福部「太宗文皇帝」云：「朕以宗承柱下，且將老子，居先植福，歸心投誠。」集古今佛道論衡卷丁：「顯慶二年六月十二日……清都觀道士張惠元奏云：周之宗盟，異姓爲後，陛下宗承柱下。」

外府寺卿韋思齊主簿賈舉等議狀一首〔一〕

竊以臣子跪拜，固是常規，爰在禮經，兼有權制。母拜其子，以禮成人。不臣其君〔二〕，以尊道德〔三〕。況方外之教，爲善不同。道有凌虛，佛无生滅，修心練行，因果是憑。名曰出家，明超俗表。咸言勝業，歷代俱尊。盛立道場〔四〕，皆求常樂。獻君親以廣福，濟含識於冥塗〔五〕。久大而論，高於俗教，若同儒例，還入俗流。不尚學徒，无由顯道，賴有崇護，道獲常存。不拜之儀，以彰深護，尊道之本，取益爲宗。今據經文云，拜非利人益國〔六〕，實所宜言。非益之文，何容敢進，循法仍舊，無闕彝章，體妙窮深，非下能及。幸霑蒭議，敢竭愚誠，懼不合宜，追深戰灼。謹議。

【校注】

〔一〕韋思齊、賈舉，兩唐書無傳。陶敏元和姓纂新校證卷二「思齊，司稼卿」注：「韋思齊龍朔二年爲太府少卿，見唐會要卷六六。顯慶元年太府少卿韋思齊，見全唐文卷一四五于志寧崔敦禮碑。」外府寺即太府寺。卿一人，從三品。主簿二人，從七品上。

〔二〕「君」，金本、資本、磧本、普本、南本、徑本、清本、禪本作「臣」。

〔三〕「尊道」，資本、磧本、普本、南本、徑本、清本作「遵其」。

〔四〕道場，梵語菩提曼拏羅意譯，謂佛成聖道之處，中印度摩竭陀國尼連禪側菩提樹下之金剛座是也。大唐西域記卷八曰：「菩提樹垣正中有金剛座……賢劫千佛坐之而入金剛定，故曰金剛座焉。證聖道所，亦曰道場。大地震動，獨無傾摇。」此指佛道二教誦經禮拜、修行弘法的場所。

〔五〕含識，含有心識者，即有情也。見司戎少常伯護軍鄭欽泰員外郎秦懷恪等議狀一首注。

〔六〕「利」上，資本、磧本、普本、南本、徑本、清本有「益」。

繕工監大監劉審禮監作上官突厥等議狀一首〔一〕

僧尼

一　竊見王者尊敬神祇，神祇之類尊佛弟子。是以明其遠敬，尊其所尊，抑從拜禮，愚謂未可。

一　比見官人承詔，不拜王師，非是師賤下人，乃以敬其王教。出家僧衆，染衣除髮，異俗標形，承佛綸言，爲國崇福。君父致敬，不禮其身。僧爲法衣〔二〕，不拜君父。

一　竊見神象所立，因人作形，形已作成，人還返敬。豈以因人所立，則不致尊。若不致尊，立之何用？佛以遺教，付囑國王。王之所立，王還尊敬。如王不敬，立之何益？

道士　女道士

竊見承先代之後者，立居百王之上。道士等身披老君之法服，口傳老君之法言，同俗致拜，恐乖其禮。謹議。

【校注】

〔一〕劉審禮，徐州彭城人。貞觀年間，拜左驍衛郎將。永徽中，累遷將作大匠，兼檢校燕然都護，襲封彭城郡公。

稍後遷工部尚書，兼檢校左衛大將軍。儀鳳三年（六七八），從中書令李敬玄征討吐蕃，兵敗被執。永隆二年（六八一）卒於吐蕃，贈工部尚書，謚號爲僖。舊唐書卷七七、新唐書卷一〇六有傳。上官突厥，兩唐書無傳。繕工監即將作監。大匠一員，從三品。大監即大匠。監作十人，從九品下。

〔二〕「爲」，徑本、清本作「披」，亦可通。

司成館大司成令狐德棻等議狀一首〔一〕

竊以釋、老二教，慈敬弘深，有國因循，遂開崇尚，既久其法，須從其道。竊謂拜伏，理恐未通。何者？削髮異冠帶之儀，持鉢豈俎豆之禮〔二〕。申恩方祈定慧，無勞拜跪嚴親；報德有冀真如，何必屈腰慈后。山林既往，非復廊廟之賓；朝野裁殊，理宜高尚其事。今使責以名教，有虧其旨。臣等愚暗，請從不拜爲宜。謹議。

【校注】

〔一〕令狐德棻，宜州華原人。高祖入關，引直大丞相府記室。武德元年（六一八），任起居舍人，遷秘書丞。貞觀三年（六二九），詔修諸史。永徽元年（六五〇），遷太常卿，兼弘文館學士。四年（六五四），遷國子祭酒。龍朔二年（六六二），加銜金紫光禄大夫，致仕。乾封元年（六六六）卒，時年八十四。舊唐書卷七三、新唐書卷一〇二有傳。司成館即國子監，大司成即國子祭酒。

〔二〕「俎豆」，資本、磧本、普本、南本、徑本、清本作「樽俎」。

司成守宣業范義頵等議狀一首〔一〕

臣聞：至道冲虚，般若玄寂，在人則人尊，在處則處貴。故河上仙老，降劉后之高；鷄岫名僧，屈輪王之重〔二〕。是知斯風久扇，千載同遵。謹案梵網等經，出家人法，不向國王、父母禮拜。至如傳儒業者，尚與君王分庭抗禮。孫爲祖尸〔三〕，嫡胤冠祚，父母猶拜其子，爲傳重也。當今聖主，法唐、虞之揖讓，任巢、許之不臣，超漢帝之寬仁，縱四皓於方外，豈況受付弘宣，闡揚玄教。既許出家，理宜隔俗，忽遣朝拜，誠所驚疑，用人廢法，愚爲未可〔四〕。且禮云：「介者不拜，爲其失容節也〔五〕。」去俗之人，身被忍鎧〔六〕，今同俗跪，翻貶朝儀。忝職上庠，謬參賢館，沐恩既重，敢罄謏聞〔七〕。謹議。

【校注】

〔一〕「司成守」，原本作「司成館守」，資本、磧本、普本、南本、徑本、清本作「司成寺館守」，卷首目録作「司成守」。據卷首目録以改。司成守宣業即國子監博士。范義頵，兩唐書無傳。道宣集古今佛道論衡卷丁有「又在司成，宣范義頵宅難莊易義事」一條，沙門湛然止觀輔行傳弘決卷五稱「如論衡范賛與静泰論於齊物，賛屈於泰者，以齊物無理故也」，兩處所載爲同一事件，故范義頵又名范賛。孔穎達禮記正義序有「魏王東閣祭酒臣范義頵」。新唐書卷五七藝文志：「禮記正義七十卷，孔穎達、國子司業朱子奢、國子助教李善信、賈公彦、柳士宣、范義頵、魏王參軍事張權等奉詔撰。」永徽四年（六五三）二月二十四日，長孫無忌進五經正義表中有「朝散大夫行太學博士宏文館直學士臣范義頵」。

〔二〕劉后，漢文帝劉恒。鷄岫，即鷄峰、鷄足山，迦葉尊者入定之山，在摩揭陀國。大唐西域記卷九曰：「屈屈吒播陀山，唐言鷄足山。亦謂窶盧播陀山，唐言尊足山。……其後尊者大迦葉波居中寂滅，不敢指言，故云尊足。」

〔三〕可洪音義云：「言子孫爲君，父母猶拜之也。」

〔四〕「爲」，清本、禪本作「謂」，兩可。

〔五〕禮記曲禮：「介者不拜，爲其拜而蓌拜。」鄭玄注：「蓌則失容節，蓌猶詐也。」孔穎達正義：「介，甲鎧也。著鎧者不爲式敬，故宜無所拜之也。爲其拜而蓌拜者，解所以不拜。蓌，挫也。」

〔六〕忍鎧，即忍辱鎧，袈裟的别名。見洛濱翻經館沙門釋彦琮福田論一首并序注。

〔七〕「諛」，慧琳音義作「譢」。諛聞，順耳之言説。譢聞，流言。慧琳音義云：「頡篇：『譢，懸書有所求也。』聞説文：『流言也，又語不實也。』」

左衛大將軍張延師等議狀一首〔一〕

竊以老氏玄奥，發揮衆妙之門；釋教凝寂，瀟灑出塵之境。自夫金容東度，真氣西遊，挹道希風，綿區浹域〔二〕。聖朝撫運，兹道彌隆。仁祠法宇〔三〕，麗充都邑；寶幢金刹〔四〕，彩絢路衢。凡此憑奉，庶爲資益，兼存其教，竊謂可通。謹議。

【校注】

〔一〕張延師，雍州新豐人，金紫光禄大夫張儉弟。永徽初（六五〇），累授左衛大將軍，封范陽郡公。延師廉謹周慎，典羽林屯兵前後三十餘年，未嘗有過，朝廷以此稱之。龍朔三年（六六三），卒官，贈荆州都督，謚曰敬，陪葬昭陵。舊唐書卷八三、新唐書卷一一一有傳。

〔二〕浹域，全境。慧琳音義作「浹減」，并云：「兹頰反。韓詩：『浹，沾徹也，遍也。』毛詩傳：『浹，達也。』説文：『從水夾。』下榮洫反，洫音兄域反。孟子：『域，居也。』説文：『封也，或從土或聲。』」浹域、浹減，意同。

〔三〕法宇，寺院之通稱。根本説一切有部毗奈耶雜事卷四曰：「今此伽藍先爲法宇，今日變作乾闥婆城。」梁簡文帝神山寺碑：「邁彼高蹤，構兹法宇。」

〔四〕金刹，以金所造之刹竿，即塔上之九輪。竿或塔名曰刹，亦謂之金刹。玄應音義卷一曰：「浮圖名刹者，訛也，應言刺瑟胝。刺音力割反，此譯云竿。人以柱代之，名爲刹柱。以安佛骨，義同土田，故名刹也。以彼西國塔竿頭安舍利故也。」

右衛長史崔修業等議狀一首〔一〕

李、釋二教，旨趣幽深，理絶名言，功超意表。道以清浄爲主，佛以拯物爲宗。然含生者以爲津梁，有形者將爲彼岸，故河上屈文帝之貴，鷲嶺感明皇之尊〔二〕。自茲以降，其道彌廣，止如柱下妙理，迦衛神蹤〔三〕，仰其道者莫識於指歸，挹其波者无詳於終始。方審駕鶴遊五嶺，分形遍三千，直是託迹應身〔四〕，方便誘接。但憑其化者俱希輕舉之功，資其業者亦救濟於塵劫。是故黄冠既變〔五〕，緇服纔霑，人主不屈而臣，父母不子而畜，此乃尊於佛道，非是虧於禮儀。拜揖者何損於身，但恐虧於聖教。必也形神雙遣，拜揖兩忘，均然同彼天真，无煩貌屈。既未窮於性相，便是若存若亡，理須成此勝因〔六〕，遂其高尚。況今聖上欽明，孝臨天下，尤遵二教，資助福田，所以道士道人許其不拜。且遣拜甚易，不拜甚難，足使襄野幼童不獨善於軒帝〔七〕，河上老叟无專美於漢皇。千慮一得，不拜爲允。謹議。

【校注】

〔一〕崔修業，兩唐書不録。據新唐書卷七二下宰相世系表二下，爲高宗朝宰相崔敦禮子，刑部侍郎崔守業兄，曾任太子通事舍人，正七品下。右衛長史，從六品上。

〔二〕「鷲」，金本、禪本作「就」，亦可。鷲嶺，即靈鷲山，佛嘗居此弘法。庾信陝州弘農郡五張寺經藏碑：「雪山羅漢之論，鷲嶺菩提之法，本無極際，何可勝言。」明皇，漢明帝劉恒。

〔三〕迦衛，迦維羅衛、迦毗羅衛省稱，佛祖誕生之國。慧琳音義卷一〇：「迦毗羅衛國，即如來下生之地，浄飯王所治之境界。」

〔四〕應身，應他之機緣而化現之佛身。大乘法苑義林章卷七：「應宜現身名應身。」勝鬘寶窟卷上曰：「此應身是與真如相應，名爲應身。」

〔五〕黄冠，道士也。天皇至道太清玉册：「古之衣冠，皆黄帝之時衣冠也。自後趙武靈王改爲胡服，而中國稍有變者。至隋煬帝東巡，便於畋獵，盡爲胡服。獨道士之衣冠尚存，故曰有黄冠之稱。」

〔六〕「因」，金本作「固」，資本、磧本作「困」。

〔七〕襄野句，指黄帝於襄城之野問牧馬童子事，典出莊子徐無鬼。後以「襄野」指受到帝王稱讚的少年、童子。梁簡文帝爲長子大器讓宣城王表：「襄野之辯，尚對軒君；弘羊之計，猶干漢主。」

左驍衛長史王玄策騎曹蕭灌等議狀一首〔一〕

自佛教之興，始於天竺，臣經三使，頗有見聞。臣聞輸頭檀王是佛之父，摩訶摩耶是佛之母，僧優波離者本王家僕隸，王親遍禮，敬同於佛。臣又見彼國僧尼法，不拜諸天神祠，亦不拜君王、父母，君王、父母皆禮僧尼及諸道衆。臣經難彼僧曰：「此之僕隸，始落髮披緇，殊无所識，即令君父致敬，大不近人情。」僧對曰：「雖初剃髮，形已同佛，復能震動魔宮。雖曰无知，豈不如塈木？塈木一立爲主像，縱博通貴勝，得不致敬？」僧不拜俗，亦已明矣。

一　臣又親難彼僧曰：「維摩經比丘亦禮維摩詰足〔二〕，法華經僧行普敬。此二經文，拜俗明矣，何因比丘得不拜尊者？」僧曰：「佛制律經，乃是僧尼常軌。其維摩經比丘荷法蹔行曲禮，法花經大士一時別行，何得以權時別行，亂茲恒典？」臣深然之。臣聞妻死鼓盆，環屍而歌，此亦一時別行，豈得預於喪服之制？

一　臣於天竺，經禮天像，彼王乃笑而問曰：「使等并是優婆塞，何因禮天？」臣問所由，答曰：「此優婆塞，法不禮天。昔迦膩色迦王受佛五戒〔三〕，亦禮天像，像皆倒地。後至日天祠，事天者恐王至禮天像倒，遂將佛像密置天頂，王三禮不倒。王怪，令檢，於天冠内得一佛像。王甚大喜，歎佛神德，嘉其智慧，大賞封邑，至今見在。」又云：「有外道受佛五戒，但供養天祠，而不頂禮。王責不禮之罪，白王曰：『小子豈敢辭禮？禮恐損天。』王曰：『天損不關爾事。』彼即禮拜，天像遂碎。」五戒優婆塞尚不得禮天，況具戒僧尼而令拜俗？

臣玄策言：「臣聞百王布軌，但禮制於寰中〔四〕；大覺垂教，乃津梁於域外。莫不資真人以易俗，賴高僧而移風，遂得謐四海之波濤，脱三界之塵累。故漢帝不屈於河上，輪王遍禮於沙彌。此則道俗殊塗，豈得内外同貫？教許黄冠之輩，遊一道於寰中〔五〕；緇衣之徒，駕五乘於方外。因循既久，助化益深，草偃風行，其來尚矣。臣聞聖人無常師，以主善者爲師〔六〕；聖人无常心，以百姓心爲心〔七〕。兆庶曩昔敬信歸依，今議令拜君父，寔乖主善、百姓之心。況袈裟異華俗之服，髡削非章甫之儀，崇之則福生，卑之則罪積。共知拜君无益於國，拜父不利於親，臣如寢默不言，豈得爲忠爲孝？臣望隨舊軌，請不改張，同太宗文皇帝故事，依前不拜。謹議。」

【校注】

〔一〕「左」，原本作「右」，據資本、磧本、普本、南本、徑本、清本、卷首目録以改。王玄策，兩唐書無傳。據兩唐書太宗紀，貞觀二十二年五月庚子，右衛率長史王玄策擊天竺帝那伏帝國，大破之；據舊唐書經籍志、新唐書藝文志，王玄策撰有中天竺國行記十卷；據册府元龜卷四六，顯慶二年王玄策爲道王友。王玄策生平研究，有馮承鈞王玄策事輯，見清華學報第八卷，第一期，一九三二年十二月；柳詒徵王玄策事輯，見學衡第三十九期，一九二五年三月。蕭灌，舊唐書蕭瑀傳載，蕭瑀孫名瓘，官至渝州長史，瓘子蕭嵩。詹宗祐點校本兩唐書校勘彙釋舊唐書列傳卷六三蕭瓘傳云，蕭嵩父名，新唐書蕭嵩傳、新唐書蕭均傳均作「蕭瓘」，而新唐書宰相世系表一下作「蕭灌」。張説贈吏部尚書蕭公神道碑及金石録卷二六著録張説所撰、梁升卿八分書唐蕭灌碑均作「蕭灌」。

〔二〕「亦」，金本無。維摩詰所説經卷一弟子品：「時維摩詰即入三昧，令此比丘自識宿命；曾於五百佛所植衆德本，迴向阿耨多羅三藐三菩提。即時豁然，還得本心。於是諸比丘稽首禮維摩詰足。」

〔三〕迦膩色迦王，屬於月氏族，佛滅四百年頃之出世，創建健馱羅王國。其初不信罪福，輕侮佛法，後發正信深歸依於佛法，注其全力，弘宣佛教，結集佛典。與阿育王同以弘護佛教著名。

〔四〕寰中，宇内、天下。寰，慧琳音義云：「滑關反。劉兆注穀梁傳：『寰，王者千里内封域也。』說文：『從宀瞏聲也。』」孫綽喻道論：「焉復覩夫方外之妙趣、寰中之玄照乎？」

〔五〕「寰」，金本、南本作「環」。環中，語出莊子齊物論：「彼是莫得其偶，謂之道樞。樞始得其環中，以應無窮。」郭象注：「夫是非反覆，相尋無窮，故謂之環。環中空矣，今以是非爲環而得其中者，無是無非也。無是無非，故能應夫是非；是非無窮，故應亦無窮。」莊子用以比喻無是非之境地。寰中，宇内、天下。寰中、環中，兩可。下同，不贅。

〔六〕春秋左傳昭公十七年：「吾聞之，天子失官，學在四夷，猶信。」杜預注：「失官，官不脩其職也。傳言聖人無常師。」孔穎達正義：「仲尼學樂於萇弘，問官於郯子，是聖人無常師。」

〔七〕語出老子第四十九章。

右武衛長史孝昌縣公徐慶等議狀一首〔一〕

竊以三綱之重，義極君親；百行之先，寔資敬愛。而黄冠緇服，咸均亭育之恩；謁帝奉親，頓虧臣子之敬。本乎教義，頗紊彝倫，解而更張，抑爲通允。然則道樞邃賾，出乎名言之外；慧輪廣運，超乎心行之表。經行之侶，庇白馬而栖禪〔二〕；繕性之流，佇青牛而警契〔三〕。雖迹羈有待，而利涉无涯。誠宜重其道而崇其教，尊其人而異其禮。是以河上真人，親紆漢后之蹕；廬山慧遠，竟絶晉臣之議。況復出處殊致〔四〕，顯昧異塗。羽帶田衣，既匪朝宗之服〔五〕；乘杯負局，寧同就養之方〔六〕。致敬之儀，未爲盡善。若以道雖可尚，而處非其人，則宜峻彼堤防，甄其律行，不可以人屈道，誠可以道勵人。伏以皇家發慶，肇自猶龍之德〔七〕；宸居體寂，每崇靈鷲之風。不革前規，彌光尊祖之義〔八〕；儻違舊制〔九〕，便曠師臣之禮。天渙下覃，俯令詳議，竊懷管見，輒肆蒭詞。用捨之宜〔一〇〕，非敢取衷。謹議。

【校注】

〔一〕徐慶，兩唐書無傳。元和姓纂卷二徐氏：「東陽……（北齊徐）之範，孫仲宗，衛尉大卿、任城公，生慶、祚。慶，右司郎中。祚，度支郎中。」據太平御覽卷四〇〇引唐書、太平廣記卷一四三引廣古今五行記、册府元龜卷八九三，徐慶貞觀末爲征遼判官。則天時，任司農少卿、雍州司馬。後被誣與内史令裴炎通謀，應接徐敬業造反，被戮。文苑英華卷五六三有崔融皇太子賀嘉麥表有：「臣某言：伏見雍州司馬徐慶稱，所部有嘉麥，一莖六穗。」右武衛長史，從六品上。

〔二〕經行，於一定之地旋繞往來也。南海寄歸内法傳卷三：「五天之地，道俗多作經行，直去直來，唯遵一路，隨時適性，勿居鬧處。一則痊痾，二能銷食……若其右繞佛殿，旋遊制底，別爲生福，本欲虔恭。經行乃是銷散之儀，意在養身療病。舊云行道，或曰經行，則二事總包，無分涇渭，遂使調適之事，久闕東川。經云『觀樹經行』，親在金剛座側，但見真迹，未覩圓基耳。」白馬寺，在河南洛陽市，漢地僧寺之始。

〔三〕「牛」，金本、禪本作「羊」。青牛，神仙道士之坐騎。劉向列仙傳：「老子西遊，關令尹喜望見有紫氣浮關，而老子果乘青牛而過也。」青羊，道觀名，青羊觀、青羊宮，在四川成都市。太平寰宇記引揚雄蜀王本紀云：「老子爲關令尹喜著道德經，臨別曰：『子行道千日後，於成都郡青羊肆尋吾。』」對照上文「白馬」，此處「青羊」較爲妥當。

〔四〕「處」，資本、磧本、普本、南本、徑本、清本作「家」。

〔五〕羽帶，即羽衣，道士服飾。漢書卷二五上郊祀志：「五利將軍亦衣羽衣，立白茅上受印，以視不臣也。」顔師古注曰：「羽衣，以鳥羽爲衣，取其神僊飛翔之意也。」田衣，即田相衣，袈裟也。以其竪横割截而不縫綴，似田畔者，故名。釋氏要覽卷上曰：「僧祇律云：『佛住王舍城，帝釋石窟前經行，見稻田畦畔分明，語阿難言：過去諸佛衣相如是，從今依此作衣相。』」

〔六〕乘杯，高僧杯度之神通。高僧傳卷一〇杯度傳。負局，神仙也。列仙傳負局先生傳云，常負鏡局，隱於磨鏡，遇有疾苦者，輒出紫丸藥以貽之，得莫不愈，後還蓬萊。

〔七〕猶龍，語出史記卷六三老子韓非列傳：「孔子去，謂弟子曰：『鳥，吾知其能飛；魚，吾知其能游；獸，吾知其能走。走者可以爲罔，游者可以爲綸，飛者可以爲矰。至於龍吾不能知，其乘風雲而上天。吾今日見老子，其猶龍邪！』」此指老子。

〔八〕「尊祖」，資本作「祖尊」。

〔九〕顯慶二年（六五七）二月，僧尼不得受父母拜詔云：「自今以後，僧尼不得受父母及尊者禮拜。所司明爲法制，即宜禁斷。」

〔一〇〕「捨」，資本、磧本、普本、南本、徑本作「撿」。

右威衛將軍李晦等議狀一首〔一〕

原夫指樹摛祥〔二〕，警龍德於皇胄；蹈花標瑞，抗輪寶於宸儀〔三〕。創迹毗城，包紫宙而開宇；疏基勵壤，貫青曦而闡耀〔四〕。故能抑揚庶類，控引群靈。十地閑安，趨紺殿而希果〔五〕；九天凝夐，佩玄珠而問津〔六〕。由是著美皇猷，馳芬帝載，緇服齊裾於上輦，黄冠接武於中州〔七〕。宴坐經行〔八〕，道不參於廊廟；登壇執簡，迹未齒於朝宗。今欲約以儒門，牽於王制，儀背纓冠〔九〕，法符簪笏，便是貴其道而賤其人，申其教而屈其禮。禮隨教顯，人由道尊，固可以道廢人，不應以禮虧教。誠宜疇咨故實，軌範舊章，俾夫高尚之風，昭明易象；隨時之義，允洽甿心。但燭燎螢翻，豈增華於日月；塵霏露委，希締美於山河。冒進蒭言，輕陳輿頌〔一〇〕，詞疏理慒，汗驚神悚。謹議。

【校注】

〔一〕李晦，河間王李孝恭次子，乾封中，累除營州都督，轉右金吾將軍，兼檢校雍州長史。高宗將幸洛陽，令在京居守，晦累有異績。則天臨朝，遷户部尚書。垂拱初（六八五），拜右金吾衛大將軍，轉秋官尚書。永昌元年（六八九）卒，贈幽州都督。舊唐書卷六〇、新唐書卷七八有傳。右威衛將軍，從三品。

〔二〕「原」，金本、資本、磧本、普本、南本、徑本、禪本作「源」。指樹，典出神仙傳老子傳：「老子之母，適至李樹下而生老子。生而能言，指李樹曰：以此爲我姓。」

〔三〕蹈花，指釋迦牟尼出生，步步金蓮。見多部佛經。

〔四〕毗城，即迦毗羅衛，釋迦牟尼出生的國家，現尼泊爾西部。勵壤，即瀨鄉，老子出生地。

〔五〕紺殿，寺之别稱。與紺宇、紺園等同，取紺琉璃之色而名。祖庭事苑卷四曰：「紺園梵語僧伽藍摩……皆佛祠之通稱。紺園，即紺宇也。釋名曰：紺，含也，謂青而含赤色也。内教多稱紺目、紺髮，取此義也。」

〔六〕玄珠，道之實體、道之奥義。莊子天地：「黄帝遊乎赤水之北，登乎崑崙之丘而南望。還歸，遺其玄珠。」陸德明釋文：「玄珠，司馬云：道真也。」

〔七〕上輦，或即輦上，朝廷也。晉書卷九九桓玄傳：「玄曰：『卿何不諫？』（曹靖之）對曰：『輦上諸君子皆以爲堯舜之世，臣何敢言？』」中州，指中原地區。三國志吴志全琮傳：「是時中州士人，避亂而南依琮者以百數。」

〔八〕宴坐，坐禪也。維摩詰所説經卷一弟子品曰：「宴坐樹下。」隋慧遠維摩義記卷二：「宴，猶默也。默坐樹下，名爲宴坐。宴、晏相監，晏是安義，宴是默義，全别。今彰宴矣。」

〔九〕「冠」，資本、磧本、普本、南本、徑本、清本作「冕」。

〔一〇〕「輿頌」，金本作「輿誦」。

左戎衛大將軍懷寧縣公杜君綽等議狀一首〔一〕

竊以至道沖虛，釋教凝寂，津梁庶品，道引群生〔二〕。銷鄙行於未萌，發慈心於已悟。然而後身濟物，雖假於名言，勸善懲非，无資於賞罰。信乃善開方便，冥助政道。伏惟皇帝陛下，德合乾坤，恩霑動植，含靈稟氣，俱荷曲成。僧尼之屬，誠宜拜跪。但不拜君父，著在經文。臣以爲，道或可存，則言不可廢，且君父尊極，事絶擬倫，在於臣子，敬非緣拜。既殊道俗，无嫌傲誕。以臣愚見，不拜爲宜。謹議。

【校注】

〔一〕杜君綽，兩唐書無傳。據舊唐書卷六五長孫無忌傳，唐會要卷四五功臣、卷八〇謚法下，册府元龜卷一六一、四〇五，新唐書卷一九一彭擢傳，全唐文卷九九一，全唐文補編卷一四李儼大唐故左戎衛大將軍兼太子左典戎衛率贈荆州都督懷寧縣開國襄公杜公碑等文獻可知：杜君綽，北齊杜謐孫，武德九年（六二六）以參與玄武門兵變有功受奬，貞觀二十三年（六四九）除右領軍將軍，永徽初歷任檢校左武衛、右武候大將軍，龍朔二年拜左戎衛大將軍兼太子左典戎率。龍朔二年（六六二）十月薨於禁中，享年六十二，贈荆州都督，謚曰襄。

〔二〕「道」，資本、磧本、普本、徑本作「導」。

左金吾衛將軍上柱國開國侯權善才等議狀一首〔一〕

竊以釋、道二門，津流自遠，求諸典實，崇敬斯弘〔二〕。至若皇繫所宗〔三〕，寔光華於萬祀；漢室惟啓，亦紛郁於千載。且君親在三，儒有不臣之禮；玄寂居二，制无揖拜之儀。義不師古，請循惟舊。謹議。

【校注】

〔一〕「左」，資本、磧本、普本作「右」。權善才，兩唐書無傳。依據兩唐書狄仁傑傳、崔知温傳，唐會要卷四〇臣下守法，通典卷一六九刑法，大唐新語卷四持法等文獻可知：上元三年（六七六）善才爲左威衛大將軍，坐誤斫昭陵柏木，高宗特令殺之，爲大理丞狄仁傑所救，免死。崔知温爲蘭州刺史，党項羌三萬入寇，州兵寡，善才時爲將軍，率兵以救，大破其衆。

〔二〕「弘」，金本作「弥」。

〔三〕此句意即李唐皇室宗繫老子李耳。

右奉宸衛將軍辛弘亮等議狀一首〔一〕

釋、老二門，教周四海，源流自久，弘益已深。敢申愚見，仍舊爲允。謹議。

【校注】

〔一〕「衛」，原本無，據卷首目録以補。辛弘亮，兩唐書無傳。元和姓纂卷三辛氏：「隴西狄道：……周河中總管、宿國公辛威，居抱（枹）罕，稱慶忌後。孫弘亮，右武衛大將軍。」右奉宸衛即右千牛衛，將軍二員，從三品。

右春坊主事謝壽等議狀一首〔一〕

一　敕云「君親之義，在三之訓爲重；愛敬之道，凡百之行攸先」者。此實先王之要道也，今請申其理。竊尋教有外教内教之別，人有在家出家之異。在家則依乎外教，服先王之法服，順先王之法言，上有敬親事君之禮，下有妻子官榮之戀。此則恭孝之躅，理叶儒津。出家則依乎内教，服諸佛之法服，行諸佛之法行，上捨君親愛敬之重，下割妻子官榮之戀。以禮誦之善自資父母〔二〕，行道之福以報國恩。既許不以毁形易服爲過，豈宜責以敬親事君之禮〔三〕？異乎孔、老之教，所以理絶常境，不抑其拜禮〔四〕，无損於國也。

一　敕云「宋朝塹革此風，少選還依舊貫」者。自佛法東流，六百餘載，帝代相次，向有百王，莫不敬崇佛法、樹福僧田者。故以染衣剃髮，同諸佛之容儀；割親辭榮，異衆人之愛戀。天龍敬重，號爲福田。故佛告憍曇彌：「莫供養我，當供養僧。」〔五〕此則大聖誠言，理不可棄。如其佛語可棄，請揔除廢，豈容存之欲求其福，辱之而責其拜禮也？伏惟太宗文皇帝，聖智則无所不達，神威則无所不伏，于時僧衆豈不易令跪拜？故以佛法可敬，長其容善，又恥好異亂常之迹，故不爲也。但願近依先朝聖化之道，遠棄晉、宋邊鄙之法，則萬古不怪，道俗心安矣。

一　敕云「朕稟天經以揚孝，資地義而宣禮」者。比見普天之下，俱行孝道，親在則盡心色養，親歿則追思遺迹者，皆稟陛下至孝之道也。今忽改棄先朝正淳之軌，遠慕晉、宋矯異之風，今僧等雖復暗昧，竊爲陛下不取也。伏願追思先迹，還依貞觀之法〔六〕。此則至孝之道，不化而自行矣。

一　敕云「連河之化，付以國王，裁制之由，諒歸斯矣」者〔七〕。竊尋付囑之意，恐不如此，何者？佛以像法末年〔八〕，淳心漸薄，邪見增長，正法衰替，四部之衆无力弘宣，是以付囑國王，令王擁護。如其王者不護，法當衰没自壞，豈勞付囑，令王毀壞〔九〕？今僧徒雖復凡鄙，而容儀似佛，使之跪拜，還如佛拜，一至於此，則存之无益。且夫去好異順大同者，君子之道也。故先朝云：「以人從欲〔一〇〕，亂於大道，君子所恥。」〔一一〕此風未遠，伏願依行。

人或問曰：「經中既説，新學比丘禮維摩詰足，不輕菩薩亦致敬於慢衆。況今聖主，示爲白衣，神德則不謝於維摩，立行則不同於慢衆。今使僧拜，正合其宜，更有何辭，敢不從順？」

答：「不可以一人别行而亂於大教。若以比丘頂禮於居士，則令五衆設拜於君親，俗人有居母喪而不哀，豈使天下喪親而不哭？至如莊周對婦屍而歌樂，知存歿如四時；孟孫居母喪而不慼〔一二〕，達死生乎一貫。此皆體道勝軌，何不令天下俱行？若以體道之情不可施於國法者，彼亦證理之行，豈得施於大化之議風也？夫議者，蓋欲取其大理，以成畫一之法〔一三〕。三教之法，即國王法，其法既成，終天不易。若不行用，則須除廢；若行用之，必須述其教迹。昔聞帝王禮佛，未見佛禮帝王，所以帝王敬法服者，以先聖國王受佛付囑，歷代遵承佛教故也。父母敬其袈裟，不可屈其佛衣，招父母之過。自古帝王度人出家，去其鬚髮，與其佛衣，不拘常俗，令作導師，敷演法教，而作福田。若令其禮拜，則屈其尊服，付囑之義安在？今欲改變，恐昧理之流心有疑惑，因生其過。譬由敬泥龕、木像〔一四〕，以其圖寫佛容，若不覩相欽承，泥木一何可貴？泥木尚假佛儀，僧尼還託法服，无假無託，疊伐誰代？如愚所見，望請循舊，不拜爲定。謹議。」

【校注】

〔一〕謝壽，兩唐書無傳。太子右春坊主事，從第九品下階。

〔二〕「誦」，金本作「議」，資本作「儀」。

〔三〕「宜」，資本、磧本、普本、南本、徑本、清本作「其」。

〔四〕「其」，資本、磧本、普本、南本、徑本、清本無。

〔五〕大般涅槃經卷五如來性品：「是故我告摩訶波闍波提：『憍曇彌！莫供養我，當供養僧。若供養僧，則得具足供養三歸。』」憍曇彌，梵語音譯，又譯喬答彌、俱曇彌。瞿曇姓之女聲，佛姨母摩訶波闍波提之稱。妙法蓮華經玄贊卷九：「梵云喬答摩，此云日炙種，亦云甘蔗種。男聲中呼，佛是釋迦姓之本望也。今云喬答彌，於女聲中呼，日炙甘蔗種是佛母故，以彌聲呼，訛云憍曇彌。若毀之曰泥土種、牛糞種，故曰彌。瞿曇，姓。廣此所因，如西域記。」

〔六〕貞觀政要集校卷七論禮樂第二十九：「貞觀五年，太宗謂侍臣曰：『佛道設教，本行善事，豈遣僧尼道士等妄自尊崇，坐受父母之拜，損害風俗，悖亂禮經，宜即禁斷，仍令致拜於父母。』」

〔七〕「由」，金本作「田」。「者」，資本、磧本、普本、南本、徑本、清本作「臣」，屬下句。

〔八〕像法，正、像、末三時之一。像者，似也，謂佛滅後五百年至一千年間所行與正法相似之佛法也。法華義疏卷五：「大論佛法凡有四時：一、佛在世時；二、佛雖去世，法儀未改，謂正法時；三、佛去世久，道化訛替，謂像法時；四、轉復微末，謂末法時。」正、像、末三時之年數，經論有多種異説。

〔九〕「令」，金本作「今」。

〔一〇〕「從」，金本無。

〔一一〕唐太宗帝京篇十首并序：「釋實求華，以人從欲，亂于大道，君子恥之。故述帝京篇以明雅志云爾。」春秋左傳僖公二十年：「宋襄公欲合諸侯，臧文仲聞之，曰：『以欲從人則可，以人從欲鮮濟。』」

〔一二〕「慼」，金本作「蹙」。莊子大宗師：「顏回問仲尼曰：『孟孫才，其母死，哭泣無涕，中心不戚，居喪不哀。无是三者，以善處喪蓋魯國。固有无其實而得其名者乎？回壹怪之。』」

〔三〕「晝」，資本、磧本、普本、南本作「盡」。

〔四〕「敬」，金本、禪本無。

馭僕寺大夫王思泰丞牛玄璋等議狀一首〔一〕

竊以瀨鄉垂範〔二〕，實東國之至人；祇園演法〔三〕，乃西方之上聖。皆能割慈忍愛，絶塵離俗。禮者忠信之薄，超道德而上馳；色爲真相之空，遺形骸而幽賾。故前王待之方外，後帝許以不臣。習見生常，其來自久，頓爲改創，恐乖聽矚。且復緇衣非揖拜之徒，黄冠異折旋之侣，縱使人非精感，不能式景玄風，本立道生，庶以漸持真教。若浮沉類俗，俯仰隨時，恐鷲嶺之業將虧，茨山之風行替〔四〕。變道從儒，未見其可，因循勿改，竊用爲宜。謹議。

【校注】

〔一〕王思泰、牛玄璋，兩唐書無傳。新唐書卷七二中宰相世系表，思泰字知約，鄭州刺史，出烏丸王氏。父王閔，子美暢，司封郎中。隋唐五代墓誌彙編録王燾大唐睿宗大聖真皇帝賢妃王氏（芳媚）墓誌銘并序，中云「國子司業、鄭州刺史諱思泰」。金石録卷五著録唐王思泰碑，下注：「李振撰，并正書。景雲二年。」馭僕寺即僕寺，僕即大夫，一人，從四品上。丞一人，從七品上。

〔二〕「瀨」，徑本、清本作「厲」，兩可。下同，不贅。

〔三〕祇園，又作祇洹、祇桓，爲祇樹園、祇陀園、祇樹給孤獨園之略。慧琳音義卷一〇：「祇樹，梵語也。或云祇陀，或云祇洹，或云祇園，皆一名也。正梵音云誓多，此譯爲勝，波斯匿王所治城也。太子亦名勝，給孤長者就勝太子抑買園地，爲佛建立精舍，太子自留其樹，供養佛僧，故略云祇樹也。」

〔四〕茨山，即具茨之山。出莊子徐無鬼：「黄帝將見大隗乎具茨之山，方明爲御，昌寓驂乘，張若謵朋前馬，昆閽滑稽後車。至於襄城之野，七聖皆迷，無所問塗。適遇牧馬童子，問塗焉。」

萬年縣令源誠心等議狀一首〔一〕

竊以老、釋之教，雖曰冲玄，君父之尊，終資嚴敬。況所行化，不出寰中，義屬在三，須遵孔禮。但爲髮落不可加冠〔二〕，法衣不可加帶，无冠無帶，拜伏失儀。如愚管窺，依舊爲允。謹議。

【校注】

〔一〕源誠心，兩唐書無傳。元和姓纂卷四源氏：「懷後，子邕、子恭生師，并有傳。師生崑玉、直心、誠心……誠心，洛州司馬。生禕、匡贊。」新唐書卷七五上宰相世系表五上：「誠心，洛州司馬。匡度，黄州刺史、臨漳公。匡讚，國子祭酒。」全唐文補遺第二輯大唐西河郡平遥縣尉慕容故夫人源氏墓誌銘并序：「夫人高祖誠心，洛州司馬。曾祖匡友，鄭州刺史。」

〔二〕「髮落」，資本、磧本、普本、南本、徑本、清本作「落髮」，兩可。

長安縣丞王方則崔道默等議狀一首〔一〕

竊惟在三之禮，罔極於君親；不二之門，獨遺於資事。豈不以真俗兩隔，孔、釋雙分，臨之寵辱既不驚，受之髮膚則已毀，玄冕與緇裳詭飾，振錫與鏘金殊義。足使弱喪知歸〔二〕，行迷識反。今若降其塵外之迹，嬰其俗中之事，一乘紊典，三歸弛法〔三〕，尚其道而黷其儀，挹其流而汩其本〔四〕，義非稽古，宋不足徵，求之愚衷，有所未愜。且道之爲道，玄之又玄，衆妙所歸。啓聖辭屬，入關之業，可大而不可小；居河之訓，可尊而不可卑。隆纏睿想〔五〕，方弘損益，冒進芻詞，伏增戰汗。謹議。

【校注】

〔一〕「長安縣丞王方則崔道默」，原本作「長安縣尉崔道默」，據卷首目録以改。王方則、崔道默，兩唐書無傳。新唐書卷七二中宰相世系表二中瑯琊王氏：「弘讓字敬宗，中書舍人，專掌機密……（子）方則字玄憲，光禄卿。（子）昱，好畤丞。（子）維。」錢大昕十駕齋養新録附餘録卷一二王維王縉：「唐太原王維、王縉兄弟，一爲右丞，一爲宰相。而琅邪王方則之孫維與縉，亦兄弟也。又王智興之父亦名縉。」新唐書卷七二下宰相世系表二下崔氏清河小房：「玄弼，延州刺史。……道默，赤尉。」册府元龜卷九三三載，永徽中，「左肅機鄭欽泰、西臺舍人高正業、司虞大夫魏玄同、張希乘、長安尉崔道默并除名，長流嶺南遠界，與（上官）儀結託故也」。

〔二〕弱喪，少而失其故居。莊子齊物論：「予惡乎知惡死之非弱喪而不知歸者邪！」郭象注：「少而失其故居名爲弱喪。夫弱喪者，遂安於所在，而不知歸於故鄉也。」成玄英疏：「弱者弱齡，喪之言失。謂少年遭亂喪，失桑梓，遂安他土而不知歸，謂之弱失。」

〔三〕三歸，即三歸依、三歸戒。歸依佛，歸依佛寶以爲師者；歸依法，歸依法寶以爲藥者；歸依僧，歸依僧寶以爲友者。

〔四〕汩，攪渾。晉陶潛飲酒二十首之九：「一世皆尚同，願君汩其泥。」

〔五〕「隆」，資本、磧本、普本、南本、徑本、清本作「降」。

沛王府長史皇甫公義文學陳至德等議狀一首〔一〕

臣聞：三教同歸，漸頓雖別，俱爲助化，咸稱勸善。宣尼作訓，不拘方外之流；大師垂範，全舍寰中之累。虚室生白〔二〕，一粒餘資，并駕康衢，唯道是務。自玄風載偃，法雲收族，黄冠緇服，心迹不俱。皇上愍其忘反，式令僉議。但絶胤髡頂，形之重也；擎跪拜伏，禮之末也。今若捨其重而檢其末，申其道而屈其人，恐習俗生常，頓改非易。伏望嚴告有司，詳加誘進，如更因心靡悟，方可寘之刑禮。輕陳蒭管，伏深戰懼。謹議。

【校注】

〔一〕皇甫公義、陳至德，兩唐書無傳。元和姓纂卷五皇甫氏：「又軌三從弟況，生益、興。益五代孫元凱，商州刺史；生德驤，蔡州刺史。興六代孫公義，工部侍郎；四從姪思忠，卭州刺史。」册府元龜卷一六一云：「乾封二年（六六六）十月，遣守大司憲樂彦瑋、司平少常伯皇甫公義、太子左中護楊思敬、兼西臺舍人李虔澤等分往長安萬年城外諸縣巡問百姓，親檢校田苗，賑給乏絶。總章二年（六六九）四月，令左肅機兼檢校沛王府長史皇甫公義往慮岐州諸縣囚徒，量事原免之。」册府元龜卷九二五：「賀蘭敏之，天后姊子，爲蘭臺左侍極當時，咸傾附之。有罪徙嶺外，尚書右丞兼撿校沛王府長史皇甫公義，以託附敏之，長流横州。」

〔二〕「室」，金本作「空」。虚室生白，語出莊子人間世：「瞻彼闋者，虚室生白，吉祥止止。」郭象注：「夫視有若無，虚室者也，（室）虚而純白獨生矣。」成玄英疏：「瞻，觀照也。彼，前境也。闋，空也。觀察萬有，悉皆空寂，故能虚其心室。」形容道教修行的清澈明朗的境界。

周王府長史源直心參軍元思敬等議狀一首〔一〕

釋旨希微，理暢有形之表；玄宗罔象，義軼无名之外。括三才而體要，包萬類而窮神。真氣麗闕〔二〕，佇猶龍之西舉；法雲彩野，馴巨象之東歸。玉洞仙經〔三〕，冲玄羽化；金容懿範，演聖龍宫。至道難名，神功不揣，爰自周、漢，咸著丹青，典午當塗〔四〕，因循不替。是知趣玄門者千古，崇釋典者百王。剪髮緇裳，忽輕肥之美；變冠黄服，蔑簪紱之榮。莫不志越寰中，心遊方外。去揖讓之節，就戒律之儀。弛禮樂之規，遊虚白之室。是以如來秘説，絶敬君親〔五〕，綿古洎今，無朽茲教。教如可廢，法亦可刊，教捨法存，法將安措〔六〕？且甲士不拜，豈伍卒之自尊？天顔咫尺，非一介之云貴。并以銜威稟命，所以禮棄謙恭。况乎延思煙霞，解塵俗於羈網；警情法界，釋怨會於樊籠。而使降出俗之容，展入家之禮，考古恐乖通理，論今懼爽彝章。議建蓊微，敢申管見，瞻對疏謬，悚懼交懷。謹議。

【校注】

〔一〕源直心，兩唐書無傳。元和姓纂卷四源氏：「懷後，子邕、子恭生師，并有傳。師生崑玉、直心、誠心……直心，尚書左丞、司刑太常伯，生乾珍、乾曜。乾曜，侍中、左丞相、安陽公，自師三代左丞，四子，復、弼、潔、清。」新唐書卷七五上宰相世系表五上：「直心，司刑太常丞。（子）乾珍。（子）乾曜，相玄宗。」全唐文補遺第三輯張九齡故中散大夫并州盂縣令崔府君（哲）夫人源氏墓誌銘：「祖師，隋尚書左丞。父直心，司刑大常伯。」舊唐書卷四六經籍志上：「永徽留本司行中本十八卷。源直心等撰。」册府元龜卷六九帝王部：「高宗龍朔二年五月丙申，大司憲竇德玄爲司元太常伯，左肅機源直心爲奉常正卿。」全唐文補編卷七闕名大唐驃騎大將軍益州大都督上柱國盧國公程使君墓誌銘：「以麟德二年二月七日，遘疾薨於懷德里第……儀仗鼓吹，送至墓所往還。仍令司刑大常伯源直心攝同文正卿監護，奉常丞張文收爲副。」元思敬，總章中爲協律郎，預修芳林要覽，又撰詩人秀句兩卷，傳於世。舊唐書卷一九〇上文苑傳有傳。

〔二〕典出劉向列仙傳關令尹傳。

〔三〕玉洞，神仙居住的洞府。南朝梁虞羲見江邊竹詩：「金明無異狀，玉洞良在斯。」

〔四〕典午，「司馬」之隱語。三國志蜀書卷四二譙周傳：「周語次，因書版示立曰：『典午忽兮，月酉没兮。』典午者謂司馬也，月酉者謂八月也，至八月而文王果崩。」晉帝姓司馬氏，後因以「典午」指晉朝。當塗，即當塗高，漢代讖書中的隱語。指三國魏。後漢書卷七五袁術傳：「（術）又少見讖書，言『代漢者當塗高』，自云名字應之。」李賢注：「當塗高者，魏也。」

〔五〕「敬」，金本作「欲」。

〔六〕「措」，金本作「撗」。

論曰：玄教廢興，理鍾期運〔一〕，而盛衰之寄，抑亦人謀。皇上御辯乘時〔二〕，允膺付託，所以降非常之詔，勵釋侶於明時者也。春秋傳曰：「君所謂可而有否焉，臣獻其否，以成其可。君所謂否而有可焉，臣獻其可，以去其否。」〔三〕余聞其語矣，今見其人焉。觀秀上肆力釋君，昌言帝闕，詞志款款，勤則勤矣。而宣公之啓狀，詳切該博，吾无間然。方今以大法爲己任，思正其傾危，能負重道遠者，此其人也歟？仲尼云：「顛而不扶，危而不持，則將焉用彼相矣？」〔四〕若此真可謂至覺元首，良哉股肱〔五〕。中臺、周府等議〔六〕，雖文質有乖，而咸得事要。然樞細經典〔七〕，疇咨故實，理例鋒潁，詞韻膏腴，則司戎之稱鴻筆麗藻矣〔八〕。若標以顯議，約以正詞，其文辯潔，其事明覈，則左驍衛舉其綱領矣〔九〕。將來達鑒，斯焉取斯。

贊曰：正法既隱，象季斯微〔一〇〕，不有明喆，慧日誰暉。獻可替否，飛英萃實，詳諸昔賢，驗乎茲日。卓卓英秀，是振隤綱，謇謇宣公，圮運斯匡〔一一〕。衆議詵詵，宏謨諤諤〔一二〕，蘭菊殊美，絲桐間作。秦君鴻筆，王生顯議〔一三〕，文質舛途，忠貞齊懿。惟茲盛德，謀无不臧，一時風素，千載流芳。

集沙門不應拜俗等事卷第四議不拜下〔一四〕

【校注】

〔一〕「期」，資本、磧本、普本、南本、徑本、清本作「斯」。

〔二〕御辯，駕馭世變。辯，通「變」。語本莊子逍遥遊：「若夫乘天地之正而御六氣之辯，以遊无窮者，彼且惡乎待哉！」郭象注：「御六氣之變者，即是遊變化之塗也。」

〔三〕見春秋左傳昭公二十年。

〔四〕見論語季氏。

〔五〕語出尚書益稷。

〔六〕此指中臺司禮太常伯隴西郡王博乂大夫孔志約等議狀一首、周王府長史源直心參軍元思敬等議狀一首。

〔七〕「細」，資本、磧本、普本、南本、徑本、清本作「紐」。

〔八〕此指司戎少常伯護軍鄭欽泰員外郎秦懷恪等議狀一首。

〔九〕此指左驍衛長史王玄策騎曹蕭灌等議狀一首。

〔一〇〕「象」，磧本、清本作「像」。

〔一一〕「圮」，資本、磧本、普本、南本、徑本、清本作「承」。

〔一二〕「謨」，資本、磧本、南本、清本作「模」。

〔一三〕秦君句，指司戎少常伯護軍鄭欽泰員外郎秦懷恪等議狀一首。王生句，指左驍衛長史王玄策騎曹蕭灌等議狀一首。

〔一四〕「第四」下，資本、磧本、普本、南本、徑本、清本有小字「議不拜下」，據以增補。

集沙門不應拜俗等事卷第四

集沙門不應拜俗等事卷第五

弘福寺沙門釋彦悰纂録

聖朝議拜篇第三上〔一〕

議拜者，明沙門應致拜也。昔皇覺御宇〔二〕，尚開信毁之源，豈惟像末，不流弘約之議？頃以法海宏曠，類聚難分，有穢玄猷，頗聞朝聽，致使拘文之士廢道從人。較而言之〔三〕，未曰通方之巨唱也。余所以考諸故實，隨而彈焉。庶崇佛君子，或能詳覽〔四〕。

【校注】

〔一〕「聖朝」，徑本、清本無。

〔二〕皇覺，即佛。釋道宣廣弘明集歸正篇序：「昔皇覺之居舍衛二十五年，九億編户逆從太半。」折疑論卷四：「大聖則歸乎覺皇。」師子比丘注：「覺皇即佛也，故稱爲大聖。」

〔三〕較，明顯、顯著。慧琳音義云：「江岳反。博雅云：『較，明也。』説文：『從車交聲。』」揚雄法言吾子：「孔子之道，其較且易也。」李軌注：「言較然易知。」

〔四〕此段文字，又見廣弘明集卷二五。

議兼拜〔一〕

左威衛長史崔安都録事沈玄明等議狀一首

右清道衛長史李洽等議狀一首

長安縣令張松壽等議狀一首

議令拜〔二〕

中臺司列少常伯楊思玄司績大夫楊守拙等議狀一首

司平太常伯閻立本等議狀一首

蘭臺秘閣局郎中李淳風等議狀一首

太常寺博士吕才等議狀一首

司宰寺丞豆盧暕等議狀一首

司衛寺卿楊思儉等議狀一首

司馭寺丞韓處玄等議狀一首
詳刑寺少卿元大士等議狀一首
同文寺丞謝祐等議狀一首
内府監丞柳元貞等議狀一首
司津監李仁方等議狀一首
右武衛兵曹參軍趙崇素等議狀一首
右戎衛長史李義範等議狀一首〔三〕
右金吾衛將軍薛孤吴仁長史劉文琮等議狀一首
右監門衛中郎將能玄逸等議狀一首〔四〕
端尹府端尹李寬等議狀一首
左春坊中護賀蘭敏之贊善楊令節等議狀一首〔五〕
右春坊中護郝處俊贊善楊思正等議狀一首
司吏寺丞張約等議狀一首
左典戎衛倉曹王九思等議狀一首〔六〕
右典戎衛軍斛斯敬則等議狀一首

左司禦衛長史馬大師等議狀一首

右司禦衛長史崔崇業等議狀一首

左清道衛長史蔣真胄等議狀一首〔七〕

左崇掖衛長史竇尚義等議狀一首

右崇掖衛長史李行敏等議狀一首

左奉裕衛長史丘神静等議狀一首

右奉裕衛率韋懷敬等議狀一首

雍州司功劉仁叡等議狀一首

【校注】

〔一〕「議兼拜」，卷内正文題作「議沙門兼拜狀合三首」。爲全書體例統一，正文中删除。

〔二〕「議令拜」，卷内正文題作「議沙門致拜狀合二十九首」。爲全書體例統一，正文中删除。

〔三〕「戎」，南本作「武」。

〔四〕「能」，資本、磧本、普本、南本、徑本、清本作「熊」。卷内正文同，不贅。

〔五〕「令」，資本、磧本、普本、南本、徑本、清本作「全」。卷内正文同，不贅。

〔六〕「九思」，資本、磧本、普本、南本、徑本、清本作「思九」。卷内正文同，不贅。

〔七〕「蔣」，磧本、普本作「將」。

左威衛長史崔安都録事沈玄明等議狀一首〔一〕

竊以紫氣騰真，玄牝之風西被〔二〕；白虹沉化，涅槃之藴東流〔三〕。轡羽驤霞，影玉京而凝衆妙〔四〕；津慈照寂，啓金園而融至道〔五〕。義冠空有〔六〕，理洞希夷，祛濟塵蒙，熏滌因累〔七〕，神道裨教，茲焉有徵。坦躅業已遵從，流弊義資懲革。彈曰：守法高尚，稱爲流弊。違經拜俗，謂之懲革〔八〕。即事不可，其如理何。原夫在三之敬，六位峻尊卑之象〔九〕；百行之本，四始旌罔極之談〔一〇〕。本立然後道生，敬形於焉禮穆，寔王化之始，乃天地之經。佛以法爲師，帝以天爲則。域中有四大，王者居一焉。王道既其齊衡，夫法固乃同貫〔一一〕。身爲法器，法惟道本。黄冠慕道，緇裳奉佛，致敬君父，眇契玄波。彈曰：佛法乃寰外之尊，帝天爲域中之大，教存而令屈折，不覊還類編人，此乃法水壅而不流，何玄波之渺契耶〔一二〕。且夫戒録纔高〔一三〕，猶盡肅於膜拜〔一四〕，況乎貴賤懸邈，頓遺恭於屈膝。彈曰：王謐云：「沙門所以上下相敬，而抗禮宸居者，良以宗致既同，則長幼成序，津途有隔，則義无降屈。」〔一五〕誠哉是言，可爲龜鏡矣。必以山林獨往，物我兼忘，混親疏，齊寵辱，惠我不爲是，損己詎稱非，自當泯若無情，湛然恒寂，安假仰迦維而頓顙，覲天尊而雅拜〔一六〕。塵容不異俗，致敬未乖真。彈曰：沙門落綵披緇〔一七〕，道俗懸隔，拜違佛教，具顯經文。而言敬未乖真，容不異俗，此乃指南爲北，反白成玄〔一八〕。且伯陽緒訓於和光，不輕演教於常禮〔一九〕，妙叶謙尊之德，遠符鄰照之規。彈曰〔二〇〕：伯陽誕自姬周，身充柱史，爲官則王朝之一職，言道乃儒宗之一流〔二一〕，拜伏君親，固其宜矣。至若不輕之禮四衆，乃據理以行之，理則无簡於怨親，通貴賤而俱禮。敕乃約其尊極，不制禮於卑微，涇渭兩殊，无宜一貫矣〔二二〕。又三極之中〔二三〕，師居其末。末猶展敬，本何疑哉？彈曰：釋衆所以師資相敬，正以教義不殊故耳，非是約本末而言，何孟浪之甚也。若以袈裟異乎龍黼〔二四〕，縠巾殊於鷩弁〔二五〕，服既戎矣，拜何必華？各循其本，無爽彝式。其有素履貞遯，清規振俗，神化肸蠁〔二六〕，戒行精勤，藻掞桐鸞〔二七〕，梵清霄鶴，錦旌徵獸，瓊符御靈，德秀年耆，蠲其拜禮。自餘初學後進，聲塵寂寥，并令盡敬君父，請即編之恒憲。彈曰：若以不拜爲非，則德秀年耆，詎宜蠲免？若以不拜爲是，則後進初學，无宜令拜。進退矛楯〔二八〕，去取自乖，請即編之恒憲，何所見之短乎？如此，則進德修業，出塵之軌彌隆；苦節棲壇，入道之心逾勵〔二九〕。玄風斯遠，國章惟緝，庶可以詳示景則〔三〇〕，静一訛弊。彈曰：以乖宗爲景則，謂守法爲訛弊，約斯以驗〔三一〕，餘何可觀〔三二〕。自我作故〔三三〕，奚舊之拘。夫鏡非常之理，必藉非常之照，天鑒玄覽，體睿甄微，探象外之遺宗，極寰中之幽致，雖則蹔駭常聽，抑亦終冥大道。

謹議。

【校注】

〔一〕此文，又見廣弘明集卷二五。崔安都、沈玄明，兩唐書無傳。賀知章大唐故銀青光禄大夫行大理寺少卿上柱國渤海縣開國公封公墓誌銘并序：「夫人博陵崔氏，周少司徒宣猷之曾孫，皇朝太子内直監安都之女也。」成唯識論卷一〇有成唯識論後序，署名「吴興沈玄明撰」。

〔二〕玄牝，道家指孳生萬物的本源，比喻道。老子：「玄牝之門，是謂天地根。」此代指道教。

〔三〕「白虹」事，指周穆王五十二年壬申歲二月十五日平旦，西方有白虹十二道，時佛陀涅槃。見周書異記。

〔四〕玉京，道教彙總天帝所居之處。葛洪枕中書引真記：「玄都玉京七寶山，週回九萬里，在大羅之上。城上七寶宫，宫内七寶臺，有上中下三宫。」魏書卷一一四釋老志：「道家之原，出於老子。其自言也，先天地生，以資萬類。上處玉京，爲神王之宗；下在紫微，爲飛仙之主。」

〔五〕金園，即金地、金田，佛寺之别稱，取須達長者布金買祇園之故事。釋氏要覽卷上曰：「金地，或云金田。即舍衛國給孤長者側布黄金，買祇陀太子園建精舍，請佛居之。」

〔六〕「冠」，資本、磧本、普本、南本、徑本、清本作「觀」。

〔七〕「熏」，廣弘明集卷二五作「薰」。熏、薰意近，熏陶、感染也。下同，不贅。

〔八〕「謂」，資本、磧本、普本、南本、徑本、清本作「爲」。

〔九〕六位，語出莊子盜跖：「五紀六位，將何以爲别乎？」成玄英疏：「六位，君臣父子夫婦也，亦言父母兄弟夫妻。」

〔一〇〕四始，指「風」「小雅」「大雅」「頌」。見毛詩大序。

〔一一〕「夫」，磧本、清本、廣弘明集卷二五作「天」。

〔一二〕「渺」，資本、磧本、普本、南本、徑本、清本、廣弘明集卷二五作「眇」。渺、眇意近，細微、微小也。

〔一三〕「録」，磧本、南本、徑本、清本作「籙」。「録」通「籙」。

〔一四〕膜拜，胡地表示尊敬或畏服的禮式。慧琳音義釋「膜」云：「莫音。郭注穆天子傳：『膜，胡跪，禮佛稱南膜也。』説文：『從肉莫聲。』」穆天子傳卷二：「吾乃膜拜而受。」郭璞注：「今之胡人禮佛，舉手加頭，稱南膜拜者，即此類也。」可洪音義云：「胡禮拜也」。亦專指禮拜神佛。

〔一五〕王謐答桓玄應致敬難三首初答：「沙門所以推宗師長，自相崇敬者，良以宗致既同，則長幼成序；資通有係，則事與心應。」

〔一六〕覿，相見。周易困：「三歲不覿。」陸德明釋文：「覿，見也。」天尊，道教稱天神爲天尊，謂神仙之道極尊，因曰天尊。如元始天尊、靈寶天尊等。

〔一七〕「綵」，磧本、普本、南本、徑本、清本作「䰂」。䰂，美髮也。落䰂，即僧尼剃髮出家。「䰂」較爲妥當。下同，不贅。

〔一八〕「反白」，原本作「又曰」，資本、磧本、普本、南本、徑本、清本、廣弘明集卷二五作「反白」。據上文文意，「反白」爲妥，故改。

〔一九〕「常」，磧本、南本、徑本、清本作「當」。

〔二〇〕「彈曰」，廣弘明集卷二五無。

〔二一〕「乃」，廣弘明集卷二五無。

〔二二〕「乃據理以行之……無宜一貫矣」，廣弘明集卷二五作「乃權道之一時。其猶文命入裸俗而解裳，不可例率土以爲模楷」。

〔二三〕三極，即三才，天、地、人。周易繫辭上：「六爻之動，三極之道也。」王弼注：「三極，三才也。」孔穎達疏：「六爻遞相推動而生變化，是天、地、人三才至極之道。」

〔二四〕黼，刺繡也。慧琳音義云：「方武反。爾雅：『黼，繡也，文章也。』郭注云：『黼，文畫爲斧文也。』鄭注禮記云：『以羔與狐白雜爲黼文也。』説文：『從黹甫聲。』」龍黼者，當指龍衮，天子禮服。

〔二五〕縠，慧琳音義云：「紅縠反。釋名云：『縠，紗也。』説文：『羅屬也。』」鷩弁，慧琳音義云：「鄭注周禮：『畫鷩雉，所謂華虫也。』山海經云：『華山多赤鷩。』郭注云：『雉屬也。赤冠，背金色，頭緑，尾中有赤毛鮮明。』爾雅云：『似山鷄而小。』杜注左傳云：『鷩，山雉，以立秋來，立冬入水化爲蛤也。』説文：『從鳥敝聲。』下皮變反。説文：『弁，冕也。』」鷩弁，即鷩冕，鷩衣而加冕，爲周天子與諸侯的命服。北周宗周禮，復行鷩衣鷩冕。唐代爲二品之服。宋代諸臣祭服有鷩冕。宋以後漸廢。

〔二六〕肸蠁，又作「肹蠁」，散布、彌漫。左思吴都賦：「光色炫晃，芬馥肸蠁。」比喻靈感通微。左思蜀都賦：「天帝運期而會昌，景福肸蠁而興作。」此爲比喻義。

〔二七〕掞，鋪張、舒發。左思蜀都賦：「摛藻天庭。」

〔二八〕「矛楯」，資本作「茅戟」，磧本、廣弘明集卷二五作「矛盾」，兩可。

〔二九〕苦節，語出周易節：「節：亨。苦節，不可貞。」孔穎達疏：「節須得中。爲節過苦，傷於刻薄，物所不堪，不可復正，故曰『苦節，不可貞』也。」意謂儉約過甚。後用以喻堅守節操、矢志不渝。

〔三〇〕「示」，資本、磧本、普本、南本、徑本、清本作「爾」。

〔三一〕「以」，資本、磧本、普本、南本、徑本、清本作「見」。

〔三二〕「餘」，資本、磧本、普本、南本、徑本、清本作「惟」。

〔三三〕「故」，磧本、南本、清本、廣弘明集卷二五作「古」。「古」通「故」。國語魯語上：「哀姜至，公使大夫、宗婦覿用幣。宗人夏父展曰：『非故也。』公曰：『君作故。』」韋注：「言君所作，則爲故事。」史通申左：「自我作故，無所準繩。」史通稱謂：「唯魏收遠不師古，近非因俗，自我作故，無所憲章。」

右清道衛長史李洽等議狀一首〔一〕

竊以道教冲虚，釋門秘寂，至於照仁濟物，崇義爲心，乃睠儒風，理將無異〔二〕。彈曰：儒教所明，不踰寰域；釋宗所辯，高出見聞。故魏東陽王丕曰：「佛法冲洽，非儒墨者所知。」〔三〕今言不異，何多謬耶！至若宿德耄齒，戒律无虧，栖林遯谷，高尚其事，若斯儔輩，可致尊崇。其有弱齓蒙求〔四〕，熏修靡譽，背真混俗，心行多違，以此不拜，義難通允。彈曰：夫稱沙門者何也？謂紹法象賢，發蒙啓化，儀異搢紳之飾〔五〕，教殊廊廟之規。求宗故所以直骸，孰可分其德業？矯俗故由茲抗禮，寧容隔以尊卑。但在家在國，事君事親，不拜之儀，何可以訓？」彈曰：「誠哉！奉君親者，无宜不拜。沙門不事王侯，背思天屬〔六〕，以拜爲訓，似未之思。」望請勒拜，垂憲於後。謹議。

【校注】

〔一〕此文，又見廣弘明集卷二五。李洽，兩唐書無傳。新唐書卷五九藝文志三道家類「集注陰符經一卷」，歷代注家有「太公、范蠡、鬼谷子、張良、諸葛亮、李淳風、李筌、李洽、李鑒、李鋭、楊晟」。太平廣記卷一一五「李洽」條，叙述山人李洽抄寫金光明經延算事。此數李洽，是否爲同一人，存疑。

〔二〕「將」，廣弘明集卷二五作「何」。

〔三〕丕即元丕，拓跋興都子，承明元年（四七六）十月假東陽王元丕爵爲正王，景明四年（五〇三）薨，年八十二，魏書卷一四、北史卷一五有傳。元丕評述三教事，見辯正論卷四。

〔四〕弱齔，慧琳音義云：「禮記云：『二十曰弱冠。』下初謹反。鄭注周禮：『男子八歲毁齒曰齔。』説文：『從齒七聲。』」

〔五〕「異」，資本、磧本、普本、南本、徑本、清本作「非」，廣弘明集卷二五作「乏」，亦可通。

〔六〕「思」，資本、磧本、普本、南本、徑本、清本、廣弘明集卷二五作「恩」。

長安縣令張松壽議狀一首〔一〕

竊惟佛道二門〔二〕，虛寂一致，縱不能練心方外，擯影人間，猶須迹與俗分，事與時隔。然今出家之輩，多雜塵伍，外以不屈自高，内以私謁爲務，徒有入道之名，竟无離俗之實。彈曰：不屈者奉法而然，私謁者誠違教義，只可峻其科簡，懲彼不逞之流，寧容縱火崑崗，而欲俱焚玉石耶。至若君親之地，禮兼臣子，孝敬所宗，義深家國。不有制度，何以經綸？望請僧尼、道士、女官等，道爲時須，事因法會者，雖在君后，聽依舊式。捨此以往，并請令拜〔三〕。若歸覲父母，子道宜申；如在觀寺，任遵釋典。彈曰：夫僧尼合拜，則无宜不拜，不合豈簡時方？何得剃髮同是一人，約處便開異禮？法服始終無二，據事遂制殊經？此乃首鼠兩端〔四〕，苟要時譽，未曰志隆家國，獻奉忠貞〔五〕。庶其以卑屈爲恥，稍屏浮競；以道德自尊，漸弘教法。輒進愚管，伏增慙戰。謹議。

【校注】

〔一〕「壽」下，資本、磧本、普本、南本、徑本、清本有「等」字。此文，又見廣弘明集卷二五。張松壽，兩唐書無傳。朝野僉載卷五載長安令張松壽捕盜賊事。唐尚書省郎官石柱題名考卷五司封郎中、卷七司勳郎中有「張松壽」。

〔二〕「惟」，資本、磧本、普本、南本、徑本、清本作「聞」。

〔三〕「請令」，資本、磧本、普本、南本、徑本、清本作「令請」，廣弘明集卷二五作「令讚」。

〔四〕「鼠」，資本作「尾」。

〔五〕「苟要時譽……獻奉忠貞」，廣弘明集卷二五作「要時妄立」。

中臺司列少常伯楊思玄司績大夫楊守拙等議狀一首〔一〕

竊以佛道二教，本尚虚玄，演方便於三乘，契忘言於一指〔二〕。唯寂唯寞，何寂寞之不包；非有非无，何有無之不鑒。今之法侣，寔繁有徒，久損拜跪之儀，彈曰：請問，何處令拜而言損耶？自處高上之地。約有爲之戒律，揖无上之君親。彈曰：剃削既奉釋宗，守戒无宜設禮〔三〕。推之人情，情涉縱誕；求之至理，理所未通。彈曰：推之人情，巢、許無云縱誕；求之至理，沙門寧曰不通。令致敬於君親，庶垂範於來葉。謹議。

【校注】

〔一〕「績」，原作「續」，形近而誤。楊思玄，弘農華陰人，高宗時爲吏部侍郎、國子祭酒。思玄弟思敬，禮部尚書。舊唐書卷六二有傳。新唐書卷七一下宰相世系表一下載，楊思玄出觀王房，父續。兄思昭，膳部員外郎；弟思敬，禮部尚書、駙馬都尉。司列少常伯，即吏部侍郎。楊守拙，兩唐書無傳。新唐書卷七一下宰相世系表一下載，守拙出越公房，考功郎中。父纂，户部尚書、長平公。弟守訥，倉部郎中、汾州刺史。唐尚書省郎官石柱題名考卷九考功郎中有「楊守拙」。司績大夫即考功郎中。

〔二〕一指，語出莊子齊物論。

〔三〕「无」，資本、磧本、普本、南本、徑本、清本作「不」，兩可。

司平太常伯閻立本等議狀一首〔一〕

竊以寂滅垂軌，猶弘孝敬之儀；无爲闡化，終叶虔恭之禮。雖道超可道，道尚繫於三尊〔二〕；法空諸法，法猶包於四大〔三〕。況皇猷遠暢，衍地義以宣風；聖澤遐霑，浹天經而灑潤。至德所被，理不隔於幽明；大道傍通，故无分於真俗。而違方之士，空迷相物之心；淪俗之徒，尚嬰自我之累。彈曰：今諸僧等，莫不聖朝以來爲國所度，將以資奉陵廟，津梁品庶，而言違方淪俗者，豈不傷皇家之福乎？莫識九重之貴，不知得一之尊。絶忠孝於君親，棄敬愛於母后，求諸至理，竊謂不通。俱拜君親，未乖舊典。謹議。

【校注】

〔一〕「太」，資本作「大」。閻立本，雍州萬年人。顯慶中遷將作大匠，後代其兄立德爲工部尚書。總章元年（六六八）遷右相，賜爵博陵縣男。有應務之才，而尤善圖畫，工於寫真。咸亨元年（六七〇），百司復舊名，改爲中書令，四年（六七三）卒。舊唐書卷七七、新唐書卷一〇〇有傳。司平太常伯即工部尚書。

〔二〕「道」，資本、磧本、普本、南本、徑本、清本無。三尊，即道、經、師三寶。

〔三〕「法」，資本、磧本、普本、南本、徑本、清本無。

蘭臺秘閣局郎中李淳風等議狀一首〔一〕

竊以三辟之重〔二〕，要君者无上；彈曰：沙門承恩入道，非曰要君。五刑之極，非孝者無親。彈曰：親放出家，詎爲非孝耶。是以悖德悖禮，爲大亂之本源；彈曰：僧等動依經教，非悖德禮也。唯敬唯忠，乃經邦之正軌。彈曰：僧等雖形闕奉親，而内懷其孝敬也；禮乖事主，而心戢其恩忠也。至於老教虛靜，資柔弱以曲全；釋典冲和，常不輕爲普敬。事如左威衛議中彈〔三〕。未聞傲慢君親，矜夸衆庶，彈白：沙門身具佛戒，形具佛儀，人天自仰，寧是矜傲。可以淳風勵俗〔四〕，安國寧家者也。今令道士、女官、僧尼恭拜君親，於道佛無虧。彈曰：經云：「拜君損君，拜親損親。」行敬違教，孰曰無虧？復從國王正法，大革前弊，深廢澆訛，彈曰：以順法爲訛弊，用違教爲廢革，可謂首冥適越〔五〕，背道逾多〔六〕。使其永識隨順之方，更知天性之重。謹議。

【校注】

〔一〕「等」，原本無，據資本、磧本、普本、南本、徑本、清本、卷首目録以補。李淳風，岐州雍人也。父播，隋高唐尉，棄官爲道士，自號黄冠子。貞觀初，淳風授將仕郎，直太史局。十五年（六四一），除太常博士，尋轉太史丞。二十二年（六四八），遷太史令。顯慶元年（六五六），封昌樂縣男。龍朔二年（六六二），改授秘閣郎中。咸亨初（六七〇），官名復舊，還爲太史令。年六十九卒。舊唐書卷七九、新唐書二〇四有傳。

〔二〕三辟，夏、商、周三代之刑法。春秋左傳昭公六年：「夏有亂政，而作禹刑；商有亂政，而作湯刑；周有亂政，而作九刑。三辟之興，皆叔世也。」此指刑法。

〔三〕即左威衛長史崔安都録事沈玄明等議狀一首：「彈曰：伯陽誕自姬周……言道乃儒宗之一流，拜伏君親，固其宜矣。至若不輕之禮四衆……涇渭兩殊，無宜一貫矣。」

〔四〕「淳」，資本、磧本、普本、南本、徑本、清本作「敦」。

〔五〕「冥」，南本、徑本、清本作「燕」。「燕」爲妥。

〔六〕「多」下，資本、磧本、普本、南本、徑本、清本有「也」字。

太常寺博士吕才等議狀一首〔一〕

一　謹案老子道德經云：「域中四大，王居一焉。」又案仁王般若經云：「地前三賢菩薩，位當四天下主。」〔二〕內經又云：「假令比丘得須陁洹果，經八萬劫，始見於地前。」〔三〕今令道士、女官拜敬域中之大，僧之及尼拜敬地前菩薩，此乃不乖本教，正合其宜。彈曰：佛經所以不令僧敬俗者，良以出處不同故也。縱使三賢菩薩爲四天下主，而猶現有妻子相，不捨家位。厚信曰如然致敬，則无誠説。

故涅槃經云：「諸出家人，從諸白衣諮受未聞，不應禮拜。」〔四〕據此則殊乖本教，何謂正合其宜耶？皇后、皇大子尊同於君，理合敬拜。彈曰：仁王經云：「出家人法不拜國王。」〔五〕國王尚不許拜，自下斷焉可知〔六〕。

一　又案道經云：「道士一人得道，乃追榮七葉父母。」〔七〕此則立身成道，貴於追顯前葉〔八〕。今時未得道者，見生父母，理合拜敬。又案内經云：「西方妙樂國土，本爲法藏比丘願力所成。」〔九〕是知妙樂之所，乃是比丘願往生處也。又案無量壽觀經云：「願生妙樂國土者，先須孝養父母，後云具足戒行。」〔一〇〕然經宿不見，即須跪問，孝之儀也。不拜父母，何成孝養？今令僧尼、道士、女官拜敬父母，亦是不違本教。彈曰：如經所云，生西方者該通道俗。言孝養父母者，此明處俗往生因也。言具足戒行者，此明出家往生因也。此則道俗懸隔，修行兩殊，安得混彼二因〔一一〕，俱言釋侶。日孝養異宜〔一二〕，寧唯跪禮？揚名後代〔一三〕，亦其至也？故五分律云：「若諸沙門左右二肩荷擔，父母親於身上便利不浄，縱使一劫，猶不能報須臾之恩。」〔一四〕若教父母識三寶、四諦，受持五戒，行十善道於一念頃，即爲以報父母之恩。何以故？荷擔等事是人中善，不能令彼生天證聖。若教父母識諦寶因果，受齋持戒，由此因緣，即能證聖。又四分律云：「佛言，比丘不應禮敬一切白衣。」〔一五〕父母雖曰居尊，終同白衣之列〔一六〕，佛教不令禮拜。若拜，乃陷於親。生有致敬之容〔一七〕，死招無量重罪，不孝之極，寧越是乎？

一　謹案周禮有九拜之儀〔一八〕。一曰稽首。注云：「首至地也。」〔一九〕又案尚書言於禹、益等，拜皆言稽首，此爲拜君之敬，通於古今也。然今之僧尼禮拜，正當稽首之法。是以維摩經云：「導衆以寂故稽首。」〔二〇〕然今若令尼作婦女跪拜，但爲衣服不稱，恐爽於常情。聖人無心，以百姓心爲心〔二一〕。俗行已久，不求改變。今令尼等拜敬，望請許其稽首，此則不乖古今之儀，順於輿人之頌〔二二〕。彈曰：夫希顔之士，亦顔之儔；慕驥之乘，亦驥之類。今尼等辭榮是一，入道不殊，何獨慮爽常情，則欲令其稽首〔二三〕。若也不求改變，稽首未是循常常情〔二四〕。既也不循，豈順輿人之頌。謹議。

【校注】

〔一〕「太」，原本作「泰」，資本、磧本、普本、南本作「奉」，徑本、清本作「太」。據卷首目録以改。吕才，博州清平人。貞觀三年（六二九），直弘文館，累遷太常博士。永徽初，預修文思博要及姓氏録。龍朔中爲太子司更大夫。麟德二年（六六五）卒。著隋記二十卷、陰陽書五十三卷。舊唐書卷七九、新唐書卷一〇七有傳。

〔二〕仁王般若經，唐前三譯，譯者分别爲西晉竺法護、姚秦鳩摩羅什、梁代真諦。今僅存鳩摩羅什譯本，其中無此經文。地前三賢菩薩，指十住、十行、十回向的諸位菩薩。以其但斷見思惑，尚有塵沙無明惑在，未入十地聖位，故稱「三賢」或「地前菩薩」。

〔三〕藏内無此經文。須陀洹，舊譯爲入流，新譯爲預流，是聲聞乘四果中之初果名。

〔四〕見大般涅槃經卷六如來性品。

〔五〕今本仁王經中無此語句。

〔六〕「知」下，資本、磧本、普本、南本、徑本、清本有「矣」。

〔七〕此句出處不明。

〔八〕「葉」，資本、磧本、普本作「業」。

〔九〕佛說觀無量壽佛經：「佛告阿難：『如此妙花，是本法藏比丘願力所成，若欲念彼佛者，當先作此妙花座想……此想成者，滅除五百億劫生死之罪，必定當生極樂世界。』」法藏比丘，阿彌陀佛因位在世於自在王佛所出家修行時之名。

〔一〇〕佛說觀無量壽佛經：「爾時世尊告韋提希：『汝今知不？阿彌陀佛去此不遠；汝當繫念，諦觀彼國淨業成者。我今爲汝廣說衆譬，亦令未來世一切凡夫欲修淨業者，得生西方極樂國土。欲生彼國者，當修三福：一者孝養父母，奉事師長，慈心不殺，修十善業。二者受持三歸，具足衆戒，不犯威儀。三者發菩提心，深信因果，讀誦大乘，勸進行者。如此三事名爲淨業。』」

〔一一〕「得」，磧本、南本作「行」。

〔一二〕「日孝養異宜」，資本、磧本、普本、南本、徑本、清本作「且孝養異儀」。

〔一三〕「代」，資本、磧本、普本、南本、徑本、清本作「世」，兩可。

〔一四〕彌沙塞部和醯五分律卷二〇：「佛以是事集比丘僧，告諸比丘：『若人百年之中，右肩擔父，左肩擔母，於上大小便利，極世珍奇衣食供養，猶不能報須臾之恩。從今聽諸比丘盡心、盡壽供養父母，若不供養得重罪！』」

〔一五〕見四分律卷五〇房舍揵度初。

〔一六〕「列」，資本、磧本、普本、南本、徑本、清本作「例」。

〔一七〕「生」上，資本、磧本、普本、南本、徑本、清本有「雖」。

〔一八〕「一」，原本無，據資本、磧本、普本、南本、徑本、清本以補。

〔一九〕周禮大祝：「辨九拜：一曰稽首，二曰頓首，三曰空首，四曰振動，五曰吉拜，六曰凶拜，七曰奇拜，八曰褒拜，九曰肅拜，以享右祭祀。」賈公彦疏云：「釋曰：稽首拜頭至地，頓首拜頭叩地也者。二種拜俱頭至地，但稽首至地多時，頓首至地則舉，故以叩地言之，謂若以首叩物。」

〔二〇〕維摩詰所説經卷一佛國品：「目浄脩廣如青蓮，心浄已度諸禪定，久積浄業稱無量，導衆以寂故稽首。」

〔二一〕見老子第二十三章。

〔二二〕春秋左傳僖公二十八年：「楚師背酅而舍，晉侯患之。聽輿人之誦曰：……」

〔二三〕「則」，磧本、清本作「即」。

〔二四〕「常常」，資本、磧本、普本、南本、徑本、清本作「常」。

司宰寺丞豆盧暕等議狀一首〔一〕

竊以釋門垂範，義在冲虚；道家立言，理歸損挹。豈自矜尚，然後爲高？事如秘閣局議中彈〔二〕。若乃君臣父子之儀，尊卑貴賤之序，與夫儒教分路同趍。但緇服黄冠，未通正法，真言淨戒，莫能堅受，唯憑衣鉢，以自尊崇。彈曰：經稱袈裟者，諸佛幢相，又言同於佛塔、鉢、盂應法之器，自古諸佛皆同此器〔三〕。故十輪經云：「象王見獵師著袈裟，敬故，自拔其牙與此獵師。」〔四〕又四分律云：「大德娑伽陀伏毒龍於鉢中〔五〕。」是知應器法衣，其功不小，服之自貴〔六〕，何事深疑。且負板冕衣〔七〕，仲尼猶敬，矧茲器服而不尊乎？謙撝之道既虧，熏修之行彌失。然則尊嚴之極，本屬君親，資敬所歸，道俗何別？上動皇鑒，下擇蒭詞，改而更張，請遵拜禮〔八〕。謹議。

【校注】

〔一〕豆盧暕，兩唐書無傳，生平不詳。司宰寺即光禄寺，丞二人，從六品上。

〔二〕蘭臺秘閣局郎中李淳風等議狀一首：「彈白：沙門身具佛戒，形具佛儀，人天自仰，寧是矜傲。」

〔三〕「同」，資本、磧本、普本、南本、徑本、清本作「用」，兩可。

〔四〕見失譯大方廣十輪經卷四刹利旃陀羅現智相品，文繁不録。

〔五〕「於」上，資本、磧本、普本、南本、徑本、清本有「置」。見佛陀耶舍、竺佛念譯四分律卷一六九十單提法之六，文繁不録。

〔六〕「服之自貴」，資本、磧本、普本、南本、徑本、清本「法服之貴」。

〔七〕「板」，磧本、南本、清本作「版」。負板，亦作「負版」，披在背上的粗麻片，爲古代喪服。儀禮喪服「衰長六寸」，鄭玄注：「前有衰，後有負板，左右有辟領，孝子哀戚，無所不在。」

〔八〕「禮」，資本、磧本、普本、南本、徑本、清本作「儀」。

司衛寺卿楊思儉等議狀一首〔一〕

剛折柔存，扇玄風之妙旨；苦形甘辱，騰釋路之微言。故能開善下之源，弘不輕之行。事如秘閣議中彈〔二〕。是以聲聞降禮於居士，彈曰：經云：「淨名居士示疾毗耶，見有妻子，常修梵行，見有眷屬，常樂遠離。雖爲白衣，奉持沙門清淨律行。」〔三〕既同僧伍，拜跪故是常儀。況示彼宿心〔四〕，得法寧容不苟。引斯爲例，竊恐非宜。柱史委質於周王。此乃成緇服之表綴，立黄冠之龜鏡。自茲已降，喪其宗軌。歷代溺其真理，習俗守其迷途。彈曰：佛教入華，歷經英聖，五遭拜伏，三被摒除〔五〕，咸以事理難違，還遵舊轍。今言守迷溺理，似傷迂誕。一人有作，萬物斯覩，紐維天地，驅駕百王。轉金輪於勝境，構玉京於玄域。遂使違真道士，追柱史之遐風；矯釋沙門，緝聲聞之絕典。彈曰：佛教所明，人有二種。一聲聞，二菩薩。菩薩形无定質，應隨類以爲儀〔六〕。聲聞剃髮染衣，守高蹈而成則。教制聲聞之伍，不令禮彼白衣。順以奉行，何名矯釋？況太陽垂耀在天，標无二之明；大帝稱尊御宇，極通三之貴。且二教裁範，雖絕塵容，事止出家，未能逃國。彈曰：沙門所以不拜俗者，正以絕於塵容，非爲逃國者也。至如嚴光、干木之流，潁涘、商山之伍，或踞謁長揖，至之而不居〔七〕，洗耳辭榮，聘之而不至。此亦高蹈而爾，寧逃國乎？同賦形於姒鏡〔八〕，皆仰化於姚風，豈有抗禮宸居，獨高真軌。然輕尊傲長，在人爲悖；臣君敬父，於道無嫌。考詳其義，跪拜爲允。謹議。

【校注】

〔一〕楊思儉，兩唐書無傳。新唐書卷七一下宰相世系表楊氏觀王房：「（父）綝，隋司隸校尉。思儉，衛尉少卿。（子）承祐，右衛將軍。」舊唐書卷一八三武承嗣傳云：「司衛少卿楊思儉女有殊色，高宗及則天自選以爲太子妃。」新唐書卷八一孝敬皇帝弘傳：「（顯慶）四年（六五九），加元服。又命賓客許敬宗、右庶子許圉師、中書侍郎上官儀、中舍人楊思儉即文思殿摘采古今文章，號瑶山玉彩，凡五百篇。」司衛寺即衛尉寺，卿一員，從三品。少卿二人，從四品上。

〔二〕蘭臺秘閣局郎中李淳風等議狀一首：「釋典冲和，常不輕爲普敬。」其彈語云：「事如左威衛議中彈。」

〔三〕見佛説維摩詰經卷一方便品。

〔四〕「況」下，資本、磧本、普本、南本、徑本、清本有「乎」。

〔五〕「摒」，資本、磧本、普本、南本、徑本、清本作「屏」。

〔六〕「儀」，資本、磧本、普本、南本、徑本、清本作「宜」。

〔七〕「居」，資本、磧本、普本、南本、徑本、清本作「屈」。

〔八〕姒鏡，可洪音義云：「上音似，婦也。」

司馭寺丞韓處玄等議狀一首〔一〕

禮無不敬，名教是先，君父同資，彝倫所尚。況真人善下，妙在和光；菩薩不輕，義摧我慢。事如司衛議中彈〔二〕。斯則殊慮齊致，分波共源。所以綱紀百王，財成萬品者也〔三〕。而緇黄之侣，沿習爲常，銷愛敬於君親，行貢高於尊極。苟殉私欲，彈曰：沙門棄鬚髮，去華競，守道不屈，豈殉私耶？易稱言語〔四〕，君子樞機，榮辱在焉，何可不慎〔五〕。坐紊天經，點瀨鄉之清塵，負連河之妙旨。彈曰：連河通教，皆云令沙門拜有損君親〔六〕，謨誥顯然，何云負旨？静言永念，良可寒心。彈曰：梵網經云：「出家人法，不禮拜國王、父母。」〔七〕又薩遮尼乾經云：「若人謗聲聞辟支佛法，毁呰留難者，諸善神王不護其國。四方賊起，水旱不調，死亡無數。」〔八〕今不信佛教，抑令跪拜，此則謗法，此則留難。若佛語有徵，則粉首碎身，無以塞責，豈寒心静念而可免之哉〔九〕？如愚管見，致拜爲允。謹議。

【校注】

〔一〕韓處玄，兩唐書無傳，生平不詳。

〔二〕司衛寺卿楊思儉等議狀一首：「故能開善下之源，弘不輕之行。」其下彈語云：「事如秘閣議中彈。」其彈語實在蘭臺秘閣局郎中李淳風等議狀一首中。

〔三〕「財」，資本、磧本、普本、南本、徑本、清本作「則」。

〔四〕「語」，資本、磧本、普本、南本、徑本、清本作「行」。

〔五〕「何可不慎」，資本、磧本、普本、南本、徑本、清本作「何不慎也」。周易繫辭上：「子曰：亂之所生也，則言語以爲階。君不密則失臣，臣不密則失身，幾事不密則害成，是以君子慎密而不出也。」

〔六〕「拜有損」，資本、磧本、普本、南本、徑本、清本作「不拜」。

〔七〕見梵網經卷下。

〔八〕見大薩遮尼乾子所説經卷四王論品第五之二。

〔九〕「免」，資本、磧本、普本、南本、徑本、清本「勉」。

詳刑寺少卿元大士等議狀一首〔一〕

竊以白馬東歸，寺刹爰建；青牛西上，觀座方興。莫不照燭昏迷，導引騰化。然敬君之範，簡略闕言；不拜之儀，因循往有。非直情乖物義，抑亦理爽聖經〔二〕。事如中臺司列議中彈〔三〕。且法服制儀，表絶凡流之恒敬；蓮花寶座，豈説不拜於君親？彈曰：銅自石生，珠因水育，取者方委，傳者故迷。況佛教幽微，理難窺涉，不知而作，其斯謂乎？君有天地之尊，敬君遠符經教；親著生育之惠，拜親遐會法源。撫事有益於經，捫理未虧於法。牽率愚管，設敬爲宜。謹議。

【校注】

〔一〕元大士，兩唐書無傳。元和姓纂卷四元氏：「焕，隋工部侍郎。焕生公琁。公琁生大士，唐吏部、中書二侍郎。大士生逖、邃、逵、遜。」唐尚書省郎官石柱題名考卷九考功郎中、卷一〇考功員外郎、卷一三度支郎中均有元大士名録。唐代墓誌彙編續集元翽元重華墓誌銘：「其先出自後魏昭成之穆，鍾德十五代而流慶於公焉。高祖西臺侍郎大士，大士生太子家令寺丞逖。」詳刑寺即大理寺，卿一員，從三品。

〔二〕「理」，資本、磧本、普本、南本、徑本、清本作「意」。

〔三〕中臺司列少常伯楊思玄司續大夫楊守拙等議狀一首：「今之法侶，寔繁有徒，久損拜跪之儀。」其下有「彈曰：請問，何處令拜而言損耶？」

同文寺丞謝祐等議狀一首〔一〕

竊以君親之重，事極昊天；恭恪之儀，理貫名教。至如凝心玄路，投迹法門，莫不肅敬神明，不輕品物。事如司馭議中彈〔二〕。豈有弛傲所生，不屈君父。既違恭順之禮，恐累求道之因。彈曰：誠因不累〔三〕，其如陷君親何。請革舊風，准敕申拜。謹議。

【校注】

〔一〕謝祐，兩唐書無傳。唐郎官石柱題名考卷七司勳郎中著録其名。全唐文補遺第二輯闕名唐故衛州新鄉縣令王君（順孫）墓誌銘：「陳郡謝祐，氣藴蘭蓀，心勁松竹。梁園馥譽，翰苑飛文，式纂風猷。乃爲銘曰……」同文寺即鴻臚寺，丞二人，從六品上。

〔二〕司馭寺丞韓處玄等議狀一首：「況真人善下，妙在和光；菩薩不輕，義摧我慢。」其下云：「事如司衛議中彈。」

〔三〕「因」，資本、磧本、普本、南本、徑本、清本作「固」。

内府監丞柳元貞等議狀一首〔一〕

竊以禮無不敬，名教是先；君父同資，彝倫所尚。且佛滅度後，法付國王，舒卷之規，理鍾明聖〔二〕。彈曰：右春坊議云：「夫付囑者，佛以像法末年，淳心漸薄，邪見增長，正法衰替，四部之衆无力弘宣，是以付囑國王，令王擁護。如其不護，法當自壞，豈勞付囑，令王毀壞？」〔三〕誠哉，得付囑之旨也。但非常之制，黔首恒驚〔四〕；雷同之心，君子爲恥。自我作故〔五〕，方懸日月之典；可使由之，寧拘風雨之好。如愚管窺，致拜爲允。謹議。

【校注】

〔一〕柳元貞，兩唐書無傳。舊唐書卷八二李義府傳：「義府次子率府長史洽、千牛備身洋、子婿少府主簿柳元貞等，皆憑恃受贓，并除名長流廷州。朝野莫不稱慶，時人爲之語曰：『今日巨唐年，還誅四凶族。』四凶者，謂洎及柳元貞等四人也。」事又見新唐書卷二二三上李義府傳。内府監即少府監，丞六人，從六品下。

〔二〕「鍾」，資本、磧本、普本、南本、徑本作「鏡」。

〔三〕見上文右春坊主事謝壽等議狀一首。

〔四〕黔首，平民、百姓。禮記祭義：「明命鬼神，以爲黔首則。」鄭玄注：「黔首，謂民也。」孔穎達疏：「黔首，謂民也。黔，謂黑也。凡人以黑巾覆頭，故謂之黔首。」

〔五〕「故」，磧本、普本、南本、徑本、清本作「古」，亦可通。

司津監李仁方等議狀一首〔一〕

愛敬之道，義極於君親；恭和之德，事昭乎釋、老。豈有生因覆載，將抗禮於人天；質稟髮膚，遂齊尊於父母。眷言方外，未離天地之間；顧惟俗表，尚處閻浮之域〔二〕。事如司衛寺議中彈〔三〕。而爲不拜天子，類嚴遵之不臣；長揖至親，似宋人之名母〔四〕。何以津梁品彙，導引凡庶？聖智之教，豈至於斯。彈曰：易稱：「藉用白茅。」〔五〕又云：「巽在床下，紛若之吉，乃爲无咎。」〔六〕未有抑令致拜。復曰津梁，尊而辱之，何以去取？奉敕議聞，伏請令拜。謹議。

【校注】

〔一〕李仁方，兩唐書無傳。新唐書卷七二上宰相世系表趙郡李氏：「（父）君昂，濟陽長。仁方，洛陽尉。（弟）仁則、仁表。（子）玄乂。」

〔二〕閻浮，閻浮提之省稱，又稱琰浮洲、閻浮提鞞波、贍部洲，梵語音譯，須彌山之南方大洲名。智度論卷三五曰：「如閻浮提者，『閻浮』樹名，其林茂盛，此樹於林中最大。『提』名爲洲。」

〔三〕見司衛寺卿楊思儉等議狀一首。

〔四〕戰國策卷二四魏策三秦敗魏于華魏王且入朝于秦章：「秦敗魏于華，魏王且入朝于秦。周訢謂王曰：宋人有學者，三年反而名其母。其母曰：『子學三年，反而名我者何也？』其子曰：『吾所賢者，無過堯、舜，堯、舜名。吾所大者，無大天地，天地名。今母賢不過堯、舜，母大不過天地，是以名母也。』其母曰：『子之于學者，將盡行之乎？願子之有以易名母也。子之於學也，將有所不行乎？願子之且以名母爲後也。』今王之事秦，尚有可以易入朝者乎？願王之有以易之，而以入朝爲後。」

〔五〕周易大過：「初六，藉用白茅，无咎。」王弼注：「以柔處下，過而可以无咎，其唯慎乎？」

〔六〕周易巽：「九二，巽在牀下，用史巫紛若，吉，无咎。」王弼注：「處巽之中，既在下位，而復以陽居陰，卑巽之甚，故曰『巽在牀下』也。卑甚失正，則入于咎過矣。能以居中而施至卑於神祇，而不用之於威勢，則乃至于紛若之吉，而亡其過矣。故曰『用史巫紛若，吉，无咎』也。」

右武衛兵曹參軍趙崇素等議狀一首〔一〕

竊以三教爰興，俱敦勸奬，派流雖别〔二〕，趣善同歸。緇黄之躅稍殊，君親之儀詎隔。豈有纔捐俗服，遂傲禮容，高揖乘輿，不拜嚴父？資敬之道不足，忠孝之迹頓虧，李、釋斯風，未爲盡善。彈曰：內將外反，真與俗乖，何得輕弄筆端，高略玄極〔三〕？孔子曰：「非聖人者无法。」〔四〕誠哉！方今垂範立制，道德齊禮〔五〕，經典乖失，詳議改張。據理論情，拜實爲允。謹議。

【校注】

〔一〕趙崇素，兩唐書無傳。元和姓纂卷二七趙氏：「天水西縣：……元楷，兵部郎中、殿中監，武强公，生崇基、崇道、崇嗣、崇素、崇孝。」右武衛兵曹參軍，正八品下。

〔二〕「派流」，資本、磧本、普本、南本、徑本、清本作「流派」。

〔三〕「高」，資本、磧本、普本、南本、徑本、清本作「商」。

〔四〕孝經五刑章：「子曰：『五刑之屬三千，而罪莫大於不孝。要君者無上，非聖人者無法，非孝者無親。此大亂之道也。』」

〔五〕「道」，資本、磧本、普本、南本、徑本、清本作「導」。

右戎衛長史李義範等議狀一首〔一〕

父慈子孝，起自天經；君義臣忠，資於地禮。三尊之重〔二〕，君最爲先；五教所崇〔三〕，父居其首。人倫之綱紀，臣子之歸宗。佛道興隆之前，緇俗異貫，陵遲之後，同藉國王。連河制之於主君，瀨鄉盡編爲天户。況釋迦滅度，付囑國王，事如内府監議中彈〔四〕。李老裔孫，克成宏構。緇黄代俗，握寶鏡以君臨。縱使佛道尊嚴，天位彌重，帝王國母，无上最尊〔五〕，稽首虔誠，无妨悟道。事如同文議中彈〔六〕。至真之理，猶曰勤修，禮佛拜天，彌成正覺。謹議。

【校注】

〔一〕李義範，兩唐書無傳。右戎衛長史，從六品上。

〔二〕班固白虎通封公侯：「天有三光，日月星；地有三形，高下平；人有三尊，君父師。」

〔三〕五教，五常之教。春秋左傳文公十八年：「舉八元，使布五教于四方，父義、母慈、兄友、弟共、子孝。」

〔四〕内府監丞柳元貞等議狀一首：「彈曰：右春坊議云：『夫付囑者，佛以像法末年，淳心漸薄，邪見增長，正法衰替，四部之衆无力弘宣，是以付囑國王，令王擁護。如其不護，法當自壞，豈勞付囑，令王毀壞？』」

〔五〕「最」，普本作「取」。

〔六〕同文寺丞謝祐等議狀一首：「至如凝心玄路，投迹法門，莫不肅敬神明，不輕品物。」其下云：「事如司馭議中彈。」

右金吾衛將軍薛孤吴仁長史劉文琮等議狀一首〔一〕

道家立旨，取貴於柔謙；釋教爲宗，有存於汲引。雖復邁九仙而飛迹，標致弗爽於同塵；

超十地而遊神，修行豈乖於忍辱？且君親尊重，比乾嚴而有裕；臣子忠肅，申拜伏而无違。斯迺萬國之大經，千葉之常軌，居造次而必踐，處少選而難廢。至若緇黄二教，頓損茲禮〔二〕，唯擅貢高之法，莫修資敬之儀〔三〕。事如司馭寺議中彈〔四〕。虚啓弊風，實差彝典。事如右武衛中彈〔五〕。但勸誘之規，雖則多躅，等歸利物，寧履義方。何必驕倨爲容，便躋衆妙之域；虔恭表節，遂隔真如之境〔六〕。事如左戎衛議中彈〔七〕。緬尋旨趣，深謂不然，致拜君親，寔爲通理。謹竭愚識，庶會宏謨，深懼不當，退用慙惕。謹議。

【校注】

〔一〕薛孤吴仁，兩唐書無傳。元和姓纂卷一〇薛孤氏：「北齊恒農王薛孤康，生買，開府儀同三司、新平王。孫吴仁，唐右金吾將軍、朔方公，生知素、知檢、知機、知福。」唐大詔令集卷六二上官儀册薛孤吴仁右金吾衛大將軍文：「右金吾將軍、朔方郡開國公薛孤吴仁……是用命爾爲右金吾衛大將軍，封如故。」右金吾衛將軍從三品，長史從六品上。

〔二〕「損」，南本、徑本、清本作「捐」。

〔三〕「修」，資本、磧本、普本、南本、徑本、清本作「循」。

〔四〕司馭寺丞韓處玄等議狀一首：「彈曰：沙門棄鬚髮，去華競，守道不屈，豈殉私耶？易稱言語，君子樞機，榮辱在焉，何可不慎？」

〔五〕「衛」下，資本、磧本、普本、南本、徑本、清本有「議」。右武衛兵曹參軍趙崇素等議狀一首：「彈曰：內將外反，真與俗乖，何得輕弄筆端，高略玄極？孔子曰：『非聖人者无法。』誠哉！」

〔六〕「境」，資本、磧本、普本、徑本、清本作「鏡」。

〔七〕本書卷四有左戎衛大將軍懷寧縣公杜君綽等議狀一首，其主旨爲議不拜，無彈語。此處之「左戎衛」或爲「右戎衛」之訛誤，指右戎衛長史李義範等議狀一首。

右監門衛中郎將能玄逸等議狀一首〔一〕

竊以親生膝下，鞠養之愛惟深；一人至尊，嚴敬之儀斯重。豈以身披緇服而不拜於君親，彈曰：誠固以此，而佛不令拜俗也〔二〕。首挂黃冠遂替子臣之禮？謹議。

【校注】

〔一〕能玄逸，兩唐書無傳。全唐文補遺第五輯唐故游擊將軍能公（延褒）墓誌銘并序：「公諱延褒，譙郡人也……曾祖誠，隋伏波將軍；祖玄逸，皇左金吾將軍；父守素，皇江州司法參軍。」全唐文卷二五九顏惟貞朝議郎行雍州長安縣丞上柱國蕭府君墓誌銘并序：「君諱思亮，字孔明，蘭陵人也。……夫人譙郡熊氏，故左金吾將軍元逸之女，柔婉成性，言容具美，以景龍二年九月十三日寢疾而終。」能玄逸即熊元逸。右監門衛中郎將，正四品下。

〔二〕「也」，資本、磧本、普本、南本、徑本、清本無。

端尹府端尹李寬等議狀一首〔一〕

夫出家之徒，名曰離俗；教誡之法，謙下是先。既達苦空，理捐人我。彈曰：不敬之來，自持真教，豈緣存我而不拜乎〔二〕？況君父尊重，敬比於天，拜伏之儀，事无疑惑。但以因循往代，敬其衣誡使然〔三〕。事如司宰寺議中彈〔四〕。止可君父不受其拜，何得自爲尊重？且像法末教，委以國王。事如内府監議中彈〔五〕。國王示以尊卑，未爽一乘之道〔六〕。謹議。

【校注】

〔一〕李寬，兩唐書無傳。元和姓纂卷七丙氏：「北海朱虚縣：魏有丞相徵士丙原，字根矩，孫後周信州總管丙明。丙明生粲，唐監門大將軍、應國公，高祖與之有舊，以姓妃諱，賜姓李氏。粲生寬，太常卿。寬生孝旻。」新唐書卷七二上宰相世系表二上李氏：「寬，奉常正卿、隴西公。」新唐書卷一二六李元紘傳：「李元紘，字大綱。其先滑州人，後世占京兆萬年，本姓丙氏……祖寬，高宗時爲太常卿、隴西公。」端尹府即詹事府，爲東宮屬官，正三品。

〔二〕「存」，資本、磧本、普本、南本、徑本、清本作「在」。

〔三〕「誡」，清本作「戒」。

〔四〕「如」，資本無，磧本、南本、徑本、清本作「同」，兩可。司宰寺丞豆盧暕等議狀一首：「彈曰：經稱袈裟者，諸佛幢相，又言同於佛塔……且負板冕衣，仲尼猶敬，矧茲器服而不尊乎？」

〔五〕見內府監丞柳元貞等議狀一首。

〔六〕「未」，資本、磧本、普本作「末」。

左春坊中護賀蘭敏之贊善楊令節等議狀一首〔一〕

竊以犧皇至賾，金人靡兆於龜文；軒后韞靈，紫氣未敷於鳥迹。洎劉莊精感，託神想於東流；尹喜翹誠，覩物色於西邁。由是龍宮梵化，灑慈潤於大千；澹泊凝真，冲寂弘於宇內。雖復遠標天構，氣淑无爲，體均具相，功深濟度，莫不稟宸極以存其法，事如端尹府議中彈〔二〕。資遺體以受其靈。豈有超俗塗而輕法主，潔其己而忽所生？忠孝一虧，二教何寄？今若資忠貞以凝道，移孝行而修誠，則福足以顯玄門，忠孝用光臣子。假或恭敬被於群品，據理尚有可通，況唯拜伏君親，未審於何不可？事如秘閣局議中彈〔三〕。請准明詔，致拜爲允。謹議。

【校注】

〔一〕賀蘭敏之，即武敏之。事見兩唐書外戚傳。敏之爲武后姊韓國夫人子，誅惟良、懷運後，敏之爲武后父士彠嗣。累拜左侍極、蘭臺太史，襲爵周國公，改姓武氏。後流雷州，中道自縊而亡。全唐文補遺第二輯大唐故賀蘭都督（敏之）墓誌并序云：「公諱敏之，字常住，河南洛陽人……父安石，襲爵應山縣開國男，贈衛尉卿、户部尚書、駙馬都尉、韓國公……公鄭國夫人武氏子，則天大聖皇后外甥，應天神龍皇帝從母兄也。……解褐尚衣奉御左庶子，俄遷左侍極太子賓客、檢校蘭臺太史秘書監、弘文館學士，封周國公，贈韶州刺史……以咸亨二年（六七一）八月六日終於韶州之官第，春秋廿有九。」左春坊即門下坊，左庶子曰左中護，正四品上。楊令節，兩唐書無傳。左贊善大夫，正五品上。

〔二〕見端尹府端尹李寬等議狀一首。

〔三〕見蘭臺秘閣局郎中李淳風等議狀一首。

右春坊中護郝處俊贊善楊思正等議狀一首〔一〕

竊聞道迹希微，立言資於輔帝；釋教虚寂，垂法依於國王。事如左春坊議中彈〔二〕。是以紫氣真容，玄猷西被；黄金圖相，妙旨東流。仙侶莘莘，藉天基而遂重；法徒濟濟，憑聖政而彌隆。況今德冠陰陽〔三〕，道包真俗。恩霑動殖，尚荷亭育之慈；澤被生靈，猶懷仁壽之施。唯釋、老二門，由來迂誕，事如右金吾衛議中彈〔四〕。既捐真典，便虧四大，偏信化人，不遵三有〔五〕。主上崇孝敬之儀，敦跪拜之禮，爰發綸誥，令拜君、皇后、太子及父母者，非直庶寮允愜，彈曰：議不拜人殆將太半〔六〕，今云庶寮允陋，何其謬歟！抑亦垂範將來。謹議。

【校注】

〔一〕「正」，原本作「止」，據卷首目録以改。郝處俊，安州安陸人，貞觀中，解褐授著作佐郎，襲爵甑山縣公。後拜太子司議郎、吏部侍郎。乾封二年（六六七），改爲司列少常伯。總章二年（六六九），拜東臺侍郎，尋同東西臺三品。開耀元年（六八一）薨，年七十五，贈開府儀同三司、荆州大都督。舊唐書卷八四、新唐書卷一一五有傳。楊思正，兩唐書無傳。唐尚書省郎官石柱題名考卷五司封郎中、卷六司封員外郎有楊思正名録。

〔二〕左春坊中護賀蘭敏之贊善楊令節等議狀一首云：「事如端尹府議中彈。」

〔三〕「冠」，資本、磧本、普本、南本、徑本、清本作「貫」。

〔四〕見右金吾衛將軍薛孤吴仁長史劉文琮等議狀一首。

〔五〕化人，有幻術的人。語出列子周穆王：「周穆王時，西極之國有化人來，入水火，貫金石；反山川，移城邑；乘虚不墜，觸實不硋。千變萬化，不可窮極。」張湛注：「化幻人也。」三有，三種美德。王通中説魏相：「仇璋謂薛收曰：『子聞三有七無乎？』收曰：『何謂也？』璋曰：『無諾責，無財怨，無專利，無苟説，無伐善，無棄人，無畜憾。』薛收曰：『請聞三有。』璋曰：『有慈，有儉，有不爲天下先。』」

〔六〕「太」，南本、徑本、清本作「大」，兩可。

司吏寺丞張約等議狀一首〔一〕

釋教開俗，儒風範化，即途雖言異軫，證理誠則同歸，事如右清道衛議中彈〔二〕。莫不粉澤仁義，舟輿恭儉，然後克闡徽猷，以隆遠大。何則？忠爲令德，孝實天經，惟君惟父，同取其敬。借使行超物表〔三〕，道備人師，豈可長揖於顧復之親〔四〕，抗手於宸扆之貴？事須適變，未可膠絃，彈曰：正以君親容養，開以方外，抗手長揖，豈自爲乎〔五〕？君父尊嚴，申拜爲允。謹議。

【校注】

〔一〕張約，兩唐書無傳，生平不詳。司更寺，即太子率更寺，司更寺丞二員。

〔二〕右清道衛長史李治等議狀一首：「彈曰：儒教所明，不踰寰域；釋宗所辯，高出見聞，故魏東陽王丕曰：『佛法沖洽，非儒墨者所知。』今言不異，何多謬耶！」

〔三〕「使」，資本、磧本、普本作「便」。

〔四〕揖，可洪音義云：「拜，舉手也，挹也。」顧復，父母養育恩情。詩經小雅蓼莪：「父兮生我，母兮鞠我。拊我畜我，長我育我，顧我復我，出入腹我。」鄭玄箋：「顧，旋視；復，反覆也。」孔穎達疏：「覆育我，顧視我，反覆我，其出入門户之時常愛厚我，是生我劬勞也。」

〔五〕「乎」，資本、磧本、普本、南本、徑本、清本作「矣」。

左典戎衛倉曹王九思等議狀一首〔一〕

竊以川瀆細流，竟朝宗於溟海；螢燭末光，終歸耀於日月。故知物有深厚，猶取貴於揔名，況在君親莫大，而有棄於嚴肅。洎乎關浮紫氣，塔照金容，老、釋二門俱隆法教。但法教流布，事由君后；出家離俗，命在尊親。遂使覆載之恩棄而不答〔二〕，事如奉常議中彈〔三〕。貴賤之禮捐而靡修。既虧人事，有傷禮律，彈曰：外内既殊〔四〕，奚可拘於禮律？爰軫聖慮，詢及蒭蕘，輕陳管見，從拜爲允。謹議。

【校注】

〔一〕王九思，兩唐書無傳。新唐書卷七二中宰相世系表二中京兆王氏：「(父)德真，相高宗、武后。九思，三原令。(子)潛，告城令。」左典戎衛即太子左衛率府，倉曹參軍事從八品下。三原屬於雍州，縣令階從五品上。

〔二〕「覆載」，資本、磧本、普本、南本、徑本、清本作「載覆」。

〔三〕奉常寺承劉慶道主簿郝處傑等議狀一首在卷四，無彈語。疑當指太常寺博士吕才等議狀一首，然其中似無對應的彈語。

〔四〕「外内」，徑本、清本作「内外」，兩可。

右典戎衛軍斛斯敬則等議狀一首〔一〕

竊以三教殊塗，俱極尊崇之道；五儀齊致〔二〕，寔隆嚴敬之規。而釋、老二門，本求虚寂；周、孔兩法，歸於教義。若乃君臣之禮，固无易於緇黄；事如司吏寺議中彈〔三〕。父子之容，豈有隔於賢智。崇樹既久，積習相沿，損益惟宜，允歸明聖。臣等詢議，請從拜禮。謹議。

【校注】

〔一〕「軍」，原本作「將軍」。右典戎衛軍即太子右衛率府，此一機構無將軍一職。有録事參軍事各一人，從八品上；倉曹參軍事、兵曹參軍事、胄曹參軍事、騎曹參軍事各一人，從八品下。故據改，卷首目録同。斛斯敬則，兩唐書無傳，生平不詳。

〔二〕五儀，古代五等爵的禮儀。周禮春官典命：「掌諸侯之五儀。」鄭玄注：「五儀，公、侯、伯、子、男之儀。」

〔三〕見司更寺丞張約等議狀一首。

左司禦衛長史馬大師等議狀一首〔一〕

竊以光分兩曜，是顯尊卑之容；位辯三才，爰彰父子之性。明乎愛敬之禮，與天地而齊生；君臣之義，將造化而俱立。至若金人啓夢，慧日初開；紫氣浮關，玄風肇扇。此乃興於中古，教始漸移。雖復各設法門，津梁庶品，究其所指，終會儒宗。事如司更寺議中彈〔二〕。庇俗既是同方，遵敬何煩異路，必將道體爲別，有犯未合繩違，彈曰：有犯非僧，繩違事寧〔三〕，不可無愆，守道設禮，有累君親。遺教制在國王，設禮寧容不可。事如左春坊議中彈〔四〕。況三乘之典，無聞傲誕之經；五千之教，詎載矜誇之義。敬親何妨重道，拜主豈廢尋真。事如右戎衛議中彈〔五〕。且割股捨頭〔六〕，猶無訴苦；尊君愛父，詎即辭勞。彈曰：割股捨頭必益，无宜訴苦；敬君拜父慮損，豈敢辭勞？參練是非，拜誠爲得。謹議。

【校注】

〔一〕馬大師，兩唐書無傳，生平不詳。左司禦衛即左宗衛率府，爲東宮屬官，長史正七品上。

〔二〕見司吏寺丞張約等議狀一首。

〔三〕「事寧」，資本、磧本、普本、南本、徑本、清本作「寧容」。繩違，糾正違誤。晉書卷七〇鍾雅傳：「雅直法繩違，百僚皆憚之。」

〔四〕見左春坊中護賀蘭敏之贊善楊令節等議狀一首。

〔五〕「右」，資本、磧本、普本、南本、徑本、清本作「左」。右戎衛長史李義範等議狀一首：「帝王國母，无上最尊，稽首虔誠，无妨悟道。」其下云：「事如同文議中彈。」

〔六〕割股，自割股肉以供君親食用，古人認爲是大忠大孝的表現。語出莊子盜跖：「介子推至忠也，自割其股以食文公。」

右司禦衛長史崔崇業等議狀一首〔一〕

竊惟藏史立言〔二〕，靡替君臣之義；能仁闡教，先崇孝敬之風〔三〕。縱道致乘皃〔四〕，尚委身而降禮；業成捧馬，猶負櫬以追恩〔五〕。彈曰：負櫬，教有成文〔六〕。拜伏，經无此説〔七〕。況共踐俗塗，同殞聖化，豈有盜名黄服，遂忘亭毒之功；託迹緇門，便遺顧復之德。傲物行己，高視王侯，我慢爲心，長揖父母。事如中臺司列議中彈〔八〕。求之前代，久滯迷方。皇家户牖百王，澄汰千古。事非害政，容或可沿；時有虧風，理宜革弊。事如秘閣局議中彈〔九〕。且四大齊德，豈使遵道而不遵王？三教均名，事如右司禦議中彈〔一〇〕。何獨崇釋而不崇孔？今若正其儀而教毁，設敬須疑；彈曰：誠哉，何煩致惑耶〔一一〕！屈其身而道存，加拜何惑？重以不輕攝行，更符真諦之規；事如同文寺議中彈〔一二〕。持下御情，彌合冲虚之軌。式遵璽誥，輕獻蒭言。致拜之禮，實諧僉議。謹議。

【校注】

〔一〕崔崇業，兩唐書無傳。唐尚書省郎官石柱題名考卷二六主客員外郎有著録。新唐書卷七二下宰相世系表二下博陵崔氏：「（父）元瑒。同業，主爵郎中。（弟）崇業，主客員外郎。」

〔二〕藏史，即徵藏史，上古主管典籍之官。莊子天道：「孔子西藏書於周室。子路謀曰：『由聞周之徵藏史有老聃者，免而歸居。夫子欲藏書，則試往因焉。』」成玄英疏：「（徵藏史）猶今之秘書官，職典墳籍。」此處特指老聃。

〔三〕「先」，資本、磧本、普本作「光」。

〔四〕「致」，清本作「敬」。風俗通義正失第二葉令祠：「俗説孝明帝時，尚書郎河東王喬，遷爲葉令，喬有神術，每月朔常詣臺朝，帝怪其來數而無車騎，密令太史候望，言其臨至時，常有雙鳧從東南飛來；因伏伺，見鳧舉羅，但得一雙舃耳。使尚方識視，四年中所賜尚書官屬履也。」此事又見劉向列仙傳及書鈔七八引沈約俗説。

〔五〕捧馬，指釋迦牟尼離開皇宫時天神捧馬足出城，見多部佛傳經典。櫬，棺材也。辯正論卷六内九箴篇：「曁乃母氏降天，剖金棺而演句；父王即世，執寶床而送終。」

〔六〕「成」，資本、磧本、普本、南本、徑本、清本作「誠」。

〔七〕「説」下，資本、磧本、普本、南本、徑本、清本有「乎」。

〔八〕見中臺司列少常伯楊思玄司績大夫楊守拙等議狀一首。

〔九〕見蘭臺秘閣局郎中李淳風等議狀一首。

〔一〇〕「右」，資本、磧本、普本、南本、徑本、清本作「左」。案，「左」爲妥。此文即右司禦衛長史崔崇業等議狀一首無對應文句。「左司禦議」，指左司禦衛長史馬大師等議狀一首，其中有：「雖復各設法門，津梁庶品，究其所指，終會儒宗。」其下有「事如司吏寺議中彈」。

〔一一〕「煩」，資本、磧本、普本、南本、徑本、清本作「須」。

〔一二〕見同文寺丞謝祐等議狀一首。

左清道衛長史蔣真胄等議狀一首〔一〕

竊以釋、道二門，俱承玄化，雖復緇黄有别，虔恭之志不殊，宜令拜跪，以申臣子之敬。彈曰：沙門迹超方外〔二〕，津梁家國，稱謂異於臣子，拜敬何預率賓？謹議。

【校注】

〔一〕蔣真胄，兩唐書無傳。左清道衛即左虞候率府，長史正七品上。

〔二〕「迹超方外」，資本、普本、南本、徑本、清本作「迹超方内」，磧本作「迹起方内」。

左崇掖衛長史竇尚義等議狀一首〔一〕

瀨井微言〔二〕，二篇極於爲谷；崛園幽旨〔三〕，萬物存乎不輕。事如右司禦議中彈〔四〕。況乃君親兼極，跪拜猶簡，豈非絶棄於内敬，而矯修於外迹乎？彈曰：行道以答四恩〔五〕，豈矯修於外迹？育德以資三有〔六〕，豈絶棄於内敬乎？幸子思之，无多言也。如見所量，望令加禮。謹議。

【校注】

〔一〕竇尚義，兩唐書無傳。元和姓纂卷九扶風竇氏：「師綸，太府少卿。生尚義、尚烈。尚義生瓚，道州刺史。尚烈生進，右庶子。」新唐書卷七一下宰相世系表一下竇氏：「（父）師綸，太府少卿。尚義。瓚，道州刺史。」左崇掖衛即監門率府，長史從第七品上。

〔二〕「瀨」，徑本、清本作「厲」，兩可。

〔三〕崛園，即耆闍崛山。見集沙門不應拜俗等事序「崛岫」注。

〔四〕見右司禦衛長史崔崇業等議狀一首。

〔五〕四恩，佛經所説有兩種。心地觀經謂四恩爲父母恩、衆生恩、國王恩、三寶恩。釋氏要覽卷中謂四恩爲父母恩、師長恩、國王恩、施主恩。

〔六〕三有，三界之生死：欲有，欲界之生死；色有，色界之生死；無色有，無色界之生死。

右崇掖衛長史李行敏等議狀一首〔一〕

竊以釋、老兩教，語迹雖殊，恭順之理，雅同儒轍。事如右司禦議中彈〔二〕。豈有尊極之處，抗揖等於平交；師僧之前，拜伏過於輿皂〔三〕。事如左威衛議中彈〔四〕。既驚物議，且斁彝章。革此舊風，咸謂爲允。事如右司禦衛議中彈〔五〕。況黄冠荷天基之慶，緇衣承付託之重〔六〕，事如左司禦衛議中彈〔七〕。劬勞盡生育之恩，欲報申昊天之義。二門之法，僊倨乖於恒典；五敬之所，投拜允合常儀。謹議。

【校注】

〔一〕李行敏，兩唐書無傳。新唐書卷七二上宰相世系表二上趙郡李氏東祖：「祖揖，北齊冀州別駕、忠公。（父）德珪，隋司徒長史。行敏，左威衛長史。（弟）行矩，易州司馬。」右崇掖衛即右監門率府，長史正七品上。

〔二〕見右司禦衛長史崔崇業等議狀一首。

〔三〕輿皂，亦作「輿皁」。輿爲駕車人，皂爲養馬人。輿、皂爲十等人中兩個低微等級的名稱，因用以泛稱賤役、賤吏。宋書卷七九竟陵王誕傳：「驅迫士族，役同輿皁。」十等人，見春秋左傳昭公七年。

〔四〕見左威衛長史崔安都録事沈玄明等議狀一首。

〔五〕見右司禦衛長史崔崇業等議狀一首。

〔六〕「承」，資本、磧本、普本、南本、徑本、清本作「受」。

〔七〕見左司禦衛長史馬大師等議狀一首。

左奉裕衛長史丘神静等議狀一首〔一〕

若夫二儀始闢，君臣之道即隆；三才創分，父子之情斯在。莫不皆竭股肱，俱遵愛敬。故知君臣父子，稟自天然，極尊極親，无可爲間。止如釋、老之教，近日始崇。釋則興於漢朝，老則置於宋代。皆緣時君有旨，父母承恩，方染緇衣，然稱入道，如無所稟，不得離俗。離俗雖言絶境，習道仍居宇内，事如司津議中彈〔二〕。率土皆曰王臣，不聞限已緇素。事如左清道衛議中彈〔三〕。父生母鞠〔四〕，罔極難酬，於法雖曰絶塵，在身須敦仁義。豈容爲臣未曾効節，爲子未展温清，承恩乃變素衣，去髮言真入道，乘兹傲誕，慢君蔑親，高揖帝王，不拜父母，爲臣貽寬怠之咎，爲子招不敬之辜。事如左清道衛議中彈。庸流自謂合然，往代恕其无識，彈曰：昔漢帝降禮於摩騰，吴主屈節於康會〔五〕，趙邦澄上寵懋錦衣，秦日道安榮參共輦〔六〕，斯并德迴萬乘，道降極尊，況乎十室難誣，而曰庸流无識。因循自久，行之不改。聖上重纘皇極，欲革前非，孝理蒼生，思遵名教，爰降綸旨，飾光彝典，恐爽恒情，特令詳議。謹尋釋、老二教，見在遺文，我慢矜高，是人難度，彈曰：守道不屈，寧是矜高耶？庶事謙約，无失冲撝，静思此言，其議見矣。入道已成，凌虚控鶴〔七〕，深修禪定，得五神通〔八〕。如此輩流，猶願卑屈，況庸僧尼，見居王土，衣緇異俗，餘事罕知。彈曰：曼倩云：「談何容易！談何容易！」〔九〕惜哉！夫沙門之内，功業寔繁，聖朝以來，蓋亦不少。且帝京僧伍，盛德如林，略舉十科，用開未喻。至若譯經則波頗、玄奘〔一〇〕，義解則僧辯、法常〔一一〕，習禪則曇遷、慧因〔一二〕，護法則法琳、明贍〔一三〕，明律則玄琬、智首〔一四〕，感通則通達、轉明〔一五〕，遺身則玄覽、法曠〔一六〕，讀誦則慧詮、空藏〔一七〕，德聲則智凱、法琰〔一八〕，弘福則德美、智興〔一九〕。若此之流，具如僧史所列，而言罕知餘事，何雷同之甚乎！唯自矜高，願居人上，求之釋教，其義蔑聞。凡曰是人，准經致敬，況在極尊，并之父母，欲令拜伏，義无不可。其僧尼、道士、女道士，於君、皇后、皇太子及其父母所，并請准敕令跪。庶使光二教之謙撝，隆萬代之名教。謹議。

【校注】

〔一〕「左」，資本、磧本作「右」。丘神静，兩唐書無傳。左奉裕衛即太子左内率府，長史正七品上。

〔二〕司津監李仁方等議狀一首：「眷言方外，未離天地之間；顧惟俗表，尚處閻浮之域。」其下有「事如司衛寺議中彈」。

〔三〕左清道衛長史蔣真胄等議狀一首：「彈曰：沙門迹超方外，津梁家國，稱謂異於臣子，拜敬何預率賓？」

〔四〕「鞠」，資本、磧本、普本、南本、徑本、清本作「育」，兩可。

〔五〕摩騰，即攝摩騰，中天竺僧人。漢明帝感夢求法，迎請攝摩騰入華，翻譯四十二章經。高僧傳卷一有傳。漢明帝降禮攝摩騰事，見漢法本内傳。康會，即康僧會，康居人，世居天竺。孫權赤烏四年至建康，爲權感得舍利，以示法驗，起寺譯經，由此江左大法鬱興。天紀四年（二八〇）九月，病寂，此歲即晉武太康元年（二八〇）也。高僧傳卷一、出三藏記集卷一三有傳。

〔六〕澄上，即佛圖澄，西域人也，本姓帛氏。晉懷帝永嘉四年（三一〇）來洛陽。永嘉六年二月，石勒屯兵葛陂，佛圖澄由石勒大將郭黑略引見。後石勒建立後趙政權，事澄甚篤，軍政大事必諮而後行，尊稱澄爲大和上。晉穆帝永和四年（三四八）卒。高僧傳卷九、晉書卷九五有傳。道安，俗姓衛氏，常山扶柳人，西晉高僧。高僧傳卷五、出三藏記集卷一五有傳。

〔七〕控鶴，相傳周靈王太子王子喬喜吹笙，學鳳鳴，道士浮丘公接他上嵩山。三十年後，有人找到他，他說，七月七日於緱氏山與家人相見。至時，王子喬騎著白鶴於山頂出現。見劉向列仙傳王子喬傳。後以「控鶴」指得道成仙。

〔八〕五神通，即五通、五神變。不思議爲神，自在爲通。不思議自在之用有五種：天眼通，謂色界四大所造之清淨眼根，能照一切物；天耳通，爲色界四大所造之清淨耳根，能聞一切之聲者；他心通，得知一切他人之心；宿命通，得知自心之宿世事；如意通，飛行自在，石壁無礙，能化石爲金，變火爲水。見大智度論卷五。

〔九〕曼倩，漢代東方朔字。文選東方朔非有先生論：「先生曰：於戲，可乎哉？可乎哉？談何容易！」張銑注：「再言之者，所以言談之辭，何得輕易而爲之。」

〔一〇〕波頗，即波羅頗迦羅蜜多羅，唐言作明知識，此云光智，中天竺人，本刹利王種。武德九年（六二六）入華，住長安興善寺，譯寶星經、般若燈、大莊嚴論合三部三十五卷。貞觀七年（六三三）於勝光寺圓寂，壽六十九。續高僧傳卷三譯經篇有傳。玄奘，俗姓陳氏，偃師人，俗名褘。年十三入淨土寺出家。貞觀三年（六二九）西行，七年（六三三）至印度，十九年（六四五）返回京師長安，於弘福寺、慈恩寺、玉華寺等，譯傳佛經凡七十五部一千三百三十五卷。麟德元年二月五日寂，壽六十五。續高僧傳卷四譯經篇有傳。

〔一一〕僧辯，俗姓張，南陽人。開皇初年（五八一）出家，大業初歲（六〇五）召入大禪定道場，武德之始步出關東，大弘法化。貞觀翻經，被徵證義。貞觀十六年（六四二）六月卒於弘福寺，春秋七十有五。其於攝論、中邊、唯識、思塵、佛性無論等，具有章疏。續高僧傳卷一五義解篇有傳。法常，俗姓張氏，南陽白水人。年十九，投曇延法師剃落。唐運初興，四遠投造，播揚非一。貞觀之譯，證義所資。貞觀九年（六三五），又奉敕爲皇后戒師，補兼知空觀寺上座。貞觀十九年（六四五）六月圓寂，春秋七十有九。著攝論義疏八卷、玄章五卷，涅槃、維摩、勝鬘等各垂疏記，廣行於世。續高僧傳卷一五義解篇有傳。

〔一二〕曇遷，俗姓王氏，博陵饒陽人，年二十一從定州賈和寺曇靜律師出家。周武平齊，佛法頽毁，南下楊都，棲道場寺。開皇七年秋，受詔入京，弘揚佛法。仁壽年間分送舍利至天下諸州，曇遷參與其中。大業三年十二月圓寂，春秋六十有六，葬於終南北麓勝光寺之山園。所撰攝論疏十卷，又撰楞伽、起信、唯識、如實等疏，九識、四明等章，華嚴明難品玄解，總二十餘卷。續高僧傳卷一八習禪篇有傳。慧因，俗姓于氏，吴郡海鹽人，晉太常寶之後胤。續高僧傳卷一三義解篇有傳。疑「慧因」爲「慧思」之訛誤。慧思，姓李氏，武津人，天台宗二祖。年十五出家，師授以心觀之訣，得法華三昧，乃結庵大蘇山。陳太建九年（五七七）卒於南嶽。續高僧傳卷一七習禪篇有傳。

〔一三〕「贍」，資本、磧本作「瞻」。法琳，姓陳氏，潁川人。遠祖隨宦，寓居襄陽。隋季承亂，入關觀化。武德初年（六一八），駐錫京師濟法寺。貞觀十四年（六四〇）冬卒，時年六十九。撰有破邪論、辯正論等弘法著作。續高僧傳卷二五護法篇有傳。明瞻，俗姓杜氏，恒州石邑人，見隋煬帝敕沙門致拜事一首并大興善寺沙門明瞻答注。

〔一四〕玄琬，雍州新豐人。十五出家，師事曇延。貞觀初年，受敕爲皇太子及諸王等授菩薩戒，於長安建普光寺居之。又受敕入爲皇后六宫及妃主等授菩薩戒，尋於苑内德業寺爲皇后寫現在藏經，更使於延興寺造藏經。貞觀十年十二月寂於延興寺，年七十五。撰佛教後代國王賞罰三寶法、安養蒼生論、三德論各一卷。續高僧傳卷二三明律篇有傳。智首，姓皇甫氏，安定皇甫謐之後。髫年離俗，投相州雲門寺智旻而出家。二十二稟受大戒。大業之始追住大禪定道場。貞觀八年（六三四），奉爲太穆皇后於宫城之西造弘福寺，爲弘福上座。貞觀九年（六三五）四月二十二日卒於所住，春秋六十有九。著五部區分鈔二十一卷。續高僧傳卷二三明律篇有傳。

〔一五〕通達，雍州人，三十出家，棲止無定。晚住京師律藏寺，遊聽大乘。貞觀中稍顯神異。往至人家，歡笑則吉，愁慘必凶。卒年不詳。續高僧傳卷二六感通篇有傳。轉明，俗姓鹿氏，未詳何許人。隋大業八年（六一二），無何而來居住雒邑，預言賊起，至明年六月果逢梟感作逆。唐武德三年（六二〇），西達京師，敕住化度寺，數引禁中，具陳徵應，及後事會咸同合契。後多有神通應驗，未知所終。續高僧傳卷二六感通篇有傳。

〔一六〕玄覽，俗姓李氏，趙州房子人。年十三，心慕出家。貞觀年初，入京蒙度，配名弘福。貞觀十八年四月，入渭水合掌稱十方佛，廣發弘願，三日後其屍方出。續高僧傳卷二九遺身篇有傳。法曠，俗姓駱氏，雍州咸陽人。年十六，講解前論，道穆京華。年登知命，便袒三衣，瓶鉢以外一無受畜。以貞觀七年（六三三）二月二十一日，入終南山，在炭谷内脱衣挂樹，以刀自刎。續高僧傳卷二九遺身篇有傳。

〔一七〕「慧詮」，資本、磧本、普本、徑本作「惠銓」。慧銓，姓蕭氏，特進宋公蕭瑀之兄子。於鄭氏東都預茲剃落。武德初歲（六一八），還京住莊嚴寺。廣聽衆部，而以攝論爲心，頗懷篇什，尤能草隸。兄鈞任東宫中舍。弟智證，出家同住。以家世信奉偏弘法華，同族尊卑，咸所成誦。續高僧傳卷二九讀誦篇有傳。空藏，俗姓王氏，先祖晉陽，隋時已在雍州新豐。年十九，同佛出家。大業之始（六〇五），下敕徵延入住禪定。唐運既興，駐錫金城坊會昌寺。每講開務，極增成學，常坐不臥，垂三十年。貞觀十六年（六四二）五月十二日，終於會昌，春秋七十有四。續高僧傳卷二九讀誦篇有傳。

〔一八〕「德聲」，磧本、普本、南本、徑本、清本作「聲德」。續高僧傳有「聲德篇」。智凱，俗姓安氏，江表楊都人。少從沙門吉藏受三論。隋末唐初，嘉猷漸著，每有殿會，無不仰推，廣誦多能，罕有其類。江夏王道宗督靈州，攜隨任所，留連歲稔，欣慕朋從，遂卒於彼。續高僧傳卷三一雜科聲德篇有傳。法琰，俗姓嚴氏，江表金陵人。本名法藏，住願力寺。聽莊嚴寺嚼公成實，入義知歸，時共讚賞。晚被晉府召入日嚴，終於武德，復居玄法。雖年迫期頤，而聲喉不敗。貞觀十年（六三六）卒於此寺，九十餘矣。續高僧傳卷三一雜科聲德篇有傳。

〔一九〕德美，俗姓王氏，清河臨清人。年十九，剃髮出家。開皇末歲，觀化京師，受持戒檢，禮懺爲業。武德之始，創立會昌，延請駐錫。美乃於西院造懺悔堂，像設嚴華，堂宇宏麗。貞觀十一年（六三七）十二月，合掌稱佛卒於寺院，春秋六十三矣。續高僧傳卷三〇有傳。智興，俗姓宋氏，洛州人。初依首律師隨從講會，思力清澈，同侶高之。大業五年（六〇九）仲冬，次掌維那，時鐘所役，奉佩勤至，僧徒無擾。貞觀六年（六三二）三月遘疾，尋卒莊嚴，春秋四十有五。續高僧傳卷三〇有傳。

右奉裕衛率韋懷敬等議狀一首〔一〕

竊以三教五儀，咸窮睿想〔二〕，殊塗一致，必俟尊嚴。釋、老戒時，尊崇是務；周、孔訓俗，嚴敬爲先。遂使緇衣之酋〔三〕，抽簪奉教；青襟之伍，映雪傳芳〔四〕。爲百代之楷模，作千齡之准的。且誕靈舍衛，道自尸毗〔五〕，既有母子之恩，事如右司禦衛議中彈〔六〕。豈隔君臣之禮？緇黃雖異，賢智寧殊？拜伏君親，誠乖昔典。彈曰：據教令拜，有益乎？有損乎？有益也，豈以乖昔典而不拜乎〔七〕？有損也，豈以順昔典而令拜乎？今只可約損益以昌言，无宜據乖順而申議。无聖即仍舊，有聖則典移，法既俟聖方興，亦冀緣興改法。曹司僉議，請從拜禮。謹議。

【校注】

〔一〕韋懷敬，兩唐書無傳。元和姓纂卷二韋氏：「弘敏從祖兄懷質，光祿卿；懷敬，右領軍將軍；生知藝，儀州刺史。」新唐書卷七四上宰相世系表四上韋氏西眷：「（父）貞字德正，隋監遼東城西面軍事。懷敬，左領軍將軍。（子）知藝，襄州刺史。」

〔二〕「想」，磧本、普本、南本、徑本、清本作「哲」。

〔三〕「酋」，資本、磧本、普本、南本、徑本、清本作「首」。

〔四〕映雪，即映雪讀書。初學記卷二引宋齊語云：「孫康家貧，常映雪讀書，清淡交遊不雜。」後用以指勤學苦讀。

〔五〕尸毗，即尸毗迦，王名。釋尊因位爲尸毗迦王時，以身施鴿，是檀波羅蜜之滿相也。大唐西域記卷三曰：「是如來昔修菩薩行，號尸毗迦王，（唐言與，舊曰尸毗王，訛。）爲求佛果，於此割身，從鷹代鴿。」

〔六〕見右司禦衛長史崔崇業等議狀一首。

〔七〕「而」，資本、磧本、普本、南本、徑本、清本無。

雍州司功劉仁叡等議狀一首〔一〕

竊以玄風肇扇，莫先於伯陽。揔衆妙而謙卑，高棲物表〔二〕；致群生於道德，象帝之先〔三〕。聿宣爲子之方，贈言尼父；載揚事君之禮，從政周行。神功用而无名，至化流而不測。人能弘道，其在茲乎？況乎道異崆峒，人非姑射〔四〕，竊比河上之德，不遵柱下之規。虛談捕影之書，自取順風之禮，矜傲誕於家國，絶忠孝於君親，有靦之容，曾无愧怍？及至青牛西邁，涉流砂而化胡；彈曰：魏略西域傳云：「臨猊國有神人，名曰沙律，年老髮白，狀如老子，常教人爲浮圖。人有災禍及无子者〔五〕，勸行浮圖齋戒，令捨財贖愆。時臨猊王久无太子，因祀浮圖，其妃莫耶夢白象而有娠，及太子生，從右脅而出，自然有髻，墮地能行七步，其形似佛。以祀浮圖得兒，故名太子爲佛圖也。」〔六〕前漢哀帝元狩中，秦景使月氏，國王令太子口授於景。所以浮圖經教前漢早行。後六十三年〔七〕，明帝方感瑞夢也。秦景傳經，不云老子化胡作佛，經是老説。晉代雜録云：「道士王浮，每與沙門帛遠抗論，王屢屈焉，遂改換西域傳爲明威化胡經，題彼沙律以爲老子。」曲能安隱，誑惑人間，言喜與聃化胡作佛〔八〕，佛起於此。〔九〕裴子野高僧傳云：「晉惠帝時，沙門帛遠字法祖，每與祭酒王浮，一云道士基公，求共諍邪正〔一〇〕。浮屢屈焉，既瞋不自忍，乃託西域傳爲化胡經，以誣佛法，遂行於代〔一一〕，人無知者。殃有所歸，致患累載。」〔一二〕幽明録云：「蒲城李通死，來云：見沙門法祖，爲閻羅王講首楞嚴經。又見道士王浮，身被鎖械，求祖懺悔，祖不肯赴。」〔一三〕孤負聖人，死方思悔〔一四〕。又案袁宏後漢紀、皇甫謐高士傳等，并無老子化胡作佛之文。即日朝庭君子博識者多，豈得塞耳偷鈴，指鹿爲馬？信可謂虛無之談，徒聒人耳。爰有白馬東來，越葱山而夢漢〔一五〕。弘通貝葉，比妙蓮華，行以普敬爲先，教以不輕爲本。事如左崇掖議中彈〔一六〕。服貌雖異，同趣无爲。率土之濱〔一七〕，未聞无父之子；溥天之下，未見無君之臣。貞觀年中，已定先後〔一八〕，盡禮致敬，斷焉可知。彈曰：貞觀中詔，本以皇系所宗，殊無使拜之文，但有先後之語〔一九〕。今乃例茲遺敬，斯則比附敕文，失旨之愆，孰重於此。歷代滋多〔二〇〕，曾莫先覺。彈曰：自佛教入漢，年逾六百，其中晉代庾冰、僞楚桓玄、赫連、宋武、蕭齊、有隋等諸君，皆抑僧拜，咸以事非通允，俱尋舊迹。而云「歷代滋多，曾莫先覺」者，豈不面欺聖旨，誣謅群英乎？陛下乘乾御辯〔二一〕，減五登三〔二二〕，振千古之隤綱，維萬國之絕紐，豈徒革狸音之詠，資父事君？方且變天竺之風，自家刑國。謹議。

集沙門不應拜俗等事卷第五 議拜上

【校注】

〔一〕劉仁叡，兩唐書無傳，生平不詳。

〔二〕物表，物外，世俗之外。文選孔稚珪北山移文：「若其亭亭物表，皎皎霞外，芥千金而不眄，屣萬乘其如脱，聞鳳吹於洛浦，值薪歌於延瀨，固亦有焉。」張銑注：「表，外也。物表、霞外，言志高遠也。」

〔三〕語本老子：「吾不知誰之子，象帝之先。」河上公注：「道自在天帝之前。此言道乃先天地生也。」王弼注：

「不亦似帝之先乎？帝，天帝也。」

〔四〕崆峒，指黄帝問道於廣成子事。莊子在宥：「黄帝立爲天子十九年，令行天下。聞廣成子在於空同之上，故往見之。」空同，即崆峒。姑射，出莊子逍遥遊：「藐姑射之山，有神人居焉。肌膚若冰雪，綽約若處子。」

〔五〕「人有」，資本、磧本、普本、南本、徑本、清本「有人」。

〔六〕三國志魏書卷三〇裴松之注：「魏略西戎傳曰：臨兒國，浮屠經云其國王生浮屠。浮屠，太子也。父曰屑頭邪，母云莫邪。浮屠身服色黄，髮青如青絲，乳青毛，蛉赤如銅。始莫邪夢白象而孕，及生，從母左脅出，生而有結，墮地能行七步。此國在天竺城中。天竺又有神人，名沙律。昔漢哀帝元壽元年，博士弟子景盧受大月氏王使伊存口受浮屠經曰復立者其人也。浮屠所載臨蒲塞、桑門、伯聞、疏問、白疏閒、比丘、晨門，皆弟子號也。浮屠所載與中國老子經相出入，蓋以爲老子西出關，過西域之天竺，教胡。浮屠屬弟子別號，合有二十九，不能詳載，故略之如此。」此段彈語，與魏略西戎傳有出入。

〔七〕「六」，磧本、普本、南本、徑本、清本作「漢」。據文意，作「漢」爲是。

〔八〕「言」，南本、徑本、清本作「尹」。

〔九〕歷代三寶紀卷七：「魏世録目一卷，吴世録目一卷，晉世雜録一卷，河西録目一卷。右四録經目合四卷。盧山東林寺釋慧遠弟子沙門釋道流創撰，未就而流病卒。同學竺道祖因而成之，大行於世。」

〔一〇〕「求」，資本、磧本、普本、南本、徑本、清本作「次」。

〔一一〕「代」，資本、磧本、普本、南本、徑本、清本作「世」，兩可。

〔一二〕裴子野，字幾原，河東聞喜人，官至鴻臚卿。末年深信釋氏，持其教戒，終身飯麥食蔬。梁武帝敕撰衆僧傳二十卷，隋書經籍志有著録。中大通二年（五三〇），卒官，年六十二。梁書卷三〇、南史卷三三有傳。

〔一三〕幽明録，隋書卷三三經籍志：「幽明録二十卷，劉義慶撰。」

〔一四〕「魏略西域傳云……死方思悔」，見法琳辯正論卷五佛道先後篇。

〔一五〕葱山，即葱嶺。漢書卷九六上西域傳顔師古引西河舊事注云：「葱嶺，其山高大，上悉生葱，故以名焉。」即今帕米爾高原，位於中亞東南部、中國最西端，横跨塔吉克斯坦、中國和阿富汗三國。

〔一六〕左崇掖衛長史竇尚義等議狀一首：「崛園幽旨，萬物存乎不輕。」其下有「事如右司禦議中彈」。

〔一七〕「濱」，資本、磧本、普本、南本、徑本、清本作「賓」。「賓」通「濱」，水邊。漢書卷九九中王莽傳：「莽又曰：『普天之下，莫非王土；率土之賓，莫非王臣。』」顔師古注：「莽引小雅北山之詩也。」今本詩經小雅北山作「濱」。

〔一八〕唐太宗令道士在僧前詔，見廣弘明集卷二八、唐大詔令集卷一一三。其事見續高僧傳卷二五唐京師大總持寺釋智實傳、集古今佛道論衡卷丙太宗下敕道先佛後僧等上諫事。

〔一九〕令道士在僧前詔：「自今以後，齋供行立，至於稱謂，其道士、女冠，可在僧尼之前。」

〔二〇〕「滋」，資本、磧本、普本、南本、徑本、清本作「茲」。

〔二一〕「辯」，磧本、普本、南本、徑本作「曆」，兩可。「陸下」，據文意，似當爲「陛下」。

〔二二〕「減」，磧本、普本、南本、徑本作「咸」，兩可。史記卷一一七司馬相如列傳：「將增泰山之封，加梁父之事，鳴和鑾，揚樂頌，上咸五，下登三。」裴駰集解：「徐廣曰：『咸，一作函。』駰案：韋昭曰『咸同於五帝，登三王之上』。」司馬貞索隱：「上減五，下登三。李奇曰：『五帝之德，漢比爲減；三王之德，漢出其上；故云減五登三也。』虞憙志林云：『相如欲減五帝之一，以漢盈之。然以漢爲五帝之數，自然是登於三王之上也。』今本『減』或作『咸』，是韋昭之說也。」

集沙門不應拜俗等事卷第六

弘福寺沙門釋彦悰纂録

聖朝議拜篇第三下

狀

普光寺沙門玄範質議拜狀一首

奏

中臺司禮太常伯隴西王博乂等議奏狀一首〔一〕

詔

今上停沙門拜君詔一首

表

京邑老人程士顒等上請出家子女不拜親表一首

直東臺馮神德上請依舊僧尼等不拜親表一首并上佛道先後事

啓

西明寺僧道宣等重上榮國夫人楊氏請論不合拜親啓一首

表

大莊嚴寺僧威秀等上請依内教不拜父母表一首〔二〕

玉華宫寺譯經僧静邁等上僧尼拜親有損表一首〔三〕

襄州禪居寺僧崇拔上請僧尼父母同君上不受出家男女拜表一首

沙門不應拜俗總論〔四〕

【校注】

〔一〕「隴」，原本作「朧」，資本、磧本、普本、徑本及卷首目録作「隴」，據此以改。「等」下，資本、磧本、普本、南本、徑本、清本有「執」。

〔二〕「請」上，資本、普本、徑本、清本有「僧尼」。

〔三〕「僧」，徑本、清本作「沙門」。

〔四〕此條，原本無，據正文以補。

普光寺沙門玄範質議拜狀一首〔一〕

沙門玄範敢致狀於中臺王公侯伯群寮等。但範雖不班預議例〔二〕，而竊有所聞。前古大德廬山法師，遭時數運，遂造沙門不敬王者論五篇，理致幽微，問答玄妙。將欲簡白，乍尋難曉。今略述内外典記，明證不敬之理，謹以狀上，請懲應拜之議也。

夫天雖至玄，必著日月之明；地雖至寂，必固山川之化。聖者雖通聲冥運〔三〕，亦必假賢俊蕃輔〔四〕，子於百姓者也。君既使臣以禮，臣須事君以忠，若不庭争於未然，則恐機發於己矣。

但佛法是區域之外，逾四大之尊，超寰宇之表，越在三之義，唱无緣之慈，弘不言之化，冥功潛運，故曰沐而悠漸。但中庸之人，以爲无益者，良不悟其所舍也。故先朝聖教序云：「陰陽之妙難窮者，以其无形也。佛道崇虚，乘幽控寂，弘濟萬品，典御十方者乎！」〔五〕今既慧日潛暉，像教冥運，秉法和敬，非僧而誰？故佛告信相菩薩曰：「我說三寶，唯是一體，无有別相。斯像法傳持，當於是矣！」〔六〕若阿恕伽之禮小僧〔七〕，諭邪臣以貿衆首〔八〕，豈非體道之可尚乎！今欲令僧尼鞠躬於禮儀，劬勞於拜揖，是致佛以拜人，非人者以奉法。如弁鳥翻加於首足〔九〕，寔迴換惑亂之甚矣！

且王有常不臣者三〔一〇〕，蹔不臣者五〔一一〕，不名者四〔一二〕，不臣者一〔一三〕。尚書曰：「虞賓在位，「舜不臣朱。」〔一四〕詩云：「有客有客，亦白其馬。」〔一五〕此承二王之後，帝者尚所不臣，況僧當大聖之胤，奚足致敬君主？國之賓序，胡預失儀，而以不輕禮於四衆，用配敬於一人。此蓋菩薩比丘，情亡物我，況今尊卑位別，殊非媲偶〔一六〕。

【校注】

〔一〕玄範，籍貫不詳，事迹散見諸部經録。少染大方，資學名匠，立履清曠。著有別集二十卷，注金剛般若經，注二帝三藏聖教序。天册萬歲元年（六九五），參與撰寫大周刊定衆經目録，時爲「翻經大德中大雲寺都維那象城縣開國公」。卒年不詳。天后久視元年（七〇〇）庚子歲，于闐三藏實叉難陀譯文殊師利授記經三卷，玄範筆受。

〔二〕「範」上，資本、磧本、普本、南本、徑本、清本有「玄」，亦可。

〔三〕「通聲」，資本、磧本、普本、南本、徑本、清本作「聲通」。冥運，肇論涅槃無名論：「至人戢玄機於未兆，藏冥運於即化，總六合以鏡心，一去來以成體。」肇論疏卷三：「藏冥運於既化者，冥運亦是聖心也。過去之事，已往無形，至人運心，却見之也。」肇論新疏卷三：「清涼大師云：『智體無自即是證如。』冥，寂也；運，動也。即如智之合稱。化謂萬化。即，就也。意云：冥運之體即萬化之有。事顯理隱，義言藏也。清涼大師云：『冥真體於萬化之域。』」肇論校釋涅槃無名論：「『冥運』，智。句意爲：過往之事，雖已無形，然至人卻能見之。」

〔四〕蕃輔，捍衛輔助。蕃，通「藩」。史記卷一七漢興以來諸侯王年表序：「諸侯稍微，大國不過十餘城，小侯不過數十里，上足以奉貢職，下足以供養祭祀，以蕃輔京師。」

〔五〕唐太宗大唐三藏聖教序：「天地包乎陰陽，而易識者，以其有像也；陰陽處乎天地，而難窮者，以其無形也。故知像顯可徵，雖愚不惑；形潛莫覩，在智猶迷。況乎佛道崇虛，乘幽控寂，宏濟萬品，典御十方。」

〔六〕此段經文，出處不明。信相菩薩，見金光明經。經云，信相菩薩疑釋尊之壽命，不酬往昔之因位，因而四佛世尊，各説山斤、海滴、地塵、空界之一喻，以示釋尊之長壽。

〔七〕阿恕伽，即阿育王、無憂王，又譯作阿輸迦，古印度摩竭陀國的國王。初奉婆羅門教，後來改信佛教，成爲大護法，於國内建八萬四千大寺，及八萬四千寶塔，并派遣宣教師，到四方傳教，使佛教發揚於國外。阿育王傳卷七：「昔阿恕伽王見一七歲沙彌，將至屏處，而爲作禮，語沙彌言：『莫向人道我禮汝。』時沙彌前有一澡瓶，沙彌即入其中，從澡瓶中復還來出，而語言：『王慎莫向人道沙彌入澡瓶中復還來出。』……是以諸經皆云：沙彌雖小亦不可輕，王子雖小亦不可輕，龍子雖小亦不可輕。沙彌雖小能度人，王子雖小能殺人，龍子雖小能興雲致雨雹雷霹靂。故其所小而不可輕也。」

〔八〕「論」，磧本作「諭」。法苑珠林卷一九引付法藏經云：「昔佛涅槃一百年後，有阿育王信敬三寶，常作般遮于瑟大會。王至會日，香湯洗浴，著新净衣，上高樓上，四方頂禮，遥請衆僧。聖衆飛來凡二十萬。王之信心，深遠難量。見諸沙門，若長若幼，若凡若聖，皆迎問訊，恭敬禮拜。時有一臣名曰夜奢，邪見熾盛，無信敬心。見王禮拜而作是言：王甚無智，自屈貴德，禮拜童幼。王聞是已，便敕諸臣，各遣推覓自死百獸，人仰一頭。

唯使夜奢獨求人首。得已，各敕詣市賣之。餘頭悉售，夜奢人頭，見者惡賤，都無買者，數日欲臭。衆人見已，咸共罵辱而語之言：汝今非是旃陀羅人，夜叉羅刹，云何乃捉死人頭賣？夜奢爾時被罵辱已，來詣王所，而白王言：臣賣人頭，反被罵辱。尚無欲見，況有買者。王復語言：若無買者，但當虛與。夜奢奉教重齎入市，唱告衆人：無錢買者，今當虛與。市人聞已，重加罵辱，無肯取者。夜奢慚愧，還至王所，合掌白王：此頭難售，虛與不取，反被罵辱，況有買者。王問夜奢：何物最貴？夜奢荅王：人最爲貴。王言：若貴何故不售？夜奢荅王：人生雖貴，死則卑賤。王問夜奢：吾頭若死，同此賤不？夜奢惶懼，怖不敢對。王即語言：施汝無畏，汝當實荅。夜奢惶怖，俛仰荅王：王頭若死，亦同此賤。王語夜奢：吾頭若死，同此賤者，汝何怪我禮敬衆僧？卿若是吾真善知識，宜應勸我，以危脆頭易堅固頭。如何今日止吾禮拜？夜奢爾時聞王此語，方自悔責，改邪從正，歸敬三寶。以是因緣，衆生聞者，若見三寶，應當至心恭敬禮拜。」

〔九〕弁舄，可洪音義卷二六云：「上平變反，下思積反。弁，冠也。（舄），履也。言冠不可置於足，履不可置於頭也，以況其佛僧不拜於人耳。」

〔一〇〕白虎通王者不臣：「王者所不臣者三，何也？謂二王之後，妻之父母，夷狄也。不臣二王之後者，尊先王，通天下之三統也。……不臣妻父母何？妻者與己一體，恭承宗廟，欲得其歡心，上承先祖，下繼萬世，傳于無窮，故不臣也。……夷狄者，與中國絶域異俗，非中和氣所生，非禮義所能化，故不臣也。」

〔一一〕白虎通王者不臣：「王者有暫不臣者五，謂祭尸，授受之師，將帥用兵，三老，五更。不臣祭尸者，方與尊者配也。……不臣授受之師者，尊師重道，欲使極陳天人之意也。……不臣將帥用兵者，重士衆爲敵國，國不可從外治，兵不可從內御，欲成其威，一其令。……不臣三老五更者，欲率天下爲人子弟。」

〔一二〕說苑曰：「君之所不名者四：諸父臣而不名，諸兄臣而不名，先王之臣臣而不名，盛德之士臣而不名是也。」白虎通王者不臣：「王者臣有不名者五。先王老臣不名，親與先王戮力共治國，同功于天下，故尊而不名也。……不名盛德之士者，不可屈以爵禄也。……諸父諸兄不名。諸父諸兄者親，與己父兄有敵體之義也。……故韓詩內傳曰：『師臣者帝，友臣者王，臣臣者伯，魯臣者亡。』」

〔一三〕白虎通王者不臣：「王者不純臣諸侯何？尊重之，以其列土傳子孫，世世稱君，南面而治。」

〔一四〕尚書益稷：「祖考來格，虞賓在位，群后德讓。」書集傳卷一：「虞賓，丹朱也。堯之後，爲賓於虞，猶微子作賓於周也。丹朱在位，與助祭群后，以德相讓，則人無不和可知矣。」

〔一五〕見詩經周頌有客。毛詩序云：「有客，微子來見祖廟也。」

〔一六〕嫓偶，即媲偶，相伴、陪伴。禮記曲禮上「偶坐不辭」，孔穎達疏：「偶，媲也。或彼爲客設饌，而召己往，媲偶於客共食。」

又舉淨名而取稽首，引知法而招恭敬。昔函丈於新學〔一〕，不觀機而授藥，以中忘此意，宗半字焉〔二〕。既宴寂於正念，發宿生而示悟，還得本心，崇滿字矣。於是以亡相稽首，無想接足，乃混緇素於一時，泯性相於萬古，斯并大士權誠，未可小機普准。故涅槃經云：「我爲菩薩說如此偈。」〔三〕今以聲聞持戒臘之至，執威儀之切，非以重傲慢、悖君親，良欲崇國家、利臣人者也。又順正理論云：「諸天神衆，不敢悕求受五戒者禮，如國君主亦不求比丘禮拜，以懼損功德及壽命。」〔四〕故受欲行之以周、孔之教〔五〕，抑之以從俗之禮，竊爲仁者不取也。

又僧尼族非蕃類，性簡戎蠻，稟中國而法四夷，承剔割而紹三寶，據其教則有拜君親爲損〔六〕，修其法以資家國有益。恐匿聖言，禍鍾自犯。四分律云：「使恭敬耆年，不應禮拜白衣者。」〔七〕正以弗縻於爵禄，異俗綱於典誨矣。王制曰：「宗廟有不順者絀以爵，山川有神祇而不舉者削以地。」〔八〕況僧尼索鬼神之敬，反父母之禮。若使正教淪滑〔九〕，於是汙鄙，恐神明所不交泰，福慶所不流潤，災害機生〔一〇〕，禍亂幾作。而含靈廢成俗之化〔一一〕，胄子闕啓蒙之訓〔一二〕，率土臣人，順風載靡。不可自新於師戒，有助國於教化者也。梵網經云「不拜君親鬼神」〔一三〕，明矣。且濡需不拜，爲容節之失。矧乃割截非束帶之儀，髡削无稽首之飾，於庠序之風範，朝宷之變怪也〔一四〕。佛是絶域異俗之化，靡中和順動之氣，存亡之際實寄於人矣。大傳曰：「正朔所不加，即君子所不臣。」〔一五〕未若福其所訓，利其所稟，便其勞動而用之，乘其利安而事之。故得百姓之歡心，即一人有慶者也。又介胄不拜，慮折其威；師帝不臣，恐損其道。況衣忍鎧〔一六〕，擐組甲〔一七〕，伏龍怖以袈裟，慴魔威於抖擻〔一八〕。逃隸出家，王親降禮；波離入道〔一九〕，父王致拜。故知道在則貴，不以人爲輕重。是以道頗弘人，人蓋弘道者，信矣。

【校注】

〔一〕函丈，亦作「函杖」，指講學者與聽講者坐席之間相距一丈。禮記曲禮上：「若非飲食之客，則布席，席間函丈。」鄭玄注：「謂講問之客也。函，猶容也。講問宜相對容丈，足以指畫也。」此指講學。

〔二〕半字，譬小乘教。下文「滿字」，譬大乘教。

〔三〕大般涅槃經卷六如來性品：「佛告迦葉：『善男子！我爲未來諸菩薩等學大乘者説如是偈，不爲聲聞弟子説也。』」

〔四〕阿毗達磨順正理論卷三七：「諸天神衆於近事邊，無敢希求禮敬事故。如國君主於諸苾芻，定無希求禮敬事者，懼損功德及壽命故。」

〔五〕「受」，磧本、禪本作「今」。

〔六〕「爲」，徑本作「而」。

〔七〕見四分律卷五〇房舍揵度初。

〔八〕禮記王制：「山川神祇有不舉者爲不敬，不敬者君削以地；宗廟有不順者爲不孝，不孝者君絀以爵。」

〔九〕「湑」，徑本、清本作「胥」。淪湑，淪滅、沉没。范泰佛贊：「渺渺遠神，遥遥安和，願言來期，免兹淪湑。」淪胥，泛指淪陷、淪喪，與淪湑意近，兩可。

〔一〇〕「機」，資本、磧本、普本、南本、徑本、清本作「幾」。「機」通「幾」，危險、危殆。淮南子卷一原道訓：「處高而不機，持盈而不傾。」高誘注：「機，危也。」大戴禮記本命：「禮經三百，威儀三千，機其文之變也。」盧辯

注：「機，危也。」」。

〔一一〕含靈，同於含識、含生、有情等。大寶積經卷三八曰：「假使三界諸含靈，一切變爲聲聞衆。」

〔一二〕胄子，稱帝王或貴族的長子。尚書舜典：「夔！命汝典樂，教胄子。」孔傳：「胄，長也，謂元子以下至卿大夫子弟。」

〔一三〕見梵網經卷下。

〔一四〕「宷」，清本作「宰」。

〔一五〕見尚書大傳，班固白虎通王者不臣有徵引。

〔一六〕忍鎧，即忍辱鎧，袈裟的别名。見卷二洛濱翻經館沙門釋彦琮福田論一首并序注。

〔一七〕「擐組甲」，資本作「串祖甲」，磧本、普本、南本、徑本、清本、可洪音義作「摜祖甲」。「祖」，形近而誤。擐，穿也、貫也。摜，披戴也。擐、串、摜，均可。

〔一八〕「慴」，資本、磧本、普本、南本、徑本、清本作「慑」。「慴」同「慑」，威懾，使懾服。抖擻，又曰斗藪，梵語頭陀，手舉物而振拂以排除煩惱。法苑珠林卷一〇〇曰：「西云頭陀，此云抖擻。能行此法，即能抖擻煩惱，去離貪著。如衣抖擻能去塵垢，是故從譬爲名。」

〔一九〕波離，人名，鄔波離之略。見本書卷二洛濱翻經館沙門釋彦琮福田論一首并序注。

今遺法所以付於王者，委護持仗流通也。以四衆之微弱，恐三寶之廢壞，藉王者以威伏，假王者以勢逼。今使攝衣屈膝，握拳稽顙，則連河之化於茲缺矣。詩云：「王赫斯怒，爰整其旅。」〔一〕僧等戰戰兢兢，誠惶誠恐，懼虧遺教之本意，辱同功之法服。一拜之勞，不必加衆僧之損；一拜之敬，不必加萬乘之尊。頃僧等孜孜而不安其業者，非所以苟爲庸庸之軀，深存靡靡之化矣。恐煥乎之美〔二〕，无潤色於盛代，異國之求，豈聞於當今者歟？必以經像爲蕪穢，不足以崇仰，僧尼爲臭腐，不足爲福田，覩教籍者目焦，修揖拜者攣傴〔三〕，襲緇服則轉筋，談典禮而齒齲〔四〕。於是嫌而棄之，變天竺之風，暢中華之禮，以萬物爲更始，策三大而自新，則取善之基，徒使修立。不若隔教網於區外，放容儀於物表，臣而子之，足盡忠孝之節也。即而史傳不必爲長夜，經子未必爲太陽，司成雖學而无倦〔五〕，猶將闕焉於大訓。況助國之美，无聞亂矣。不繁禁而獲安，不革情而得志。雖文王至聖也，猶學於虢叔，孔子至明也，尚師於郯子〔六〕。王者至尊也，猶父事三老，兄事五更。及其釋奠，躬執爵而跪之，曰：「穆穆焉，恂恂焉。」〔七〕雖至孝之事嚴親，罔以加也。是以大易蠱爻不事王侯，大禮儒行不臣天子。故知道以貴之爲貴，不以輕貶爲輕。伏想寮寀談誚正士，爲之蠹害，將生螟螣〔八〕，而議爲拜者，非朝庭之上策也。

原夫正法西基〔九〕，迄于茲日，已過千載，有太半焉。自大教東流，方七百歲，雖歷變市朝，隆之莫替。其中聖主賢臣，計餘可數，未嘗拘檢意，況銑削僧尼？信知闊達之資，爲日久矣。聞者有執權少主〔一〇〕，謨篡微君〔一一〕，私佞自媚，陷墜家國。又一二蕃小，雄雌互舉，雖蹔誅除，尋革前弊。夫若此者，可以攘袂鼓肘，怒目切齒，大視而叱之，豈不忠烈之壯觀也〔一二〕。今我大唐應九五之期，四三皇之位〔一三〕，八紘共軌〔一四〕，四海同文，百辟守法度於有司，三寶暢微言於汲引，則道俗資勳，家國延祚，可不盛歟！可不盛歟！

敕以宋朝蹔革此風，少選還遵舊貫，良爲爽其恒情，議在不失常理。幸儼而思之，弘而護之，家國之政若隆，忠孝之誠必著。冥功潛潤，根條盤蔚，好爵自縻〔一五〕，禄祑優寵，花萼繼胤，蘭菊緒芳〔一六〕，感福慶之内資，思弘益而外護，豈不居生勿墜，常保勝期者歟？今謹疏内外典禮，請循照察。沙門釋範敬白。

龍朔二年（六六二）五月五日上。

【校注】

〔一〕見詩經大雅文王之什。

〔二〕焕乎，語出論語泰伯：「焕乎其有文章。」

〔三〕攣傴，慧琳音義作「癴傴」，并云：「劣拳反。手足病也。集文作攣，亦通。下傴矩反。博雅云：『傴僂，曲脊也。』」

〔四〕齲，蛀齒。史記卷一〇五扁鵲倉公列傳：「齊中大夫病齲齒。」張守節正義：「釋名云：『齲，朽也。蟲齧之缺朽也。』」

〔五〕司成，主管世子品德教育的官員。禮記文王世子：「樂正司業，父師司成。」孔穎達疏：「父師，主太子成就其德行也。」

〔六〕虢叔，周文王之弟，與虢仲共封虢，爲文王卿士。劉向新序雜事：「武王學於虢叔。」郯子，春秋時郯國國君。春秋左傳昭公十七年：「仲尼聞之，見於郯子而學之。既而告人曰：『吾聞之，天子失官，學在四夷，猶信。』」陸德明經典釋文序：「唐堯師於許由，周文學於虢叔，上聖且猶有學，而況其餘乎。」唐太宗金鏡：「仲尼師於郯子，文王學於虢叔。聖人且猶如此，何況於凡人者乎！」

〔七〕穆穆，端莊恭敬。尚書舜典：「賓于四門，四門穆穆。」爾雅釋訓：「穆穆，敬也。」恂恂，温順恭謹貌。論語鄉黨：「孔子於鄉黨，恂恂如也，似不能言者。」陸德明釋文：「恂恂，温恭之貌。」

〔八〕「螣」，資本、磧本、普本、南本、徑本、清本作「蟘」。「螣」同「蟘」。螟、螣，兩種食苗的害蟲。詩經小雅大田：「去其螟螣，及其蟊賊。」毛傳：「食心曰螟，食葉曰螣。」此指危害佛教者。

〔九〕「原」，磧本、禪本作「源」。

〔一〇〕「閒」，資本、磧本作「聞」。

〔一一〕「謨」，磧本作「謀」。

〔一二〕「烈」，資本作「列」。

〔一三〕三皇，指軒轅、唐堯、虞舜。四，謂唐朝皇帝的功績足以比配三皇，故合三皇而爲四。魏書卷六二李彪傳：「先皇有大功二十，加以謙尊而光，爲而弗有，可謂四三皇而六五帝矣，誠宜功書於竹素，聲播於金石。」大唐西域記卷一序論：「我大唐御極則天，乘時握紀，一六合而光宅，四三皇而照臨。」

〔一四〕八紘，八方極遠之地。淮南子卷四墬形訓：「九州之外，乃有八殥……八殥之外，而有八紘，亦方千里。」高誘注：「紘，維也。維落天地而爲之表，故曰紘也。」

〔一五〕語出周易中孚：「我有好爵，吾與爾靡之。」

〔一六〕「芳」，資本、磧本、普本、南本、徑本、清本作「榮」。

中臺司禮太常伯隴西王博乂等議奏狀一首〔一〕

司禮議僧尼道士女官等拜君親等事〔二〕

一〔三〕 五百三十九人議請不拜 右大司成令狐德棻等議稱〔四〕：竊以凡百在位，咸隆奉上之道，當其爲師，尚有不臣之義。況佛之垂法，事越常規，剔髮同於毀傷，振錫異乎簪紱。出家非色養之境，離塵豈榮名之地〔五〕。功深濟度，道極崇高，何必破彼玄門，牽斯儒轍，披釋服而爲俗拜〔六〕，踐孔門而行釋禮，存其教而毀其道，求其福而屈其身。詳稽理要，恐有未愜。又道之爲範，雖全髮膚，出家超俗，其歸一揆。加以遠標天構，大啓皇基，義藉尊嚴〔七〕，式符高尚。惟此二教，相沿自久，爰暨我唐，徽風益扇。雖王猷遐暢，實賴天功，而聖輪常轉，式資冥助。今儻一朝改舊，無益將來，於恒沙之劫，起毫塵之累，則普天率土，灰身粉骨，何以塞有隱之責，躅不忠之罪。與其失於改創，不若謬於修文。孔子曰：「因人所利而利之。」〔八〕老子曰：「聖人无常心，以百姓心爲心。」〔九〕二教所利，弘益多矣；百姓之心，歸信衆矣。革其所利，非因利之道；乖其本心，非无心之謂。請遵故實，不拜爲允。伏惟陛下，德掩上皇，業光下問。君親崇敬，雖啓神衷；道法難虧，還留睿想。既奉詢蒭之旨，敢罄塵嶽之誠。懼不折衷，追深戰惕。

一　三百五十四人議請拜〔一〇〕　右兼司平太常伯閻立本等議稱：臣聞剛折柔存，扇玄風之妙旨；苦形甘辱，騰釋路之微言。故能開善下之源，弘不輕之義。是以聲聞降禮於居士，柱史委質於周王。此乃成緇服之表綴，立黄冠之龜鏡。自茲已降，喪其宗軌。歷代溺其真理，習俗守其迷途。一人有作，萬物斯覩，紐維天地，驅駕皇王。轉金輪於勝境，構玉京於玄域。遂使尋真道士，追守藏之遐風；落彩沙門，弘禮足之綿典〔一一〕。況太陽垂曜在天，標無二之明；大帝稱尊御宇，極通三之貴。且二教裁範，雖絶塵容，事上出家〔一二〕，未能逃國。同賦形於姒鏡，皆仰化於姚風，豈有抗禮宸居，獨高真軌。然輕尊傲長，在人爲悖；臣君敬父，於道无嫌。考詳其議，跪拜爲允。前奉四月十六日敕旨：「欲令僧尼、道士、女官於君親致拜，恐爽於恒情，宜付有司詳議。」奏聞者件狀如前。謹録奏聞，伏聽敕旨。

龍朔二年（六六二）六月五日狀〔一三〕。

【校注】

〔一〕「議」上，原本有「執」，據卷首目録以删改。「等」，廣弘明集卷二五無。

〔二〕「禋」，廣弘明集卷二五作「禮」。龍朔二年二月甲子，改百司及官名，禮部爲司禮，祠部爲司禋。

〔三〕「一」，底本無。此爲標識層次之符號，爲與下文一致，故增補。

〔四〕「大」，資本、磧本、普本、南本、徑本、清本作「太」。

〔五〕「榮」，廣弘明集卷二五作「策」。

〔六〕「釋」，廣弘明集卷二五作「法」，亦可。

〔七〕「藉」，磧本、清本作「籍」。

〔八〕論語堯曰：「子曰：『因民之所利而利之，斯不亦惠而不費乎？擇可勞而勞之，又誰怨？欲仁而得仁，又焉貪？』」

〔九〕見老子第四十九章。

〔一〇〕「一」，資本、磧本、普本、南本、徑本、清本無。

〔一一〕「綿」，廣弘明集卷二五作「錦」。禮足，印度佛教的儀軌。佛教徒行懺悔時，頂禮大比丘足，以見卑下至敬之禮。

〔一二〕「上」，南本、徑本、清本、廣弘明集卷二五作「止」。

〔一三〕「龍朔二年六月五日狀」，廣弘明集卷二五無。

今上停沙門拜君詔一首

東臺〔一〕：若夫華裔列聖，異軫而齊驅；中外裁風，百慮而同致。自周霄隕照，漢夢延輝，妙化西移，慧流東被。至於玄牝邃旨，碧落希聲，具開六順之基〔二〕，偕叶五常之本，而於愛敬之地，忘乎跪拜之儀〔三〕。其來永久，罔革茲弊。朕席圖登政，崇真導俗，凝襟解脱之津，陶思常名之境。正以尊親之道，禮經之格言；孝友之義，詩人之明准。豈可以絶塵峻範而忘恃怙之敬，拔累貞規迺遺温清之序？前欲令道士、女官、僧尼等致拜，將恐振駭恒心，爰俾詳定。有司咸引典據，兼陳情理，沿革二塗，紛綸相半。朕商攉群議〔四〕，沉研幽賾，然箕潁之風〔五〕，高尚其事，遐想前載，故亦有之。今於君處，勿須致拜。其父母之所慈育彌深，祇伏斯曠，更將安設？自今已後，即宜跪拜。主者施行。

龍朔二年六月八日，西臺侍郎弘文館學士輕車都尉臣上官儀宣〔六〕。

【校注】

〔一〕龍朔二年二月甲子，改門下省爲東臺。

〔二〕「具」，資本、磧本、普本、南本、徑本、清本作「俱」。六順，見春秋左傳隱公三年：「君義，臣行，父慈，子孝，兄愛，弟敬，所謂六順。」

〔三〕「儀」，廣弘明集卷二五作「像」。

〔四〕「擢」，資本、磧本、普本、南本、徑本、清本作「確」。「議」，廣弘明集卷二五作「義」。「義」通「議」。戰國策東周策：「秦王不聽群臣父兄之義，而攻宜陽。」韓非子揚權：「上不與義之，使獨爲之。」王先慎集解：「義，讀爲議。」

〔五〕箕潁，箕山和潁水。相傳堯時，賢者許由曾隱居箕山之下，潁水之陽，後以指隱居者或隱居之地。

〔六〕上官儀，字遊韶，陝州陝人，隨父宦家於江都。大業末，私度爲沙門。貞觀初，舉進士，太宗召授弘文館直學士，累遷秘書郎。預撰晉書成，轉起居郎。高宗嗣位，遷秘書少監。龍朔二年（六六二），加銀青光禄大夫、西臺侍郎、同東西臺三品，兼弘文館學士如故。麟德元年（六六五），陷宦者王伏勝事，遂下獄而死，家口籍没。舊唐書卷八〇、新唐書卷一〇五有傳。西臺即中書省。詔令又見舊唐書卷四高宗紀：「（龍朔二年）六月己未朔，皇子旭輪生。乙丑，初令道士、女冠、僧、尼等，并盡禮致拜其父母。」

京邑老人程士顒等上請出家子女不拜親表一首〔一〕

臣言：臣聞佛化所資，在物斯貴，良由拔沉冥於六道〔二〕，濟蒙識於三乘，其德既弘，其功亦大。所以佛爲法主〔三〕，幽顯之所歸依；法爲良藥，煩惑由之清蕩；僧爲佛種，弘演被於來際。遂使歷代英主重道德而護持，清信賢明度子女而承繼。固得僧尼遍於區宇，垂範道於无窮〔四〕。

伏惟陛下，慈濟九有〔五〕，開暢一乘，愛敬之道克隆，成務之途逾遠。近奉明詔，令僧跪拜父母，斯則崇揚孝始，布範敬源。但佛有成教〔六〕，出家不拜其親。欲使道俗殊津，歸戒以之投附；出處兩異，真俗由之致乖。莫非心受佛戒，形具佛儀，法網懸殊，敬相全別。且自高尚之風，人主猶存抗禮，豈惟臣下返受跪拜之儀。俯仰撫循，無由啓處。意願國无兩敬，大開方外之迹；僧奉内教，便得立身行道。不任私懷之至，謹奉表以聞。塵黷威嚴，伏增戰越。謹言。

六月二十一日上〔七〕。

【校注】

〔一〕「出家子女不拜親」，廣弘明集卷二五無。

〔二〕沉冥，沉於生死冥於無明。楞嚴經卷四曰：「引諸沈冥，出於苦海。」

〔三〕「主」，資本、磧本、普本、南本、徑本、清本作「王」。

〔四〕「道」，資本、磧本、普本、南本、徑本、清本作「導」。

〔五〕九有，又云九居、九有情居、九衆生居。三界有情樂住之九處所，分别爲：欲界之人與六天，初禪天，二禪天，三禪天，四禪天中之無想天，空處，識處，無所有處，非想非非想處。俱舍論卷八：「前七識住及第一有、無想有情，是名爲九，諸有情類唯於此九欣樂住故立有情居。餘處皆非，不樂住故。言餘處者，謂諸惡處，非有情類自樂居中，惡業羅刹逼之令住故。」

〔六〕「成」，磧本、清本作「誠」。「成」通「誠」。詩經小雅我行其野：「成不以富，亦祇以異。」論語顏淵引作「誠」。韓非子功名：「近者結之以成，遠者譽之以名。」陳奇猷集釋引陶鴻慶曰：「成當作誠。」

〔七〕「六月二十一日上」，廣弘明集卷二五無。

直東臺馮神德上請依舊僧尼等不拜親表一首并上佛道先後事〔一〕

道士、僧尼請依舊，僧尼在前此一條在貞觀十一年（六三七），因今合上〔二〕。

僧尼請依舊不拜父母〔三〕

臣聞：秘教東流，因明后而闡化；玄風西運，憑至識以開宗。故知弘濟千門，義宣於雅道〔四〕；提誘萬品，理塞於邪津。只可隨聖教以抑揚，豈得逐人事而興替。沙門者，求未來之勝果〔五〕；道士者，信有生之自然。自然者，貴取性真，絕其近僞之迹；勝果者，意存杜漸，遠開趣道之心。誘濟源雖不同，從善終歸一致。伏惟皇帝陛下，包元建極，御一飛貞，乘大道以流謙，順无爲而下濟，因心會物，教不肅成。今乃定道佛之尊卑，抑沙門之拜伏。拜伏有同常禮，未是出俗之因；尊卑是物我之情〔六〕，豈曰無爲之妙？陛下道風攸闡，釋教載陳，每至齋日〔七〕，皆令祈福。祈福一依經教，二者何獨乖違？陛下者，造化之神宗；父母者，人子之慈稱。陛下以至極之重，猶停拜敬之儀，所生既曰人臣，何得曲申情禮？捨尊就愛，棄重違經，緣情猶尚不通，據教若爲行用？陛下統天光道，順物流形。形物尚不許違，浄教何宜改作？願陛下因天人之志，順萬物之心，停拜伏之新儀，遵尊卑之舊貫。庶望金光東曜，不雜塵俗之悲；紫氣西暉，無驚物我之貴。即大道不昧，而得相於明時；福業永貞，庶重彰於聖日。謹言。

七月十日上。

【校注】

〔一〕題名，廣弘明集卷二五作「直東臺舍人馮神德上」。馮神德，兩唐書不録，生平不詳。大宋僧史略卷中僧道班位引此事，云：「及高宗朝，有直東臺舍人馮神德上表，請仍舊僧尼在道士前，并依前不拜父母。」東臺舍人，即給事中，正五品上。

〔二〕「合上」，資本作「同上」，磧本、南本、徑本、清本作「同」。

〔三〕「僧」上，資本、磧本、普本、南本、徑本、清本有「一」。

〔四〕「雅」，資本、磧本、普本、南本、徑本、清本作「正」，兩可。

〔五〕勝果，勝妙之證果。佛果對於聲聞、緣覺二乘之果及十地菩薩之果而謂之勝果。二乘之果，非爲圓滿，故是果而非勝。十地之法，未爲圓滿，故是勝而非果。獨佛果爲究竟圓滿之妙果，故曰勝果。王僧孺懺悔禮佛文曰：「藉妙因於永劫，招勝果於茲地。」

〔六〕「是」，廣弘明集卷二五無。

〔七〕「日」，資本、磧本、普本、南本、徑本、清本、廣弘明集卷二五作「忌」。

西明寺僧道宣等重上榮國夫人楊氏請論不合拜親啓一首〔一〕

僧道宣等啓：竊聞紹隆法任，必歸明哲；崇護真詮，良資寵望。伏惟夫人，宿著熏修，啓無疆之福；早標信慧，建不朽之因。至於佛教威儀，法門軌式，實望特垂恩庇，不使陵夷。自敕被僧徒，許隔朝拜，誠當付囑之意，寔深荷戴之情。然於父母猶令跪拜，私懷徒愜，佛教甚違。若不早有申聞，恐遂同於俗法。僧等翹注，莫敢披陳，情用迴惶，輒此投訴。伏乞慈覆，特爲上聞。儻遂恩光，彌深福慶，不勝懇切之甚。謹奉啓以聞，塵擾之深，唯知悚息。謹啓。

八月十三日上〔二〕。

【校注】

〔一〕「重」，廣弘明集卷二五無。「不合拜親啓」，廣弘明集卷二五作「拜事啓」。

〔二〕「八月十三日上」，廣弘明集卷二五無。

大莊嚴寺僧威秀等上請依内教不拜父母表一首〔一〕

謹録佛經出家沙門不合跪拜父母，有損無益，文如左。

梵網經云：「出家人不向國王、父母禮拜。」〔二〕

順正理論云：「國君、父母不求比丘禮拜。」〔三〕

玄教東漸六百餘年，上代皇王无不咸皆敬仰〔四〕。洎乎聖帝遵奉，成教彌隆，故得列刹相望，精廬峙接，人知慕善，家曉思愆。僧等忝在生靈，詎忘忠孝。明詔頒下，率土咸遵，恐直筆史臣書乖佛教，萬代之後蕪穢皇風。

僧威秀等言：竊聞真俗異區，桑門割有生之戀；幽顯殊服，田衣無拜首之容。理固越情，道仍舛物。況埏形戒律，鎔念津梁，酬恩不以形骸，致養期於福善。而令儀不改釋〔五〕，拜必同儒，在僧有越戒之愆，居親有損福之累。臣子之慮，敢不盡言。伏惟陛下，匡振遠猷，提獎幽槩，既已崇之於國，亦乞正之於家，足使捨俗无習俗之儀，出家絶家人之敬。護法斯在，植福莫先，自然教有所甄〔六〕，人知自勉。不勝誠懇之至，謹奉表以聞。塵黷扆旒〔七〕，伏增戰越。謹言。

八月二十一日上〔八〕。

【校注】

〔一〕「上請」，原本作「上僧尼請」，據卷首目録以改。「請依内教不拜父母表」，廣弘明集卷二五作「請表」。

〔二〕「梵網經」上，資本、磧本、普本、南本、徑本、清本有「一」。下文，「順正理論」上、「玄教東漸」上，與此相同，不贊。此句，見梵網經卷下。

〔三〕「父母」，廣弘明集卷二五無。

〔四〕「咸皆」，廣弘明集卷二五作「依經」。

〔五〕「令」，資本、磧本、普本、南本、徑本、清本無。

〔六〕「所」，廣弘明集卷二五作「可」。

〔七〕塵黷，猶玷污。塵，自謙之詞。晉書卷八八何琦傳：「一旦煢然，無復恃怙，豈可復以朽鈍之質塵黷清朝哉！」扆旒，皇帝的代稱。旒，帝冕。舊唐書卷一七〇裴度傳：「如至巳午之間，即當炎赫之際，雖日昃忘食，不憚其勞，仰瞻扆旒，亦似煩熱。」

〔八〕「八月二十一日上」，資本、磧本、普本、南本、徑本、清本作「八月二十一日」，廣弘明集卷二五無。

玉華宮寺譯經僧靜邁等上僧尼拜親有損表一首〔一〕

沙門靜邁言：竊以策係告先〔二〕，尊父屈體於其子；刑章攸革，介士不拜於君親。伏惟僧等揚言紹佛〔三〕，嗣尊之義是同。故愛敬降高，乃折節於其氣；容服異俗，刑章之革不殊。致使沙門亦不支屈於君父，窮茲内外，雖復繼形變則，而心敬君親，敢有怠哉。至如臣服薨君，以日易月，形雖從吉，而心喪三年〔四〕。是知遏密八音，其於三載〔五〕，修于心敬，其來尚矣。若令反拜父母，則道俗俱違佛戒，顛没枉坑〔六〕，輪迴未已〔七〕，況動天地感鬼神者〔八〕，豈在於跪伏耶？但公家之利，知无不爲〔九〕，恐因今創改，萬有一累，則負聖上放習法之洪恩，彌劫粉身，奚以塞責。伏惟陛下，廣開獻書之路，通納蒭言之辯。輕塵聽覽，伏增戰汗。謹言。

八月二十五日上〔一〇〕。

【校注】

〔一〕「僧静邁」，原本作「沙門静邁」。「親」，原本作「父母」。以上兩處，均據卷首目録以改。又，題名，廣弘明集卷二五作「玉華宮寺譯經沙門静邁等上拜父母有損表一首」。静邁，宋高僧傳卷四有唐簡州福聚寺靖邁傳。静邁、靖邁事迹多有重合者，當爲同一人。據本傳，静邁，梓潼人。貞觀中，屬玄奘西迴，敕奉爲太穆太后於京造廣福寺，就彼翻譯。邁預其精選，即居慈恩寺，同執筆綴文，翻譯本事經七卷。邁後與神昉筆受於玉華宮及慈恩寺翻經院，又著譯經圖紀四卷。又，據藏内文獻可知：貞觀十九年（六四五）玄奘組建譯經僧團，簡州福聚寺沙門静邁加入，爲綴文大德；貞觀二十二年五月，譯成瑜伽師地論，簡州福衆寺沙門静邁證文；貞觀二十三年，譯成菩薩戒羯磨文，静邁撰序文；顯慶元年（六五六），譯成説一切有部發智大毗婆沙論，大慈恩寺沙門静邁綴文；顯慶四年，静邁撰法藴足論後序。

〔二〕策係，占卜也。周禮占人云：「歲終，則計其占之中否。」鄭玄注：「杜子春云：『繫幣者，以帛書其占，繫之於龜也。』云謂既卜筮，史必書其命龜之事及兆於策，繫其禮神之幣，而合藏焉。書曰：『王與大夫盡弁，開金縢之書，乃得周公所自以爲功，代武王之説。』是命龜書。」清李文炤集傳云：「史必書其命及兆於策，系於禮神之幣而合藏焉。歲終計之，俾精其業也。」

〔三〕「惟」，資本、磧本、普本、南本、徑本、清本作「以」。

〔四〕心喪，老師去世後弟子守喪，身無喪服而心存哀悼。禮記檀弓上：「事師無犯無隱，左右就養無方，服勤至死，心喪三年。」

〔五〕「其」，廣弘明集卷二五作「期」。遏密八音，指帝王等死後停止舉樂。尚書舜典：「二十有八載，帝乃殂落。百姓如喪考妣，三載，四海遏密八音。」孔傳：「遏，絶。密，静也。」孔穎達疏：「四海之人，蠻夷戎狄皆絶静八音而不復作樂。」

〔六〕「坑」，廣弘明集卷二五作「沉」。

〔七〕「輪」，資本、磧本、普本、清本、廣弘明集卷二五作「淪」。

〔八〕「地」，原本作「池」，據資本、磧本、普本、南本、徑本、清本以改。此句意謂動天地感鬼神，語出毛詩大序。

〔九〕春秋左傳僖公九年：「公曰：『何謂忠貞？』對曰：『公家之利，知無不爲，忠也；送往事居，耦俱無猜，貞也。』」

〔一〇〕「八月二十五日上」，廣弘明集卷二五無。

襄州禪居寺僧崇拔上請僧尼父母同君上不受出家男女致拜表一首〔一〕

沙門崇拔言：拔聞，道俗憲章，形心異革。形則不拜君父，用顯出家之儀〔二〕；心則敬通三大，以遵資養之重。近奉恩敕，令僧不拜君王，而令拜其父母。斯則隆於敬愛之禮，闕於經典之教。僧寶存而見輕，歸戒没而長隱。豈有君開高尚之迹，不勃佛言〔三〕；臣取下拜之儀，面違聖旨？可謂放子爲求其福，受拜仍獲其辜。一化致疑，二理矛楯〔四〕。伏願請從君敬之禮，以通臣下之儀。塵黷扆旒〔五〕，彌增隕越。謹言。

十月二十五日上〔六〕。

【校注】

〔一〕題名，廣弘明集卷二五作「襄州禪居寺僧崇拔上請父母同君上不令出家人致拜表一首」。崇拔，宋高僧傳無傳。宋高僧傳卷一四唐京師崇聖寺文綱傳：「以開元十五年（七二七）八月十五日怡然長往，時春秋九十有二。其年九月四日，塔于寺側焉。……有若法侶，京兆懷素、滿意、承禮、襄陽崇拔、扶風鳳林、江陵恒景、淄川名恪等百餘人，咸曰：『智河舟遷，法宇棟橈而已哉！』」襄州，隋襄陽郡。武德四年（六二一），平王世充，改爲襄州。領襄陽、安養、漢南、義清、南漳、常平六縣。天寶元年（七四二），改爲襄陽郡。乾元元年（七五八），復爲襄州。若襄陽崇拔與襄州禪居寺僧崇拔爲同一人，則其人開元十五年仍活躍於長安僧團。

〔二〕「家」，廣弘明集卷二五作「處」。

〔三〕「勃」，廣弘明集卷二五作「悖」。「勃」通「悖」，乖戾，亂也。莊子庚桑楚：「徹志之勃，解心之謬，去德之累，達道之塞，貴富顯嚴名利六者，勃志也。」韓非子定法：「利在故新相反，前後相悖。」王先慎集解云：「先慎曰：「乾道本『悖』作『勃』。顧廣圻云：今本『勃』作『悖』，誤。先慎案：説文『誖』下云『亂也』，或從心作『悖』；『勃』下云『排也』。明乖亂之字應作『悖』，而『勃』爲假借字。顧氏以正字爲誤，蓋未之審耳，今據改。」

〔四〕「楯」，資本、磧本、普本、南本、徑本、清本、禪本作「惑」，廣弘明集卷二五作「盾」。矛楯、矛盾，義同。

〔五〕「塵」，資本、磧本、普本、南本、徑本、清本作「輕」。

〔六〕「十月」，徑本、清本作「七月」，廣弘明集卷二五無。

論曰：威衛、司列等狀〔一〕，詞則美矣，其如理何？咸不惟故實，昧於大義。苟以屈膝爲敬，不悟亡脣之禍〔二〕。内經稱：「沙門拜俗，損君父功德及以壽命。」〔三〕而抑令俯伏者，胡言之不認〔四〕，輕發樞機哉？雖復各言其志，亦何傷之太甚。而威衛等狀，通塞兩兼；司列等狀，一途永執。或訪二議優劣，余以爲楚則失矣，齊亦未爲得也。然兩兼則膚腠，永執乃膏肓〔五〕。故升威衛於乙科，退司列於景第。至若範公質議，則旨贍文華；隴西執奏，言約理舉。既而人庶斯穆，龜筮叶從。故得天渙下覃〔六〕，載隆高尚之美；慈育之地，更弘拜伏之仁。時法侶名僧，都鄙耆耋〔七〕，僉曰：「叶私志矣，違教如何？」於是具顯經文，廣陳表啓，匪朝伊夕，連訴庭闕。但天門邃遠，申請靡由。奉詔求宗，難爲去取。易曰：「羝羊觸藩〔八〕，羸其角。」〔九〕方之釋侶，豈不然歟？

贊曰：　威衛之流，議雖通塞，以人廢道，誠未爲得。司列等狀，抑釋從儒，拜傷君父，詎曰忠謀。質議遒華〔一〇〕，敷陳簡要，天人叶允，爰垂璽誥。恭承明命，式抃且歌〔一一〕，顧瞻玄籍，有累如何。法俗疇咨，咸申啓表，披瀝丹款，未紓黄道。進退惟谷〔一二〕，投措靡由，仰悕神禹，疏茲法流。

【校注】

〔一〕威衛，指左威衛長史崔安都録事沈玄明等議狀一首，爲議兼拜之首。司列，指中臺司列少常伯楊思玄司績大夫楊守拙等議狀一首，爲議令拜之首。

〔二〕「脣」，資本、磧本、普本、南本、徑本、清本作「辱」。

〔三〕此句，不明出處。

〔四〕「認」，磧本、普本、南本、徑本、清本作「忍」。「忍」通「認」，認識。管子大匡：「夫國之疑二三子，莫忍老臣。」郭沫若等集校：「『忍』假爲『認』。言邑郊之二三子不識鮑叔。」

〔五〕膚腠，亦作膚湊，指肌膚。陳書卷三世祖紀：「念俾納隍，載勞負扆，加以膚湊不適，攝衛有虧，比獲微痊，思覃寬惠，可曲赦京師。」膏肓，心尖脂肪爲膏，心臟與膈膜之間爲肓。春秋左傳成公十年：「其一曰：『居肓之上，膏之下，若我何？』醫至，曰：『疾不可爲也，在肓之上，膏之下，攻之不可，達之不及，藥不至焉，不可爲也。』」杜預注：「肓，鬲也，心下爲膏。」此處比喻難以救治。

〔六〕「涣」，資本、磧本、普本、南本、徑本、清本作「焕」。「涣」通「焕」，光明、燦爛。淮南子卷一六説山訓：「夫玉潤澤而有光，其聲舒揚，涣乎其有似也。」隸釋漢酸棗令劉熊碑：「淵乎其長，涣乎成功。」

〔七〕耆耋，老年。禮記射義：「幼壯孝母，耆耋好禮。」鄭玄注：「耆、耋皆老也。」

〔八〕「蕃」，南本、徑本、清本作「藩」。

〔九〕周易大壯：「九三，小人用壯，君子用罔。貞厲，羝羊觸藩，羸其角。」王弼注云：「處健之極，以陽處陽，用其壯者也。故小人用之以爲壯，君子用之以爲羅己者也。貞厲以壯，雖復羝羊以之觸藩，能无羸乎！」

〔一〇〕「遒」，資本、磧本、普本、南本、徑本、清本作「道」。

〔一一〕抃，鼓掌。慧琳音義云：「皮變反。王逸注楚辭云：『交手曰抃。』説文云：『拊手筆也，從手卞聲也。』」

〔一二〕「谷」，徑本、清本作「咎」。

沙門不應拜俗揔論

釋彦悰曰：夫沙門不拜俗者何？蓋出處異流，内外殊分，居宗體極，息慮忘身，不汲汲以求生，不區區以順化，情超宇内，迹寄寰中。斯所以抗禮宸居〔一〕，背恩天屬，化物不能遷其化，生生无以累其生〔二〕。長揖君親，斯其大旨也。若推之人事，稽諸訓詁，則所不應拜，其例十焉。至如望秩山川，郊祀天地，欲其利物，君罄迺誠。今三寶住持，歸戒弘益，幽明翼化，可略言焉，斯神祇之流也。爲祭之尸，必叶昭穆，割牲薦熟〔三〕，時爲不臣。今三寶一體，敬僧如佛，備乎内典，無俟繁言，斯祭主之流也。杞、宋之君，二王之後，王者所重，敬爲國賓。今僧爲法王之胤，王者受佛付囑，勸勵四部，進修三行〔四〕，斯國賓之流也。重道尊師，則弗臣矣，雖詔天子〔五〕，無北面焉。今沙門傳佛至教，導凡誘物，嚴師敬學，其在茲乎？斯儒行之流也。禮云「介者不拜」，爲其失於容節，故周亞夫長揖漢文也〔六〕。今沙門身被忍鎧，戡剪慾軍，掌握慧刀，志摧心惑，斯介胄之流也。蓍代筮賓，尊先冠阼，母兄致拜，以禮成人〔七〕。今沙門以大法爲己任，拯群生於塗炭，敬遵遺躅，祖承嫡胤，斯傳重之流也。堯稱則天，不屈潁陽之高；武盡美矣，終全孤竹之潔〔八〕。今沙門高尚其事，不事王侯，蟬蛻囂埃之中，自致寰區之外，斯逸人之流也。犯五刑，關三木，被捶楚〔九〕，嬰金鐵者，不責其具禮。今沙門剔毛髮，絶胤嗣，毁形貌，易衣服，斯甚刑之流也。又詔使雖微，承天則貴，沙門縱賤，稟命宜尊。況德動幽明，化霑龍鬼，静人天之苦浪，清品庶之災氛〔一〇〕，功既廣焉，澤亦弘矣。豈使絶塵之伍，拜累君親；閑放之流，削同名教而已。余幼耽斯務，長頗搜尋。採遺烈於青編，纂前芳於汗簡。重以感淪暉於佛日〔一一〕，罄爝火以興詞〔一二〕，庶永將來，傳之好事。又古今書論皆云不敬，據斯一字，愚竊惑焉〔一三〕。何者？敬乃通心。曲禮稱無不敬，拜唯身屈，周陳九拜之儀。且君父尊嚴，心敬无容不可；法律崇重，身拜有爽通經。以拜代敬，用將爲允。故其書曰：「不拜爲文。」遠公有言曰：「淵壑豈待晨露哉。」〔一四〕蓋自申其罔極也。此書之作，亦猶是焉。達鑒通賢，儻無譏矣。

集沙門不應拜俗等事卷第六議拜下

【校注】

〔一〕「抗」，資本作「亢」。

〔二〕「生生」，資本、磧本、普本、南本、徑本、清本作「利生」。

〔三〕論語鄉黨：「君賜食，必正席，先嘗之。君賜腥，必熟而薦之。君賜生，必畜之。」鄭注：「魯讀生爲牲，今從古。」

〔四〕三行，即福行、罪行、不動行。福行，行十善等福感天上人間之果。罪行，行十惡等罪感三惡道之苦。不動業行，又曰無動行，修有漏之禪定感色界無色界之果者。見大智度論卷八八。

〔五〕「詔」，廣弘明集卷二五作「謁」。

〔六〕周亞夫，沛郡豐縣人，周勃次子。漢文帝時期，襲封絳侯，出任河内太守。漢景帝即位，任車騎將軍、丞相，改封條侯。長揖漢文帝事，見史記卷五七絳侯周勃世家、漢書卷四〇周亞夫傳。

〔七〕禮記冠義：「古者聖王重冠。古者冠禮，筮日、筮賓，所以敬冠事。敬冠事所以重禮，重禮所以爲國本也。故冠於阼，以著代也。醮於客位，三加彌尊，加有成也。已冠而字之，成人之道也。見於母，母拜之，見於兄弟，兄弟拜之，成人而與爲禮也。」孔穎達疏云：「故冠於阼以著代也者，言適子必加冠於阼。阼是主人接賓之處。今適子冠於阼階，所以著明代父之義也。」

〔八〕穎陽，穎水之陽，指許由典故。見卷二福田論注。孤竹，借指伯夷、叔齊。語出莊子讓王：「昔周之興，有士二人處於孤竹，曰伯夷、叔齊。」

〔九〕「捶」，資本、磧本、普本、南本、徑本、清本、廣弘明集卷二五作「箠」。慧琳音義云：「隹累反。說文：『箠，以杖擊也。』從竹。或作捶。」兩可。

〔一〇〕「災」，資本、磧本、普本、南本、徑本、清本、廣弘明集卷二五、可洪音義作「炎」。災氛，不祥之氣、災異的徵兆。前蜀杜光庭親隨司空爲大王醮葛仙化詞：「稼穡蕃登，災氛蕩滌。」炎氛，熱氣、暑氣。張衡七辨：「桴弱水，越炎氛。」

〔一一〕「感」，磧本、普本、南本作「惑」。

〔一二〕爝火，炬火、小火。莊子逍遥遊：「日月出矣而爝火不息，其於光也不亦難乎！」成玄英疏：「爝火，猶炬火也，亦小火也。」

〔一三〕「惑」，磧本、普本、南本作「或」。「或」通「惑」。周易乾：「九四重剛而不中，上不在天，下不在田，中不在人，故或之。或之者，疑之也，故无咎。」孟子告子上：「無或乎王之不智也。」朱熹集注：「或，與惑同，疑怪也。」

〔一四〕釋慧遠沙門不敬王者論：「深懼大法之將淪，感前事之不忘，故著論五篇，究叙微意。豈曰淵壑之待晨露，蓋是申其罔極。」

附録：　集沙門不應拜俗等事歷代著録解題

釋道宣撰大唐内典録卷第五歷代衆經傳譯所從録

沙門釋彦琮。二部，十六卷，寺録、不拜俗集。

釋道世撰法苑珠林卷一〇〇傳記篇

西京寺記二十卷。

沙門法琳别傳三卷。

沙門不敬録六卷。

右三部二十九卷，皇朝西京弘福寺沙門釋彦琮撰。

（唐釋道世著，周叔迦、蘇晉仁校注法苑珠林校注卷一〇〇傳記篇，中華書局二〇〇三年，第二八八五頁）

沙門智昇撰開元釋教録卷第八總括群經録上

集沙門不拜俗議六卷。見内典録。

右一部，六卷，其本見在。

沙門釋彦悰，識量聰敏，博曉群經，善屬文華，尤工著述。天皇龍朔二年（六五七）壬戌，有詔令拜君親，恐傷國化，令百司遍議。于時沙門道宣等共上書，啓聞于朝廷，衆議異端，所司進入。聖躬親覽，下敕罷之。悰恐後代無聞，故纂斯事并前代故事及先賢答對，名爲集沙門不拜俗議，傳之後代，永作楷模。牆壍法城，玄風不墜也。兼撰大唐京師寺録行於代矣。

（唐智昇撰，富世平點校開元釋教録，中華書局二〇一八年，第五二五頁）

沙門智昇撰開元釋教録卷第二〇入藏録賢聖集

集沙門不拜俗議六卷。九十七紙。

唐沙門釋彦琮撰。

（唐智昇撰，富世平點校開元釋教録，中華書局二〇一八年，第一五四五頁）

沙門圓照撰貞元新定釋教目録卷第一二總集群經録上

集沙門不拜俗議六卷。見内典録。

右一部，六卷，其本見在。

沙門釋彦琮，識量聰敏，博曉群經，善屬文筆，尤工著述。天皇龍朔二年壬戌，有詔令拜君親，恐傷國化，令百司徧議。于時沙門道宣等共上書，啓聞于朝廷，衆議異端，所司進入。聖躬親覽，下敕罷之。琮恐後代無聞，故纂斯事并前代故事及先賢答對，名爲集沙門不拜俗議，傳之後代，永作楷摸。牆塹法城，玄風不墜也。兼撰大唐京師寺録行於代。

沙門圓照撰貞元新定釋教目録卷第三〇入藏録賢聖集

東夏三寶感通録三卷。亦云集神洲三寶感通録。九十七紙。

集沙門不拜俗議六卷。九十七紙。

上二集九卷，同帙。

興福寺沙門永超集東域傳燈目録傳律録二

集沙門不拜俗儀六卷。彦悰。

舊唐書卷四七經籍志下道家類

崇正論六卷。釋彦琮撰。

（後晉劉昫等撰，中華書局編輯部點校舊唐書，中華書局一九七五年，第二〇三〇頁）

新唐書卷五九藝文志三道家類

僧彦琮崇正論六卷。

又集沙門不拜俗議六卷。

福田論一卷。

（宋歐陽修、宋宋祁撰，中華書局編輯部點校新唐書，中華書局一九七五年，第一五二五頁）

南宋鄭樵撰通志六七藝文略第五釋家

沙門不拜俗議六卷。彦琮撰。

（宋鄭樵撰，王樹民點校通志二十略，中華書局一九九五年，第一六四二頁）

元清源居士王古撰大藏聖教法寶標目卷第九

集沙門不拜俗事六卷。

右沙門彦琮纂。序晉至唐奉議書詔不拜俗事。

愛日精廬藏書志卷二八子部釋家類

集沙門不應拜俗等事六卷。明支那本。

唐宏福寺沙門釋彦悰纂録。集東晉至唐議沙門不應拜俗等文，凡詔敕、表狀、書啓、論議、答難，按代編載，分三篇。曰故事篇，明隋以上沙門致敬等事也；曰議不拜篇，明沙門不應拜俗也；曰議拜篇，明沙門應致拜也。王隱容序。

（清張金吾著，馮惠民整理愛日精廬藏書志卷二八，中華書局二〇一二年，第三七三頁）

閱藏知津總目卷第四四雜藏此方撰述第二之三護教

集沙門不應拜俗等事。六卷。有太原王隱容字少微序。南冠北縣。

唐弘福寺沙門釋彦悰纂録。故事篇第一上，共十八首。故事篇下，共十四首。聖朝議不拜篇第二上下，聖朝議拜篇第三上，各有彈詞。議拜篇下，結成不拜。

（明智旭撰，楊之峰點校閱藏知津，中華書局二〇一五年，第八七〇頁）

郘亭知見傳本書目卷一一子部釋家類

集沙門不應拜俗等事六卷。

唐宏福寺沙門釋彦悰纂録。集東晉至唐議沙門不應拜俗等文，凡詔敕、表狀、書啓、論、答難按代編載，分三篇。曰故事篇，明隋以上沙門致敬等事也；曰議不拜篇，明沙門不應拜俗也；曰議拜篇，明沙門應致拜也。

（清莫友芝撰，張劍、張燕嬰整理郘亭知見傳本書目，中華書局二〇一七年，第六八九頁）

至元法寶勘同實録卷一〇

集沙門不拜俗儀六卷。總三段。

唐弘福寺沙門彦悰撰。出内典録。

讀書叢録卷二四宋元刊本

集沙門不應拜俗等事

集沙門不應拜俗等事六卷。題弘福寺沙門釋彦悰纂録。前有太原王隱容序。在釋藏冠字號。書分三篇，所録多六朝、唐人之文。明初刊本，每葉十二行，行十七字。

（清洪頤煊著，王建點校讀書叢録，洪頤煊集第五册，浙江古籍出版社二〇一九年，第六四五頁）

平津館鑒藏書籍記卷五補遺

集沙門不應拜俗等事六卷，題宏福寺沙門釋彦悰纂録。前有太原王隱容序，在釋藏冠字號，書分三篇。故事篇皆集自晉迄隋致敬沙門等事。議不拜篇皆集唐龍朔四年群臣議沙門不應拜俗事。議不拜篇又集群臣議應拜俗者而糾彈之。雖屬釋氏自尊其教，所録皆六朝、唐人之文，頗爲世所罕覯。每葉十二行，行十七字，卷後有「聚寶門來賓樓姜家印行」木長印。

宋釋惟白大藏經綱目指要録卷八

【右】二經。三寶感通録。三卷。……沙門不拜俗。六卷。一、僧彦悰集自晉至唐前後沿革事。蓋佛法因時，信毁交貿，理越常情，紛紜之人惘知攸措，奏、詔、書、難、答又書皆晉朝事緣。二、遠法師沙門不敬王者論五篇，并詔、啓、事又論等緣。三、唐朝敕、表、啓、狀并議不拜等事緣。四、議不拜篇二十三章又。五、議兼拜并議令拜篇。六、議拜篇并狀、奏、詔、表、啓。宣師、秀師等弘護。

（宋惟白集，夏志前整理大藏經綱目指要録，上海古籍出版社二〇二〇年，第八五二—八五三頁）

周叔迦著釋家藝文提要卷五

一五四　集沙門不應拜俗議六卷。毗陵刻經處本

唐釋彦琮撰。琮不知何許人，貞元録惠立傳云弘福寺沙門，而宋僧傳云慈恩寺。貞觀末求法於玄奘之門，玄儒之業頗見精微。沙門惠立撰慈恩三藏傳未竟而卒，琮爲箋述。又撰法琳别傳及大唐京師寺録。後不知所終。事迹具詳宋僧傳。世或誤琮爲悰，與隋彦悰相混。全唐文中即雜入彦悰文三篇，全隋文亦然。唐高宗龍朔二年，有詔令拜君、親，恐傷國化，令百司徧議。

於時沙門道宣等共上書啓，聞於朝廷，衆議異端，所司進入，帝躬覽，下敕罷之。琮恐後代無聞，故纂斯事并前代故事，及先賢對答，成爲此集。前有太原王隱容序。書凡三篇，故事篇第一，載東晉庾冰、桓玄兩次致敬諍議之文二十二首，此出於弘明集。及宋武、赫連、齊武、隋煬致拜之事四首，隋彦悰福田論一首。議不拜篇第二，載龍朔二年敕，次録僧俗議不應拜俗者啓狀等三十二首。議拜篇第三，載朝臣議兼拜者三首，議拜者二十九首，僧等質議拜狀奏二首，停拜君詔一首，僧俗請不拜親表六首。每篇之初略申序引，篇末綴以論讚，集後附以總論。議拜篇中諸文，考諸故實，隨而彈之。王序所云：「縟旨含鏘，雕文振彩，信所以激昂幽致，刷盪冥津者也。」道宣節之，收入廣弘明集，以其堪墉塹法城，楷模後世。惜乎自宋以後，沙門但知循恭儉之躅，難繼蹇諤之蹤，此玄風之所以墜也。

（周叔迦著釋家藝文提要，北京古籍出版社二〇〇二年，第一八三頁）

參考文獻

阿毗達磨俱舍論，天竺尊者世親造，唐三藏法師玄奘譯，大正藏本

阿毗達磨順正理論，天竺尊者衆賢造，唐三藏法師玄奘譯，大正藏本

阿毗曇毗婆沙論，北涼沙門浮陀跋摩、道泰等譯，大正藏本

白虎通疏證，漢班固撰集，清陳立疏證，吴則虞點校，中華書局一九九四年

北齊書，唐李百藥撰，中華書局編輯部點校，中華書局一九七二年

辯正論，唐釋法琳撰，大正藏本

册府元龜，宋王欽若等編纂，周勛初等校訂，鳳凰出版社二〇〇六年

陳書，唐姚思廉撰，中華書局編輯部點校，中華書局一九七二年

稱讚淨土佛攝受經，唐三藏法師玄奘譯，大正藏本

成唯識論，天竺護法等菩薩造，唐三藏法師玄奘奉譯，大正藏本

敕修百丈清規，元僧德煇重編，元僧大訢校正，大正藏本

出三藏記集，南朝梁釋僧祐撰，蘇晉仁、蕭鍊子點校，中華書局一九九五年

出曜經，姚秦涼州沙門竺佛念譯，大正藏本

楚辭章句補注，漢王逸章句，宋洪興祖補注，夏劍欽、吴廣平校點，岳麓書社二〇一三年

春秋繁露，漢董仲舒撰，朱方舟整理，朱維錚審閲，上海書店出版社二〇一二年

春秋公羊傳注疏，清阮元校刻，十三經注疏本，中華書局二〇〇九年

春秋左傳正義，清阮元校刻，十三經注疏本，中華書局二〇〇九年

達摩多羅禪經，東晉天竺三藏佛陀跋陀羅譯，大正藏本

大般涅槃經，北涼天竺三藏曇無讖譯，大正藏本

大般涅槃經，東晉沙門釋法顯譯，大正藏本

大般涅槃經集解，南朝梁釋寶亮撰，大正藏本

大寶積經，唐三藏法師玄奘譯，大正藏本

大悲經，北齊天竺三藏那連提耶舍譯，大正藏本

大乘法苑義林章，唐窺基撰，大正藏本

大乘玄論，隋吉藏撰，大正藏本

大乘義章，隋慧遠撰，大正藏本

大方廣佛華嚴經，東晉天竺三藏佛馱跋陀羅譯，大正藏本
大方廣十輪經，失譯人名，大正藏本
大方廣圓覺修多羅了義經，大唐罽賓三藏佛陀多羅譯，大正藏本
大薩遮尼乾子所説經，元魏天竺三藏菩提留支譯，大正藏本
大宋僧史略校注，宋贊寧撰，富世平校注，中華書局二〇一五年
大唐西域記校注，唐玄奘、唐辯機原著，季羨林等校注，中華書局二〇〇〇年
大唐西域求法高僧傳校注，唐義浄著，王邦維校注，中華書局一九八八年
大唐新語，唐劉肅撰，許德楠、李鼎霞校，中華書局一九八四年
大唐衆經音義校注，唐釋玄應撰，黄仁瑄校注，中華書局二〇一八年
大智度論，天竺聖者龍樹造，後秦龜茲國三藏鳩摩羅什譯，大正藏本
道德真經注疏，南朝齊顧歡編纂，董建國點校，鳳凰出版社二〇一六年
洞真太上太霄琅書，正統道藏本
爾雅注疏，清阮元校刻，十三經注疏本，中華書局二〇〇九年
法華經玄贊要集，唐沙門栖復編撰，卍續藏本
法華義疏，隋吉藏撰，大正藏本

法鏡經，後漢安息國騎都尉安玄譯，大正藏本
法苑珠林校注，唐釋道世著，周叔迦、蘇晉仁校注，中華書局二〇〇三年
翻譯名義集，宋法雲撰，大正藏本
風俗通義校注，漢應劭撰，王利器校注，中華書局一九八一年
佛本行集經，隋天竺三藏闍那崛多譯，大正藏本
佛本行經，南朝宋涼洲沙門釋寶雲譯，大正藏本
佛垂般涅槃略説教誡經，後秦龜茲國三藏鳩摩羅什譯，大正藏本
佛説觀佛三昧海經，東晉佛陀跋陀羅譯，大正藏本
佛説觀無量壽佛經，南朝宋西域三藏畺良耶舍譯，大正藏本
佛説如幻三昧經，西晉月氏國三藏竺法護譯，大正藏本
佛説四十二章經，漢迦葉摩騰共竺法蘭譯，宋真宗皇帝注，大正藏本
佛説太子瑞應本起經，三國吴月支優婆塞支謙譯，大正藏本
佛説無量壽經，三國魏天竺三藏康僧鎧譯，大正藏本
佛所行讚，天竺馬鳴菩薩造，北涼天竺三藏曇無讖譯，大正藏本
高僧傳，南朝梁釋慧皎撰，湯用彤校注，湯一玄整理，中華書局一九九二年

根本説一切有部毗奈耶雜事，唐三藏法師義浄譯，大正藏本
古謡諺，清杜文瀾輯，周紹良校點，中華書局一九五八年
管子校注，黎翔鳳撰，梁運華整理，中華書局二〇〇四年
廣弘明集，唐釋道宣編，大正藏本
國語集解，春秋左丘明撰，徐元誥集解，王樹民、沈長雲點校，中華書局二〇〇二年
韓非子集解，清王先慎撰，鍾哲點校，中華書局一九九八年
韓詩外傳箋疏，漢韓嬰撰，屈守元箋疏，巴蜀書社二〇一二年
漢魏六朝雜傳集，熊明輯校，中華書局二〇一五年
漢書，漢班固撰，唐顔師古注，中華書局編輯部點校，中華書局一九六二年
弘明集校箋，南朝梁僧祐編撰，李小榮校箋，上海古籍出版社二〇一三年
後漢紀，晉袁宏撰，張烈點校，中華書局二〇〇二年
後漢書，南朝宋范曄撰，唐李賢等注，中華書局編輯部點校，中華書局一九六五年
淮南子集釋，漢劉安編，何寧撰，中華書局一九九八年
桓譚新論校注，漢桓譚著，白兆麟校注，黄山書社二〇一七年
集沙門不應拜俗等事，唐釋彦悰編纂，趙城金藏本、高麗藏本、資福藏本、磧砂藏本、普寧藏

本、永樂南藏本、徑山藏本、清藏本、日藏禪昌寺本等
建康實録，唐許嵩撰，張忱石點校，中華書局一九八六年
漸備一切智德經，西晉月支三藏竺法護譯，大正藏本
江文通集彙注，南朝梁江淹著，明胡之驥注，李長路、趙威點校，中華書局二〇〇六年
金光明最勝王經，唐三藏沙門義淨譯，大正藏本
晉書，唐房玄齡等撰，中華書局編輯部點校，中華書局一九七四年
經典釋文序録疏證，唐陸德明撰，吴承仕疏證，張力偉點校，中華書局二〇〇八年
舊唐書，後晉劉昫等撰，中華書局編輯部點校，中華書局一九七五年
孔叢子校釋，傅亞庶撰，中華書局二〇一一年
孔子家語疏證，清陳士珂輯，崔濤點校，鳳凰出版社二〇一七年
老子道德經注校釋，三國魏王弼注，樓宇烈校釋，中華書局二〇〇八年
楞伽阿跋多羅寶經，宋天竺三藏求那跋陀羅譯，大正藏本
禮記正義，清阮元校刻，十三經注疏本，中華書局二〇〇九年
歷代三寶紀，隋費長房撰，大正藏本
列仙傳校箋，王叔岷撰，中華書局二〇〇七年

列子集釋，楊伯峻撰，中華書局一九七九年
劉申叔遺書補遺，劉師培撰，萬仕國輯校，廣陵書社二〇〇八年
隆興佛教編年通論，南宋沙門祖琇撰，卍續藏本
論衡校釋，漢王充著，黄暉撰，中華書局一九九〇年
論語注疏，清阮元校刻，十三經注疏本，中華書局二〇〇九年
洛陽伽藍記校箋，北魏楊衒之著，楊勇校箋，中華書局二〇〇六年
吕氏春秋集釋，秦吕不韋編，許維遹釋，梁運華整理，中華書局二〇〇九年
毛詩正義，清阮元校刻，十三經注疏本，中華書局二〇〇九年
孟子注疏，清阮元校刻，十三經注疏本，中華書局二〇〇九年
彌沙塞部和醯五分律，南朝宋罽賓三藏佛陀什共竺道生等譯，大正藏本
妙法蓮華經，後秦龜茲國三藏法師鳩摩羅什譯，大正藏本
妙法蓮華經文句，隋天台智者大師説，大正藏本
妙法蓮華經玄義，隋天台智者大師説，大正藏本
墨子閒詁，清孫詒讓撰，孫啓治點校，中華書局二〇〇一年
南朝寺考，清劉世珩編撰，清光緒三十三年貴池劉氏刻本

南海寄歸内法傳校注，唐義浄著，王邦維校注，中華書局一九九五年
南華真經注疏，晉郭象注，唐成玄英疏，曹礎基、黄蘭發點校，中華書局一九九八年
南齊書，南朝梁蕭子顯撰，中華書局編輯部點校，中華書局一九七二年
菩薩從兜術天降神母胎説廣普經，姚秦竺佛念譯，大正藏本
菩薩戒義疏，隋天台智者大師説，隋灌頂記，大正藏本
菩薩瓔珞本業經，姚秦涼州沙門竺佛念譯，大正藏本
七緯，清趙在翰輯，鍾肇鵬、蕭文鬱點校，中華書局二〇一二年
潛夫論箋校證，漢王符，清汪繼培箋，彭鐸校正，中華書局一九八五年
全上古三代秦漢三國六朝文，清嚴可均編，中華書局一九五八年
全唐文，清董誥等編，中華書局一九八三年
全唐文補編，陳尚君輯校，中華書局二〇〇五年
全唐文補遺（第二輯），吴鋼主編，三秦出版社一九九五年
全唐文補遺（第三輯），吴鋼主編，三秦出版社一九九六年
全唐文補遺（第五輯），吴鋼主編，三秦出版社一九九八年
日藏弘仁本文館詞林校證，唐許敬宗編，羅國威整理，中華書局二〇〇一年

三國志，晉陳壽撰，南朝宋裴松之注，中華書局編輯部點校，中華書局一九八二年
商子校本，清孫詒讓撰，祝鴻杰點校，中華書局二〇一四年
尚書正義，清阮元校刻，十三經注疏本，中華書局二〇〇九年
勝鬘寶窟，隋吉藏撰，大正藏本
十駕齋養新録，清錢大昕著，陳文和主編，鳳凰出版社二〇一六年
十誦律，後秦北印度三藏弗若多羅譯，大正藏本
史記，漢司馬遷撰，南朝宋裴駰集解，唐司馬貞索隱，唐張守節正義，中華書局編輯部點校，中華書局一九八二年
史通箋記，唐劉知幾撰，程千帆箋，中華書局一九八〇年
世説新語箋疏，南朝宋劉義慶著，南朝梁劉孝標注，余嘉錫箋疏，周祖謨等整理，中華書局二〇〇七年
釋門歸敬儀，唐釋道宣撰，大正藏本
釋氏六帖，五代義楚撰，浙江古籍出版社一九九〇年
釋氏要覽，北宋沙門釋道誠集，大正藏本
水經注疏補，楊守敬、熊會貞疏，楊甦宏、楊世燦、楊未冬補，中華書局二〇一四年

說文解字注，漢許慎撰，清段玉裁注，上海古籍出版社一九八一年

四分律，姚秦罽賓三藏佛陀耶舍共竺佛念等譯，大正藏本

四分律含注戒本疏行宗記，宋沙門元照述，卍續藏本

四分律刪繁補闕行事鈔，唐釋道宣撰述，大正藏本

宋大詔令集，司義祖整理，中華書局一九六二年

宋書，南朝梁沈約撰，中華書局編輯部點校，中華書局一九七四年

太平廣記，宋李昉等編，中華書局一九六一年

太平御覽，宋李昉等，中華書局一九六〇年

太上洞玄靈寶無量度人上品妙經注，元陳致虛撰，正統道藏本

太上洞玄靈寶智慧本願大戒上品經，正統道藏本

唐大詔令集，宋宋敏求編，中華書局二〇〇八年

唐代墓誌彙編，周紹良主編，上海古籍出版社一九九二年

唐代墓誌彙編續集，周紹良主編，上海古籍出版社二〇〇一年

唐會要，宋王溥撰，上海古籍出版社一九九一年

唐尚書省郎官石柱題名考，清勞格、清趙鉞著，徐敏霞、王桂珍點校，中華書局一九九二年

唐書輯校，吴玉貴撰，中華書局二〇〇八年
唐五代傳奇集，李劍國輯校，中華書局二〇一五年
陶淵明集箋注，東晉陶淵明撰，袁行霈箋注，中華書局二〇〇三年
天皇至道太清玉册，明朱權編，萬曆續道藏本
通典，唐杜佑撰，中華書局一九八四年
維摩詰所説經，姚秦三藏鳩摩羅什譯，大正藏本
維摩經略疏，天台沙門湛然著，大正藏本
維摩義記，隋沙門慧遠撰，大正藏本
文選，南朝梁蕭統編，李善注，上海古籍出版社一九九六年
文苑英華，宋李昉等編，中華書局一九六六年
文子疏義，王利器撰，中華書局二〇〇九年
賢愚經，元魏涼州沙門慧覺等譯，大正藏本
新集藏經音義隨函録，五代後晉釋可洪撰，高麗藏本
新唐書，宋歐陽修、宋宋祁撰，中華書局編輯部點校，中華書局一九七五年
新語校注，漢陸賈撰，王利器撰，中華書局二〇一二年

修行本起經，後漢西域三藏竺大力共康孟詳譯，大正藏本
修行道地經，西晉竺法護譯，大正藏本
續高僧傳，唐道宣撰，郭紹林點校，中華書局二〇一四年
荀子簡釋，戰國荀况著，梁啓雄著，中華書局一九八三年
顔氏家訓集解，北齊顔之推撰，王利器撰，中華書局一九九三年
晏子春秋校注，張純一校注，梁運華點校，中華書局二〇一四年
一切經音義，唐釋慧琳撰，大正藏本
逸周書校補注譯，黄懷信著，三秦出版社二〇〇六年
桯史，宋岳珂撰，吴企明點校，中華書局一九八一年
酉陽雜俎校箋，唐段成式撰，許逸民校箋，中華書局二〇一五年
庾子山集注，北周庾信撰，清倪璠注，許逸民點校，中華書局一九八〇年
元和姓纂，唐林寶撰，岑仲勉校記，中華書局一九九四年
元和姓纂新校證，陶敏遺著，李德輝整理，遼海出版社二〇一五年
元始上真衆仙記，舊題東晉葛洪撰，正統道藏本
閲藏知津，明釋智旭撰，楊之峰點校，中華書局二〇一五年

雜阿含經，南朝宋求那跋陀羅譯，大正藏本
戰國策注釋，何建章注釋，中華書局一九九〇年
張説集校注，唐張説著，熊飛校注，中華書局二〇一三年
肇論校釋，東晉僧肇著，張春波校釋，中華書局二〇一〇年
真誥，南朝梁陶弘景撰，趙益點校，中華書局二〇一一年
真靈位業圖校理，南朝梁陶弘景纂，唐閭丘方遠校訂，王家葵校理，中華書局二〇一三年
止觀輔行傳弘決，唐湛然述，大正藏本
周禮注疏，清阮元校刻，十三經注疏本，中華書局二〇〇九年
周易正義，清阮元校刻，十三經注疏本，中華書局二〇〇九年
竹書紀年校證，清郝懿行著，李念孔點校，齊魯書社二〇一〇年
注維摩詰經，後秦釋僧肇選，大正藏本
資治通鑑，宋司馬光編著，元胡三省音注，標點資治通鑑小組點校，中華書局一九五六年
祖庭事苑，宋睦庵著，卍續藏本

圖書在版編目(CIP)數據

集沙門不應拜俗等事校注／(唐)釋彦悰纂録;劉林魁校注. —上海:上海古籍出版社,2023.8
(佛門典要)
ISBN 978-7-5732-0771-5

Ⅰ.①集… Ⅱ.①釋… ②劉… Ⅲ.①佛經—注釋
Ⅳ.①B942

中國國家版本館CIP數據核字(2023)第153276號

集沙門不應拜俗等事校注

[唐]釋彦悰 纂録

劉林魁 校注

上海古籍出版社出版發行

(上海市閔行區號景路159弄1-5號A座5F 郵政編碼201101)

(1)網址:www.guji.com.cn

(2)E-mail:guji1@guji.com.cn

(3)易文網網址:www.ewen.co

江陰市機關印刷服務有限公司印刷

開本890×1240 1/32 印張12 插頁5 字數230,000

2023年8月第1版 2023年8月第1次印刷

印數:1—1,500

ISBN 978-7-5732-0771-5

B·1331 定價:68.00元

如有質量問題,請與承印公司聯繫